AUJOURD'HUI
LE BONHEUR

Du même auteur
aux Éditions du Cerf

L'Obscurantisme vert. La véritable histoire de la condition humaine, 2022.

Yves Roucaute

AUJOURD'HUI LE BONHEUR

À la découverte du sens de la vie

LES ÉDITIONS DU CERF

www.editionsducerf.fr
24, rue des Tanneries,
75013 Paris

ISBN : 978-2-204-15408-6

L'actualité du monde repose sur la création.
Kasimir Malevitch

Où, à New York, près d'une fontaine, je rencontre un vagabond

Tout commence quand, assis sur un banc de pierre, bercé par le chant de la fontaine Bethesda de Central Park à New York, une inhabituelle nostalgie m'emporte vers ce temps heureux où j'allais avec mon père boire l'eau fraîche de notre source et partager, sur une tartine de pain, le miel d'une ruche-tronc du Pont-de-Montvert. N'ayant plus envie de reprendre la lecture ennuyeuse des *Essais* de Voltaire, qui, tout à l'heure encore, me tenait à cœur, je me laisse emporter par le souvenir des montagnes de mon enfance, de ses cyprès verts et de ses cascades au timbre clair, de ses troupeaux de cabrettes et de moutons dans les prés, de ses odeurs de thym, de lavande, de figue et de chêne... Je revois ma grand-mère qui caresse son chat à l'ombre du mas, mon grand-père qui chante en patois sous les treilles. Se peut-il que croyant avoir trouvé le bonheur, il ne puisse jamais durer, et que le souvenir de ces bonheurs passés s'éteigne toujours dans le malheur de les avoir perdus ? Le malheur, serait-il la seule chose assurée ?

D'un naturel plutôt ironique, la nostalgie s'efface bientôt et je me dis : « Je souffre donc j'existe. » Et, en bon marchand faisant commerce de scepticisme, je mets dans le caddie du client qui cherche le bonheur, les malheurs dus à la nature : séismes, éruptions volcaniques, typhons, tsunamis, glaciations, sécheresses, maladies bactériennes, virales, parasitaires, maladies génétiques même. Généreux, j'y ajoute les malheurs dus aux humains qui doivent trouver que les premiers, décidément, ne suffisent pas, puisqu'ils sont prolixes en oppressions, en crimes, en guerres. Et, charitable, pour éviter qu'il ne se mette à espérer, je lui offre le malheur dû à soi, avec la culpabilité, la haine de soi, et les œuvres complètes des idéologies de la désespérance vendues par les prophètes de malheur. « Et bonjour chez vous ! », me dis-je en riant, songeant malicieusement à toutes ces philosophies qui ne servent à rien car j'ai lu tant d'écrits sur le bonheur que j'ai retenu la leçon : en face de tant de confusions, beaucoup de circonspections. Indéniablement, Voltaire a raison : « Nous recherchons tous le bonheur, mais sans savoir où, comme des ivrognes qui cherchent leur maison, sachant confusément qu'ils en ont une. » Être ou n'être pas heureux, telle est bien la question, même pour un ivrogne. Et j'admets que si la maison n'existe pas, la vie n'a pas même de sens. Mais devrait-elle seulement en avoir un ?

J'en suis là de mes réflexions quand, soudain, un bonhomme âgé, appuyé sur un bâton, une besace à l'épaule, vient s'asseoir à mes côtés. Au lieu de me laisser à mes habituelles méditations de sceptique impénitent, l'importun sort de sa besace usée un pot de miel aux effluves de framboise, de myrtille et de mûre sauvage avec du pain.

– Du miel venu de cette haute montagne qui surplombe la Vallée de miel me dit-il en souriant, en voulez-vous ?

Imaginez ma stupéfaction. Certes, j'accepte avec joie, la gourmandise n'étant pas le moindre de mes défauts, mais la curiosité la dépassant de mille lieues, je lui demande s'il évoque bien la vraie Vallée de miel, ce Graal de tous les chercheurs de bonheur...

– Oui, répond-il, j'ai trouvé la Vallée, après avoir récupéré les quatre clefs du bonheur et, murmure-t-il, j'ai même découvert la formule simple du bonheur, celle qui tient en un mot, évoquée pas certains manuscrits secrets.

Ébahi, je l'assaille de questions.

– Quelles sont ces quatre clefs, quelle est la formule secrète, où est la Vallée, comment y aller ? Avez-vous pu distinguer le bonheur de la joie, du plaisir, de la contemplation, de la béatitude, de la sagesse, du nirvana, du salut ? Est-il une cerise sur le gâteau de la vertu, un gâteau qui se passe de vertu, un souverain bien ou un bien sans souverains pour les Cosette et Gavroche de la rue ? Ou bien s'agit-il d'un nouvel attrape-gogo ?

Il m'interrompt en riant aux éclats.

– Oui, j'ai trouvé la réponse à tout cela, et plus encore. Agissant en détective face aux prophéties de malheur, comme Sherlock Holmes affrontait le crime, j'ai trouvé les quatre clefs du bonheur face aux malheurs dus à la nature, à autrui, à soi-même, et à l'ignorance de notre nature humaine. Et j'ai pu atteindre cette Vallée de miel où j'ai découvert la formule du bonheur et le sens de la vie. Mais si je vous disais ce secret sans précautions, je crains que vous ne puissiez le recevoir…

– Cela signifierait que le bonheur, ici et maintenant, est possible, et qu'il dépendrait des humains et non du hasard ?

– Oui. Avant ce voyage, j'étais sensible à la pensée magique qui voit en tout bonheur la marque du hasard ou d'une divine providence, à la manière dont beaucoup de ceux qui, après un gain au loto ou une victoire sportive, remercient Dieu, embrassent le sol ou caressent un grigri, oubliant que s'ils ont gagné c'est que d'autres ont perdu, ce qui fait de leur Dieu un personnage peu sympathique. L'étymologie du mot « bonheur » porte cette marque magico-religieuse. Ainsi, le mot français « bonheur » est composé de « bon » et « heur », ce « heur » venant du latin « augurium » qui veut dire présage, chance, décision des esprits. Il en va de même, pour la « felicità » des Italiens et la « felicidad » des hispaniques, mots dérivés du latin « felicitas », déesse de la fertilité et bonne étoile. Et songez au « happiness » anglo-saxon, formé à partir de l'ancien anglais « hap », ou au mot « glück » germanique, dérivé de « gelücke », qui se rapportent au pouvoir magique des esprits. Il en va partout ainsi, du chinois, « xingfu » (幸福) à l'indien « khushee » (ख़ुशी). Mais ce voyage m'a ouvert les yeux.

– Vous pourriez au moins me raconter ce voyage, fut-il long, joyeux, dangereux ?

– Peu dangereux, émouvant parfois, difficile souvent mais toujours joyeux avec, à chaque étape, du miel à gogo. Notez que j'ai toujours scrupuleusement suivi la carte ferroviaire donnée gratuitement par l'Office de tourisme de la Vallée de miel auquel je suis toujours étonné de voir que si peu de gens s'adressent, alors qu'il est ouvert sans interruption. Et, en vagabond besogneux, à chaque station, j'ai récupéré dans la poche de devant de ma besace, les éléments indispensables au bonheur, et, dans celle de derrière, les poisons dont il faut se défaire. Je suis donc parti de la station « état de nature », là où a commencé l'Odyssée de l'humanité, d'où j'ai pris l'*Orient Express* pour aller vers Sumer et l'Orient...

– Je l'interromps, un peu railleur : vous êtes parti à la recherche du bonheur en commençant par cette chimère, appelée « état de nature » ?

– Je crains le quiproquo, répond, en souriant, le vagabond. Qu'il y ait eu un état de nature est un fait scientifique qui n'a rien à voir avec ces simulacres cousus de fil blanc inventés par certains philosophes. L'état de nature est cette période immense de nomadisme de nos ancêtres cueilleurs, chasseurs, pêcheurs, charognards et, souvent, anthropophages, qui a précédé les sédentarisations. Car il n'est pas inutile de savoir que sur cette Terre qui a 4,5 milliards d'années, les hominines gambadent depuis plus de 7 millions d'années, le genre *Homo*, depuis plus de 2,8 millions d'années et notre espèce depuis plus de 300 000 ans. Avouez que ne pas commencer ma quête du bonheur par l'état de nature aurait été un peu cavalier !

D'autant que nombreux sont ceux qui sont prompts à critiquer notre époque, avec son progrès et sa croissance, au nom du bonheur perdu, celui d'une humanité qui pourrait vivre en harmonie avec la planète sans la dominer. Aurait-il fallu que j'accepte l'idée, sans la vérifier ?

– Où avez-vous trouvé cet état de nature ? Dans votre imagination ?

– J'ai suivi ma carte qui me conseillait d'aller en Tanzanie, dans les Gorges de l'Olduvaï, où se trouvait le « berceau de l'humanité ». Là, j'ai pu rassembler le résultat des fouilles de tous les sites du paléolithique et les études du mode de vie des dernières populations nomades. Et j'y ai trouvé la première clef du bonheur, cet antidote au malheur dû à la nature.

– Et après cette station « état de nature » vous avez pris l'*Orient Express* ?

– Oui, j'ai suivi le chemin des migrations de l'humanité et je suis finalement arrivé à la station « Sumer », où j'ai constaté que les sédentarisations ont permis l'expansion des techniques et des savoirs mais aussi aggravé le malheur dû à autrui. Ma carte m'a alors curieusement conduit à suivre la route ferroviaire des grandes spiritualités dont j'ai à chaque fois récolté les bienfaits mais aussi les limites. J'ai ainsi atteint les stations « hindouisme », « bouddhisme », « taoïsme », « confucianisme » puis « shintoïsme », au Japon, avant de revenir à la gare de transit, « judaïsme », à Jérusalem, où j'ai finalement compris le sens de cet itinéraire et trouvé la seconde clef du bonheur, cet antidote au malheur dû à autrui.

– Si vous aviez la solution face aux malheurs dus à la nature et à autrui, qu'aviez-vous besoin de continuer votre quête ?

– Mais parce que j'ai compris à Jérusalem que ces malheurs dus à autrui sont alimentés par les malheurs dus à nous-même. J'ai donc embarqué sur l'*Occident Express*, dont j'ai compris assez vite qu'il suivait l'histoire de la philosophie et aussi celle du développement des savoirs. Que de rencontres encore dont je tirais à chaque fois des leçons. Depuis la gare des aristocrates grecs, des Sept Sages et de Solon, le train m'a conduit aux stations « Pythagore », « Héraclite », avant Athènes où j'ai découvert la place des « Sophistes », les deux fontaines du « Café de l'Académie », le triste « Jardin d'Épicure » avant de musarder avec les hirondelles qui font le printemps sur la fabuleuse promenade « Aristote ». Après avoir repris le train et rencontré un disciple du « scepticisme », puis du « relativisme », je me suis arrêté à Rome où j'ai déjeuné près d'un stoïcien avant de repartir vers Paris. Dans le train, j'ai rencontré un disciple de saint Augustin puis des penseurs musulmans. Enfin arrivé à Paris, j'ai pris un pot, place de la Sorbonne, avec un disciple de Thomas d'Aquin, puis de Guillaume d'Ockham, avant de longer les quais de Paris jusqu'à la Taverne des Humanistes où aimait festoyer Rabelais, et où j'ai découvert la troisième clef du bonheur, l'antidote au malheur dû à soi-même.

– Et vous n'étiez pas satisfait ?

– Non, car si le bonheur existe, il ne peut être seulement négativement un antidote aux malheurs dus à la nature, à autrui et à soi-même. Il doit être une réalisation de soi ici et maintenant. À Paris, en sortant du très cartésien Café des Modernes, j'ai pris le *Mondial Express* pour Londres où j'ai visité les trois étages du Café des Libéraux puis le Café Saint-James avant, car l'Angleterre est une île, de devoir repasser par Paris. J'ai découvert les Lumières et Voltaire, qui ont fait tomber Gavroche à terre, puis Rousseau et Robespierre, qui l'ont fait tomber à l'eau. Continuant vers Berlin, j'ai rencontré un aigri de la vie qui allait à Kaliningrad sur la tombe d'Emmanuel Kant, puis un disciple de Hegel, plus guilleret, et enfin un autre de Karl Marx qui semblait perdu face aux progrès technologiques. Descendu à Weimar, un disciple de Nietzsche m'a donné le sens du miel mais sans celui de la vie. C'est là que, par chance, dans le restaurant favori de Goethe, j'ai déjeuné avec un disciple de Bergson, avant d'aller à Buchenwald où j'ai découvert, avec la nature humaine, la quatrième clef du bonheur.

– Vous étiez arrivé au pied de la Vallée de miel ?

– Pas du tout. J'étais seulement au bout des vallées de larmes. À Weimar, un peu comme dans *Harry Potter*, j'ai suivi les indications d'un bonhomme en blanc qui m'a indiqué le quai sans numéro où se trouve le petit train qui va à la station « Temps contemporains », au pied de la Vallée de miel. Malgré un disciple de Martin Heidegger qui voulut m'empêcher d'embarquer, puis malgré les barricades dressées sur les rails par les postmodernes et les simulacres des Quatre Cavaliers de l'Apocalypse posés près de la voie pour m'effrayer, je suis parvenu à destination.

Où, à New York, près d'une fontaine…

Débarquant sur la plage de la Vallée de miel, grâce à une petite fille et à son château de sable, j'ai découvert que tous les humains possédaient naturellement les quatre clefs du bonheur. Puis, remontant vers les sources, après avoir traversé un monde merveilleux où l'on célèbre la créativité naturelle des femmes et des hommes, où l'on s'enthousiasme pour les nouvelles technologies et l'intelligence artificielle, j'ai gravi le chemin des cascades, appuyé sur ma canne. Dépassant un haut plateau, où j'ai récolté le sens de l'art, j'ai continué jusqu'à la source. Et c'est alors qu'en buvant l'eau de la fontaine, j'ai découvert le critère de distinction du bien et du mal, et l'antidote à la peur de la mort, avec la preuve de l'immortalité…

Je l'interromps, sarcastique :

– Étiez-vous devenu mystique ?

– Pas le moins du monde. Je n'ai rien contre les mystiques d'ailleurs, chacun suit sa voie, mais pour ma part, et vous y verrez sans doute une faiblesse, je m'en suis tenu dans ce voyage à l'étude rationnelle des faits et à la voie des sciences, en particulier celle de la physique. Et c'est ainsi que buvant l'eau de la source, après avoir trouvé la preuve de l'immortalité du « je », le sens de l'Apocalypse m'est apparu et s'est imposée à moi une autre preuve irréfutable, celle de l'existence de l'énergie créatrice de l'univers, ce Dieu d'amour de la vie dont parlait Max Planck, l'inventeur de la physique des quantas. Et, soudain, a surgi comme une lumière à mes pieds le sens du miel et de la vie, et la formule cachée du bonheur, si simple pourtant. Le mieux, si le bonheur vous intéresse vraiment, serait de lire mon carnet, car le raconter me prendrait trop de temps et, vu mon vieil âge, la durée de vie m'est comptée. Je n'y ai pas tout noté, loin de là, mais assez, je crois, pour satisfaire votre curiosité et vous procurer une joie immense, durable et renouvelable. Certes, bien des points sont restés obscurs à mes propres yeux, n'étant pas théologien, et j'avoue que je suis moi-même souvent facétieux, mais ce carnet se lit plus facilement que le livre *Ulysse* de James Joyce, et il est moins long que l'*Odyssée* d'Homère. Vous pouvez éviter de vous arrêter à certaines gares puisqu'au fond la seule route qui importe est celle du miel. Ramenez le carnet demain, ou jamais, qu'importe ; le donner ne m'enlève rien, et ce que vous en ferez n'appartient qu'à vous-même. Peut-être d'ailleurs, jugerez-vous à votre tour que l'offrir à d'autres ajoute à votre bonheur comme l'ange sculpté qui garde cette fontaine de Central Park paraît satisfait d'offrir son eau inépuisable aux quatre chérubins et aux humains.

Sur ce, riant aux éclats, appuyé sur son bâton, la besace à l'épaule, il s'éloigne, disparaissant peu à peu, comme on dit que le font nos ombres au soleil de midi.

Et voilà ce que je lis…

1

État de nature

Face au malheur dû à la nature,
La première clef du bonheur

Où, dans l'« état de nature », au lieu du bonheur promis, je récolte le malheur : l'angoisse, la peur et des génocides à n'en plus finir

Vagabond, et non romancier comme certains seraient en droit de l'espérer, le lecteur de ces carnets de voyage me pardonnera, je l'espère, de ne pas décrire en détail la fameuse station « état de nature » où commence mon voyage. Mais tous ceux qui sont allés dans les Gorges de l'Olduvaï, en Tanzanie, vous confirmeront qu'il s'agit d'une vieille gare délabrée, quasi abandonnée, du sable rocailleux partout, quelques pics rocheux, pas même une buvette et une seule voie de sortie, celle d'où part l'*Orient Express*, pour aller via l'Égypte et Sumer jusqu'au lointain Orient, ce que je ferai tout à l'heure pour suivre l'itinéraire donné par le fameux Office de tourisme de la Vallée de miel. Sous un soleil de plomb, je m'assois sur un tronc, pas très loin d'une ruche en écorce qui se trouve dans un arbre au bout du quai. Je pose à ma droite la canne qui ne me quitte jamais. Et, j'attends Mary. Car cette archéologue, alertée par le même Office de tourisme, m'a envoyé une lettre chaleureuse où elle m'assurait qu'elle pouvait me faire connaître ce qui, dans l'état de nature, concerne ma quête du bonheur. Après une bonne heure d'attente, elle arrive, enfin, avec une cruche d'eau, du pain et du miel.

– Du miel de cette ruche en écorce, que vous voyez au bout du quai de la gare, ce qui est la plus ancienne technique de récolte du miel, encore perpétuée par les tribus nomades Maasaï qui l'utilisent aussi pour ses propriétés médicinales. D'ailleurs, elle reste d'usage dans certaines régions du monde, par exemple, au hasard, au Pont-de-Montvert en France ou au Yémen, avec ce miel de jujubier des arbres sacrés.

Nous sympathisons aussitôt, la délicatesse de cet onctueux miel de fleurs sauvages et d'acacia sombre et un peu épicé aidant.

J'apprends que son prénom, Mary, lui a été donné par ses parents, eux-mêmes archéologues, en mémoire de Mary Leakey qui, au XIXe siècle, avec son mari Louis, firent des recherches décisives sur le site d'Olduvaï et l'évolution de la lignée humaine. Une activité qu'elle poursuit, avec une autre passion, celle des abeilles.

– Car l'abeille est toujours du côté de la vie, me dit-elle. Et cela depuis plus de 100 millions d'années. Sans elle, la pollinisation serait insuffisante : il n'y aurait donc ni végétaux, ni animaux, ni humains. Et les humains utilisent son miel depuis l'apparition des premiers hominines sans doute, puisque les dernières populations nomades le récoltent encore dans le creux des arbres, comme les Maasaï ou les Efes, ces Pygmées d'Afrique équatoriale.

– Mais pour revenir à ce qui m'amène ici, lui dis-je, vous m'aviez écrit qu'il s'agissait du berceau de l'humanité or je suis étonné par l'état de cette gare qui paraît à l'abandon.

– Mais elle l'est car tout le monde a fui l'état de nature et ses stations, à l'exception de quelques tribus isolées restées nomades.

– Ils ont fui ? Je croyais que vivre près de la nature assurait le bonheur ?

Elle éclate de rire.

– Êtes-vous de ces beaux esprits occidentaux, nés dans les beaux quartiers, qui ignorent tout de l'histoire de la condition humaine ? Croyez-vous que le bonheur se trouve dans la nature ? Certes, je trouve fort sympathiques ces Candide et Bécassine qui croient communier avec elle en se promenant en baskets ou à vélo, bouteille d'eau et cellulaires à portée de main, habillés et vaccinés, dans les parcs et dans les bois débarrassés des fauves, ou qui, en camping-car et en jeep, visitent les parcs nationaux aménagés par des gardes forestiers, surveillés par des sapeurs-pompiers, s'extasiant devant fleurs, faune et cimes enneigées, ce qui n'évite pas toutefois, tiques et généreux moustiques qui rappellent, qu'il n'est, hélas ! pas de bonne compagnie naturelle qui ne se quitte...

– Vous prétendez donc que nos ancêtres nomades n'étaient pas heureux ?

– Ils connaissaient sans doute des moments de joie, mais pourquoi croyez-vous qu'ils aient été nomades ? Pour faire du tourisme vert ? Ils l'étaient parce qu'ils fuyaient, poussés par la peur et l'angoisse. Cet état de nature violemment inhospitalier est d'ailleurs rapporté par toutes les mythologies, sans exception. Songez à celle des Grecs, décrite par Platon[1] qui dit l'humanité bannie d'une sorte de paradis où régnait Chronos, condamnée par Zeus à vivre dans la souffrance, agressée par une nature impitoyable, dépourvue de vitesse, de force, de fourrure, de griffes, d'ailes et même d'abris naturels, ne devant son salut qu'à une autre souffrance, le travail.

– S'agissant de l'état de nature, certains évoquent pourtant le paradis…

– Il s'agit d'une grande confusion entre les mots. Si le paradis a existé, il n'a jamais été l'état de nature. Il serait le moment où l'humanité a vécu harmonieusement sous le règne d'un Dieu bienveillant qui aurait maîtrisé tous les éléments de la nature, permettant la plénitude. Qu'il y ait eu, après le paradis, appelé parfois Eden, une chute et un exil n'entre pas dans le cadre scientifique. Mais si le paradis a existé, alors l'état de nature, le seul dont les sciences peuvent parler, lui a succédé. Durant cette longue période, nos ancêtres vivaient en chasseurs-pêcheurs-cueilleurs et en charognards, contraints de subir ou de fuir les malheurs et les angoisses dus à la nature.

– Précisément, cueillette, chasse, pêche, fleurs, cascades, couleurs : vous ne pouvez nier que la nature donne de nombreux biens…

– Certes, cette planète offre bien des potentialités et, à certains moments, notre imagination peut être ravie. Mais, elle ne donne rien. Le nomade prend, et sans autorisation, voilà le vrai. Dans cette vallée d'Olduvaï, il peut prendre le « pain de singe », ce fruit ovale du baobab, dans l'indifférence du baobab, mais il peut aussi ingérer les jolies graines pourpres offertes par le ricin, et mourir dans les deux heures. Il tue le buffle qui ne s'est évidemment pas offert à lui, buffle qui peut aussi le tuer. Et entre hyènes tachetées, léopards, lions, mambas noirs, vipères, scorpions et araignées jaunes, il peut certes joyeusement déguster du miel d'acacia, mais rien qui puisse annihiler peurs et angoisses quotidiennes.

– Avec l'état de nature, peurs, angoisses et malheurs seraient donc certains ?

– Sans aucun doute. Songez que les hominines apparaissent il y a près de 8 millions d'années mais lorsqu'arrive le paléolithique, il y a environ 3,3 millions d'années, il ne reste que 100 000 survivants[2] ! Soit, après 5 millions d'années, l'équivalent d'une ville moyenne d'aujourd'hui ! Parmi eux, surtout des Australopithèques[3], dont ce site d'Olduvaï porte les traces. Les autres espèces n'ont pas survécu, effacées par la nature, comme celle des *Sahelanthropus tchadensis*, peut-être à l'origine de l'espèce humaine, apparue au Tchad, il y a 7,2 millions d'années, à laquelle appartenait Toumaï, avec son mètre de haut et ses 35 kilos[4]. Puis, à l'entrée du paléolithique, sur les huit espèces d'Australopithèques, pas une n'a survécu, pas une des espèces de Paranthropes non plus. Quant au genre *Homo*, apparu il y a 2,8 millions d'années environ, 21 des 22 espèces sont exterminées, ou 13 des 14 espèces selon les nomenclatures. Seule a survécu la nôtre, l'« *Homo sapiens* », plus justement appelée l'« Homme moderne ». Et, songez encore que lorsque s'achève le paléolithique, après la dernière glaciation, il y a 12 700 ans, il reste seulement 500 000 individus… Oui,

500 000 survivants après 8 millions d'années ! Alors oui, cet état de nature n'avait rien d'un paradis.

– Comment expliquer ces hécatombes ?

– Mais qui peut ignorer la puissance monstrueuse des éléments naturels ? Ne voyez-vous pas les changements climatiques incessants, en relation avec les variations de l'axe de la Terre et de l'angle de son orbite, avec les rayonnements et les vents solaires, les champs magnétiques et la Lune, les mouvements de l'écorce terrestre, des séismes aux volcans ? Songez que durant ces derniers 2,6 millions d'années, nos ancêtres ont subi dix-sept glaciations, dont quatre monstrueuses[5]. La dernière, terminée il y a 12 700 ans, a duré 103 000 ans. Avec, durant les pics de froid, 1 500 mètres de glace sur l'actuel New-York, dont, si un jour vous allez à Central Park, vous verrez les stries sur les rochers, avec des vents en Asie du Nord à plus de 1 000 km/h. Oui, il fallait bouger, changer, fuir sous peine de disparaître et même en fuyant, la mort rôdait.

– Entre ces dérèglements, ne pouvait-on pas connaître une certaine harmonie ?

Elle me regarde d'un air curieux…

– Qui vous parle de dérèglements ? Imaginez-vous qu'il y aurait une sorte d'harmonie naturelle ? Mais quand cela ? Songez aux éruptions volcaniques du million et demi de volcans sous-marins et des 1 500 volcans terrestres en activité, comme celle du volcan indonésien Toba, il y a 73 000 ans, équivalent à 40 millions de fois Hiroshima, qui a produit un violent refroidissement pour nos ancêtres durant 1 800 ans ? Et que dire des séismes et des tsunamis, des cyclones et des tornades, des inondations et des terribles sécheresses qui ont ravagé l'humanité tout autant ? Comment les chasseurs-cueilleurs auraient-ils pu vivre en harmonie avec les bactéries létales, les virus, les champignons, les parasites[6] ? Car toutes les fouilles montrent que de la coqueluche à la tuberculose, de la lèpre à la syphilis, les maladies ont décimé nos ancêtres. Les cancers même n'ont rien de nouveau, ils sont apparus il y a au moins 1,9 million d'années[7], de celui des os à celui du cerveau. Sans même évoquer les maladies génétiques, les handicaps, les attaques animales dont les marques de crocs sur certains ossements laissent songeur quant à l'harmonie naturelle entre les bestioles et nous.

– Oui, ajoute Mary, le malheur dû à la nature fut une constante pour nos ancêtres sur cette planète inconstante. D'où la peur, quand la menace était identifiée. D'où, plus encore l'angoisse, car, le plus souvent, la menace n'était pas identifiée, elle rôdait seulement, indistincte, frappant de façon imprévisible à l'image du séisme, de l'inondation, de l'attaque animale. Et cette angoisse, les 500 000 survivants l'ont conservée après les sédentarisations et nous la portons encore en nous, jusque dans les nuits noires.

Profitant du silence de Mary qui sort un nouveau pot de miel de son sac et nous sert un grand verre d'eau, je récolte dans la poche arrière de ma besace les innombrables visages du malheur dus à la nature, avec la peur et l'angoisse, et dans la poche de devant je glisse ce goût du miel, que nos ancêtres déjà appréciaient, preuve que cette même nature regorge aussi de biens dont l'humain peut se saisir.

Où je récolte le malheur dû à soi : refus de l'ego, culpabilisation et sacrifice humain

Du miel de mangrove, liquide et un peu salé, en raison de sa production sur les côtes de Tanzanie, me dit-elle. Après avoir terminé sa tartine, et bu un grand verre d'eau fraîche, Mary, à nouveau disponible, m'explique alors que le malheur dû à la nature était prolongé, et en vérité précédé et accéléré par la vision spirituelle de nos ancêtres qui ajoutait à ce malheur naturel, le malheur dû à soi, au point de les culpabiliser pour les malheurs subis, au point de les conduire à des sacrifices humains.

– Ils avaient une spiritualité ?

– Oui, deux phénomènes chez nos ancêtres les distinguent radicalement des animaux : ils sont habités par une spiritualité native formidable et ils ont en eux un tout aussi formidable désir de vérité. Pour répondre à ce désir de vérité, expliquer les malheurs qui les assaillent et la mort même, ils imaginent logiquement le monde des esprits qui, tels des marionnettistes, agiraient à travers tout ce qui est. Ce que l'anthropologue Edward Tylor a appelé « animisme[1] » du latin « anima » qui signifie « âme » ou « esprit ».

– Je l'interromps : ces esprits sont des dieux ?

– Non. Ce monde spirituel n'a rien à voir avec le polythéisme. Les esprits n'ont pas de forme humaine et ils ne fonctionnent pas comme des humains, avec des désirs et des ambitions, à la différence des dieux qui apparaîtront après les sédentarisations. Ainsi, il y aurait l'esprit du fleuve, du volcan, de l'arbre, du singe, du sanglier dessiné dans l'île de Sulawesi, il y a 45 000 ans, ou celui du volcan dessiné sur la grotte Chauvet, il y a 36 000 ans.

– Et les humains ?

– Nul ne se pense comme « je » ou « moi » mais seulement comme réceptacle des esprits. Il n'y a donc pas d'un côté l'individu humain avec sa conscience et, de l'autre le monde des choses perçues, des « êtres » ou des « objets » comme le croyait à tort le philosophe Hegel[2] et bien d'autres après lui qui ne purent penser l'origine de la conscience ni le commencement de l'histoire de la spiritualité humaine. Il n'y avait que des esprits, et des humains pris dans cette chaîne des esprits qui se voient eux-mêmes en réceptacles de certains esprits, des ombres dans ce monde d'ombres. Et puisque tout est esprit, les esprits peuvent circuler entre leurs réceptacles : l'esprit du jaguar ou de l'anaconda peut devenir l'esprit du chamane ou du guerrier chez les Indiens Guayaki. D'ailleurs, chez eux[3], les noms donnés aux enfants sont ceux des esprits des animaux tués durant la chasse, ingurgités par la mère quand elle était enceinte et qui se réincarnent dans l'enfant. Ainsi, les plumes dans la coiffe des Indiens des Sioux Lakota représentent l'esprit de l'aigle royal qui habite le guerrier. Et les totems d'animaux sont l'expression des esprits animaux qui seraient à l'origine de leur tribu, comme on le voit chez les Indiens séminoles.

– Mais ne se découvrent-ils pas comme des « moi » doués de conscience dans les angoisses et les malheurs ?

– Pas le moins du monde. Nos ancêtres ne vivent pas le malheur comme un malheur, mais comme un fait voulu par les esprits pour leur enveloppe corporelle dans le monde des apparences. Et, s'ils souffrent de blessures, de handicaps, de maladies, s'ils subissent la mort, il n'y a rien qui puisse conduire à se plaindre.

– Vous voulez dire qu'ils approuvaient ce malheur ?

– S'ils avaient eu conscience de leur ego, sans doute l'auraient-ils approuvé, mais, l'ignorant, quand le malheur arrivait, ils se contentaient de l'accepter. Et surtout, ils se sentaient coupables. Ce que ne comprend aucun de ces penseurs qui les appellent des « sauvages ». Hyènes et guépards de Tanzanie qui ne croient pas aux esprits, n'ont pas ce problème : ils ne cherchent pas à se faire pardonner de tuer leurs proies et de les ingurgiter. Mais pour nos ancêtres, la question se pose : à quoi attribuer les drames qu'ils vivent ? Au déséquilibre dans la nature dont ils se sentent responsables. Ils chassent, pêchent, cueillent, maraudent, mangent des charognes pour survivre, donc, à chaque fois, ils croient s'emparer d'esprits, de l'esprit d'un palmier, d'un jaguar, d'un délicieux tambaqui sorti des eaux de l'Amazone. En conséquence, ces esprits de la Nature réagiraient face à cette agression humaine. Ainsi, il est faux de dire que chez les Guayaki, « la nature est peuplée d'âmes, d'êtres et d'esprits presque tous malveillants chez les Indiens, surtout la nuit[4] », comme le prétendit Pierre Clastres. Ils n'ont pas cette perception d'esprits « mauvais » mais seulement d'esprits qui réagissent à l'agression, comme ils le disent du fleuve Orénoque qui, irrité parce que la tribu a pêché trop de poissons, produit l'inondation.

– Nos ancêtres acceptaient ce qui était, ils étaient passifs ?

– Ils n'étaient pas moines bouddhistes ! Puisque ce monde est un monde d'esprits, ils croient possible aux esprits qui habitent le corps humain de parler aux autres esprits, cela par des plantes hallucinogènes, des prières, des rites funéraires, des danses, des chants, des dessins, des incantations et des transes[5]. Une fois le monde des esprits atteint, autorisations, rédemptions ou alliances pouvaient être obtenues. D'où l'importance des chamanes, supposés être habités par un esprit animal assez puissant pour négocier ; chez les Desana du Brésil, le chamane était l'esprit du jaguar, proche de l'esprit du soleil. Et les actes jugés dangereux peuvent être codifiés. Ainsi, chez les Guayaki du nord, le chasseur ne consomme pas le gibier tué, car l'esprit du gibier viendrait sinon se venger et le tuer lui-même, mais les autres membres de la tribu, eux, le peuvent, à condition que ce soit la nuit tombée, pour éviter les odeurs, en restant silencieux, couchés, dans le respect de l'esprit de la bestiole qui, ingurgité, s'associera alors calmement aux autres esprits qui habitent les Guayaki. Ainsi apparaît la ruse, la simulation, le simulacre pour contrer les esprits. Des esprits peuvent même être utilisés contre d'autres esprits à la manière dont l'esprit des herbes d'une potion peut contrer l'esprit mécontent qui a causé une maladie[6]. Et, par calcul encore, nos ancêtres pouvaient aussi agir par des sacrifices, qui permettaient de se faire pardonner et de compenser le déséquilibre créé…

– Des sacrifices humains ?

– Bien entendu, c'est une conséquence logique de leur vision du monde. Contrairement à ce qu'a prétendu René Girard[7], le sacrifice humain n'a jamais consisté à réconcilier la société avec elle-même en choisissant un bouc émissaire, mais à se concilier les dieux et à retrouver l'équilibre constamment perdu dans la nature. Les esprits qui animent les humains ne sont-ils pas responsables des déséquilibres ? Ainsi chez les Guayaki, il fallait éviter l'augmentation de la population car celle-ci aurait exigé plus de chasse, de pêche, de charognage, dont plus d'esprits pris à la nature. Par « sobriété écologique », les garçons étant indispensables pour piller la nature, le sacrifice des fillettes est organisé dès la naissance. Les sacrifices étaient le plus souvent des meurtres d'enfants, comme le prouvent les sacrifices amérindiens qui ont duré au-delà du paléolithique, et ils pouvaient être massifs ou individuels, comme une réponse au message des esprits mécontents de l'activité humaine. De même, l'euthanasie des vieillards ou des gens mal portants chez les Guayaki du nord était destinée à se débarrasser des esprits malfaisants qui, par eux, pourraient menacer le groupe. De façon symptomatique, en norrois, la langue des Vikings, le mot « blot » qui désigne le sacrifice, signifie « renforcer les liens » avec les divinités.

– Ils n'ont pas peur de mourir ?

– Aucunement. Puisque le corps humain n'est qu'une ombre, la mort elle-même n'est qu'une illusion, ce qui explique certains autosacrifices de chamanes mais aussi, paradoxalement, le fait d'ingurgiter des individus membres de sa communauté, appelé « endocannibalisme ». Ainsi, pour les Guayaki de la tribu des Ache Kwera[8], cette anthropophagie a pour but de conserver l'esprit du corps humain ingurgité sous peine de le voir hanter la tribu, et, rendu mécontent, de produire maladies et catastrophes. Bouffer son prochain ou le sacrifier, finalement c'est une même recherche de l'équilibre et cela ne rend pas malheureux.

– Mais puisque, pour survivre, pour se nourrir par exemple, ils devaient chasser des animaux donc prendre des esprits, comment pouvaient-ils s'en sortir ?

– Mais ils ne le pouvaient pas. Ils ne pouvaient échapper à une culpabilité durable et renouvelable. S'interdisant la croissance mais cherchant à survivre, il fallait continuer à prendre des esprits animaux par la chasse, la pêche et la cueillette tout en se flagellant. Et il fallait aussi continuer à célébrer les esprits tout en rusant, mentant, simulant pour les contrer. Ce qui révèle une spiritualité plus élaborée, et, au fond, plus humaine, qu'on ne le croit d'ordinaire.

Je profite de ce qu'un apiculteur de ses amis vient parler en urgence à Mary de l'attaque d'une ruche par des frelons, pour récolter dans la poche arrière de ma besace ce malheur dû à la spiritualité magico-religieuse qui rend nos ancêtres coupables de leur propre souffrance jusqu'à célébrer la peine comme une punition légitime et le sacrifice humain comme une solution ultime. Dans la poche de devant, je glane que les êtres humains sont naturellement des êtres spirituels qui cherchent à comprendre le monde et à agir sur lui pour le rendre plus favorables à leur vie, même si cette action est enfouie sous une chape de plomb magico-religieuse. Et je médite sur la différence entre l'homme et le frelon.

Où, dans l'état de nature, je récolte le malheur dû à autrui et, entre conflits et exocannibalisme, une petite lueur aussi

L'apiculteur nous ayant offert, avant de nous quitter, du miel au teint sombre et au goût boisé et floral venu de la forêt Miombo, en Tanzanie, je l'étale avec gourmandise sur une tartine. Au moins, dis-je ensuite à Mary, puisqu'il n'y a pas de propriété dans l'état de nature, puisque, comme le nouveau-né, l'humanité native est innocente, nos ancêtres avaient la chance de vivre dans l'harmonie et la paix, à la différence de ces abeilles attaquées par les frelons…

Mary éclate de rire à nouveau…

– Décidément, vous avez lu trop de contes philosophiques comme celui de Jean-Jacques Rousseau. Comment nos ancêtres, alors qu'ils n'avaient aucune conscience d'être des humains, auraient-ils pu être pacifiques ? Je ne dis pas que la vie humaine dans l'état de nature a systématiquement été conflictuelle, d'ailleurs les humains, peu nombreux sur ce globe, ne se rencontraient guère. Parfois même, je veux bien imaginer des rencontres cordiales, puisqu'on a retrouvé en marge quelques rares croisements génétiques entre Homme de Néandertal et Homme moderne, sans néanmoins savoir si ces croisements ne seraient pas dus à des viols ou des enlèvements. Mais l'existence de conflits est assurée. La découverte d'ossements de corps humains tués par des armes de pierre taillée sur des sites, certes peu nombreux, est attestée[1], les dessins de sacrifice ou de meurtre dans certaines grottes et surtout le comportement souvent agressif des populations nomades étudiées par l'anthropologie confirment ce fait. Si le mot « guerre » vous gêne, alors qu'il s'applique à tout conflit entre groupements humains, des guerres tribales aux guerres impérialistes, employons le mot « conflit ». Cela ne change rien au fait.

– À l'état de nature, l'homme aurait été un loup pour l'homme ?

– C'est là une autre idée fausse, émise jadis par le philosophe Thomas Hobbes qui fantasmait sur l'état de nature pour justifier son idéal d'État absolutiste contrôlant la vie au nom de la sécurité. Il avait tort : l'humain n'était pas un loup pour l'homme, simplement, l'homme n'était pas un homme pour l'homme. Être spirituel, il pouvait être indifférent, agressif ou cordial, comme avec les animaux rencontrés. S'agissant de la chasse, vous vous en souvenez, l'animisme conduisait à apaiser les esprits des animaux tués pour rétablir, par des danses, des chants, des prières, des sacrifices humains parfois, l'équilibre spirituel rompu. Mais quand le déséquilibre supposé était le fait d'étrangers, comment réagir ? Par exemple quand les chasseurs de tribus voisines tuaient des animaux ou cueillaient des fruits sur le territoire qu'eux-mêmes parcouraient ? Voire quand ils tuaient des membres de la tribu ? Il fallait bien rétablir l'équilibre perdu des esprits, et c'était logiquement la guerre. Paradoxalement, le cannibalisme apporte d'ailleurs une réponse à votre question.

Me voyant étonné, Mary s'en amuse.

– Oui, car à la différence de l'« endocannibalisme » déjà évoqué, cette anthropophagie qui se nourrit de membres de sa propre tribu, l'« exocannibalisme » concerne les corps des étrangers et il est souvent une conséquence logique des conflits. Ainsi, les Tupinamba ne quittaient jamais un champ de bataille sans déguster les ennemis tués. Cette pratique, très partagée[2], avait bien pour but de rétablir l'équilibre dans la nature : l'esprit du mort cherchant un nouveau réceptacle, on lui en donnait un dans le corps d'un membre de sa propre tribu. En assimilant les esprits des morts, l'anthropophage croyait d'ailleurs récupérer ses qualités. Ainsi, pour l'ingestion de l'ennemi courageux, les femmes enceintes étaient prioritaires chez les Guyaki afin de donner cet esprit courageux au fœtus. Partout, cuisson et ingestion exigeaient des rituels sophistiqués pour une bonne ingestion « spirituelle » et ainsi éviter l'irritation des esprits qui, sinon, viendraient hanter la population.

– Mais alors la tribu qui a vu un de ses membres tué, va à son tour tenter de récupérer l'esprit du mort par la guerre...

– Cela expliquerait pourquoi les conflits peuvent resurgir. Ainsi, l'étude des dernières populations nomades confirme que les guerres ont parfois duré des siècles, comme celles des nomades Lakotas, ces Sioux amérindiens, des Cheyennes et des Arapahos contre les nomades Crows. Je pourrais multiplier les exemples. Et on pourrait voir la survivance de ces pratiques dans les « vendettas » perpétuées par certaines populations et dans ces contes humains où, des tragédies grecques aux propagandes guerrières modernes, les guerres sont justifiées non pas au nom de la liberté ou de la justice mais de la revanche due aux morts. Quoi qu'il en soit, en raison de la faible démographie au paléolithique, ce phénomène proprement humain était rare.

Je récolte dans la poche arrière de ma besace que dans l'état de nature, le malheur dû à autrui est une réalité procédant de cette vision magico-religieuse qui ignore l'essence humaine et croit en un équilibre naturel régi par des esprits. Et, dans la poche de devant, que si les conflits sont d'origine spirituelle, la solution pourrait l'être aussi…

Où je récolte qu'au lieu de célébrer le bonheur dans la nature, l'humanité a créé des outils et a crié : « Courage, fuyons ! »

Après que Mary m'a fait goûter le miel sombre et un peu épicé de caféier, venu du Kilimandjaro et d'Arusha, en Tanzanie, une question s'impose à moi : pourquoi y a-t-il encore de l'humain plutôt que rien ? Faut-il invoquer un miracle ou un bienheureux hasard pour expliquer que Mary et moi, descendants des survivants du paléolithique, puissions partager le pain, l'eau et le miel ? Elle s'amuse de l'évocation de cette trinité.

– Face au malheur, nos ancêtres avaient trouvé une solution formidable : ils fuyaient. Voilà pourquoi ils étaient nomades. Ils changeaient d'emplacement, des régions chaudes aux régions froides, des zones prospères devenues désolées à d'autres zones prospères qui deviendront désolées. Ils migraient sur de grandes distances à la façon des tribus du Kenya, certaines parties vers le sud, d'autres vers le nord, jusqu'en Asie mineure et en Europe. Parfois, leur nomadisme restait localisé. Ainsi, sur les sites des

Gorges de l'Olduvaï, vécurent d'abord, il y a 1,9 million d'années des « paranthropes », remplacés ensuite par des *Homo Habilis*. Craignant les attaques animales, celles des crocodiles et des hippopotames plus particulièrement, ils habitaient les montagnes alentour mais, malins comme des humains, donc plus que les singes, ils venaient aux heures où leurs prédateurs n'étaient pas là pour pêcher, chasser, manger des charognes et trouver de l'eau. Ils déplaçaient leur habitat selon les saisons et aussi les mouvements sismiques, les éruptions volcaniques et les variations climatiques qui bouleversaient le niveau des eaux[1]. Car le niveau du lac s'élevait parfois jusqu'au pied des volcans ou baissait au contraire, asséchant les sols. Cela jusqu'au jour où le niveau lacustre baissa tant que le lac disparut, ne laissant plus de place à la vie animale et l'humanité, faute de nourriture, disparut aussi, s'en allant peut-être vers d'autres espaces.

– Finalement, le « courage, fuyons ! » fit le salut de l'humanité ?

– Non seulement, il sauva l'humanité mais il permit la conquête du globe par de grandes migrations appelées les « sorties d'Afrique ». La première commença il y a probablement plus de 2,5 millions d'années, peut-être 2,7 millions, selon quelques traces en Inde. Des groupements nomades d'Afrique de l'Est vont vers la péninsule arabique puis l'Asie, il y a 1,7 million d'années, et l'Europe, il y a 1,6 million d'années. Ils essaiment partout, non sans subir les habituelles douceurs des forces naturelles, puisque la quasi-totalité de ces humains est exterminée. La seconde grande sortie, celle de notre espèce, commence il y a environ 300 000 ans, en passant par l'Égypte, et peut-être, le détroit qui relie l'Érythrée au Yémen. Elle atteint l'Europe et l'Asie, puis par le détroit de Béring, profitant d'une période de bas niveau de la mer, elle colonise le continent américain.

– Cette fuite est une forme de résistance ?

– Oui, mais ils ne la pensent pas comme telle. Comment auraient-ils pu affronter consciemment la nature, puisqu'ils s'imaginaient être des éléments parmi d'autres éléments d'une sorte d'écosystème, sous l'égide des esprits ? À la fin du paléolithique, certaines tribus pensent peut-être que tous les esprits sont dirigés par une « Déesse-Mère », une « Terre-Mère », une « Grande Déesse », ce que semble montrer la *Vénus* de Willendorf[2], datée de – 25 000 ans, néanmoins, face à elle, aucun membre de ces tribus ne se pense comme un individu, un « moi » dissocié du tout de la nature contre laquelle ils pourraient agir.

– L'instinct, la peur et le hasard ont donc permis la survie ?

– L'instinct de survie a joué un rôle, mais il n'explique pas celle-ci. Il était d'ailleurs partagé par tous les hominines, pourtant, une seule espèce du genre *Homo* a survécu. Et si le hasard fut une autre cause de la survie, il fut, plus encore, celle du malheur. À la différence du fantasque Friedrich Nietzsche qui célébrait le hasard[3], force est de constater que les dés tombaient le plus souvent du mauvais côté. Comment nos ancêtres auraient-ils pu savoir, quand ils allaient dans une direction pour fuir une menace, si leur choix n'allait pas les entraîner vers la mort ? Ainsi, ceux qui sont allés vers le nord de l'Europe avant la dernière glaciation ont été exterminés, à l'exception d'un petit millier environ[4]. Qu'il n'y ait eu, après 2,8 millions d'années, que 500 000 survivants du genre *Homo* quand on arrive au néolithique avec une moyenne d'âge de 21 ans le démontre : si la vie humaine avait dépendu du seul hasard, il ne serait probablement pas resté un seul humain.

– Un miracle alors ?

– S'il y a un miracle, il est dans un don fait à la nature humaine, dit-elle en riant. Car si la nature corporelle humaine est faible, ce qui la rend originellement incapable de survivre dans la nature, elle possède une formidable capacité d'adaptation. À l'entrée des cavernes, dans des abris-sous-roche ou en plein air sur les bords des cours d'eau[5], nos ancêtres pillent la nature pour leur survie. Par exemple, quand les températures sont élevées, il y a 380 000 ans, les *Homo Erectus* construisent à Terra-Amata, près de Nice, des abris avec des piquets et des branchages sur le bord d'une plage, et quand il fait froid, ils se replient sur les grottes, se chauffent avec le feu ou ils utilisent des os des mammouths et leurs peaux pour des habitats plus chauds comme en Ukraine…

J'attends qu'elle boive un verre d'eau, car la chaleur est intense. Elle poursuit :

– Mais ce qui a le plus émerveillé les premiers archéologues, et ce qui rend d'ailleurs possible cette adaptabilité, c'est l'invention des outils. John Lubbock, enthousiaste devant cette manifestation de la puissance humaine qui a explosé il y a 3,3 millions d'années avec l'usage des outils en pierre, a inventé le mot « paléolithique[6] » du grec « palaios » (παλαιός), qui signifie « ancien » et « lithos » (*λίθος*) qui signifie « pierre ». Mais l'outil est sans doute connu bien avant, avec les premiers hominines. Et la pierre n'est qu'un des éléments arrachés à la nature. Les humains produisent aussi des outils à partir du bois ou des os. Or, l'outil, inconnu des animaux, est un objet pensé par rapport à son utilité face à la nature, pour en extirper des ressources ou se défendre. Il est ensuite conservé pour son usage futur et l'art de le produire est transmis. Il peut être amélioré, comme les galets taillés à une face utilisés non loin d'ici, près du lac Turkana, il y a 3,3 millions d'années, ont été dépassés par l'outil de silex biface, il y a 1,7 million d'années, dépassé à son tour par les outils trifaces, ovalaires ou circulaires. Comme la branche d'arbre devenue bâton est transformée en sagaie, il y a 3,4 millions d'années à Dikika, puis en flèche, en piquet ou en barque à la fin du paléolithique.

– Vous voulez dire qu'il y a du progrès dès l'état de nature ?

– Oui. Non seulement le progrès est là, mais l'accélération de l'innovation aussi. Ainsi, au feu obtenu grâce aux brindilles embrasées par les volcans, il y a près de 2 millions d'années, comme le montre la grotte de Swartkrans, en Afrique du Sud, succèdent sa conservation, puis son usage contrôlé, il y a 790 000 ans, avant son universalisation il y a 400 000 ans. L'accélération de l'innovation est telle qu'il y en eut plus de – 45 000 ans à – 12 700 ans que durant les 3 millions d'années précédentes, avec la création des harpons, des pointes de sagaie, des propulseurs, des arcs, des aiguilles en os pour tricoter… Et si notre espèce a survécu, c'est peut-être qu'elle a été la pointe avancée de l'humanité dans l'innovation. Ainsi l'*Homme du Néandertal* chassait avec des frondes quand l'*Homme moderne* connaissait l'arc et bien qu'ils se soient rencontrés le premier n'a pas réussi à intégrer cette innovation. L'invention des outils explique la survie quand tant d'autres espèces animales ont disparu.

– Je croyais les humains responsables de certaines disparitions d'espèces animales ?

Elle rit aux éclats

– Qui peut croire pareille fadaise ? Comment les humains, apparus il y a 7 millions d'années, pourraient-ils être responsables de la disparition de 99,99 % des espèces vivantes auparavant ? Parmi des milliers de faits, songez, il y a 259,8 millions d'années, aux éruptions volcaniques qui ont exterminé 95 % des espèces marines et 75 % des espèces terrestres ou à la « Grande Mort », il y a 252 millions d'années, qui a détruit 96 % des espèces vivantes ? Pas d'humains non plus, il y a 200 millions d'années, quand 80 % des espèces ont été effacées, et 76 %, il y a 66 millions d'années[7] ? Et comment croire qu'il y a 12 000 ans, après la dernière glaciation, les quelques milliers d'humains survivants auraient pu détruire de dizaines de millions d'animaux ? La vérité est plus simple. Au début du néolithique, quand le réchauffement arrive, les animaux prédéterminés génétiquement périssent, incapables qu'ils sont de changer leur environnement. Ainsi, le mammouth laineux incapable de se tondre ou d'inventer l'air conditionné n'a pu survivre. Oui, seul l'être humain construit un espace de vie artificiel, avec des zones d'activités, des zones de couchage et de vidange comme le firent nos ancêtres à la fin du paléolithique. L'humain innove et c'est pourquoi il a survécu.

– Néanmoins, nos ancêtres ne cessent de fuir…

– Oui, mais, un jour, favorisés par le hasard, riches de leurs expériences et de leurs innovations, ils décident de fuir la fuite elle-même et de se sédentariser. D'ailleurs, vous allez pouvoir le constater car j'entends, au loin, l'*Orient Express* arriver.

Où, avec la dernière fuite, celle des sédentarisations, je récolte la première clef du bonheur : « Dominez la nature ! »

Après que Mary a sorti de son sac un pot de miel de fleurs de baobab au goût peu sucré, légèrement fruité et acidulé, légèrement terreux et caramélisé et que nous l'avons tartiné avec gourmandise, je reviens sur notre discussion.

– Vous vouliez dire que la sédentarisation est elle-même le résultat d'une fuite ?

– Oui, c'est le paradoxe. Durant plusieurs millions d'années, ils ont fui pour survivre, mais qui a dit qu'ils aimaient fuir ? Qui a dit qu'ils n'auraient pas aimé se sédentariser, s'ils l'avaient pu ? Les pérégrinations autour des mêmes points démontrent que tel était bien leur désir profond, celui qu'ils ne pouvaient réaliser. Se sédentariser définitivement a été la fuite d'un monde qui exigeait la fuite pour survivre. Face à leur angoisse existentielle, ils voulaient diminuer la part de hasard face à leur peur, ils voulaient construire un espace sécurisé. Ils ont fui l'état de nature dès qu'ils le purent, dès que le train de l'histoire s'est présenté, après la dernière glaciation, terminée il y a 11 700 ans. Ainsi commença, une révolution sans précédent, celle du néolithique : la sédentarisation.

– Mais il y avait eu d'autres réchauffements auparavant, après d'autres glaciations, pourquoi celle-ci a-t-elle abouti à la sédentarisation ?

– D'abord, ce réchauffement qui nous a fait entrer dans une période interglaciaire appelée « holocène », a été sensiblement moins violent que ceux qui ont suivi les autres périodes interglaciaires. De 5 à 8 degrés de moins que le précédent par exemple, celui de la période interglaciaire de l'Éémien, qui a duré environ de – 130 000 à – 115 000 ans avant notre ère. D'où l'apparition de zones tempérées. Mais surtout, l'accumulation des savoirs liés à l'expérience, à l'amélioration des techniques de construction et d'exploitation des terres a atteint, pour certaines tribus, un niveau compatible avec la sédentarisation. Car celle-ci n'exige pas seulement de construire un environnement artificiel éphémère, mais une maison et un espace humanisé permanent et il n'est plus possible de se contenter d'outils de survie entre deux étapes nomades : il faut multiplier les moyens de dominer la nature. Or, du harpon aux premières domestications, comme celle du chien, les tribus les plus avancées avaient acquis les expériences et les tours de main indispensables. Et l'on vit quelques milliers d'humains quitter les grottes et les abris-sous-roche des montagnes du Liban, de Turquie et d'Iran pour s'installer sur les rives de l'Euphrate et du Tigre, puis, plus tard, sur celles du Nil. Parfois, encore apeurés, ils repartent dans leurs montagnes mais, finalement, ils s'installent définitivement. Cette révolution s'étend à tout le Moyen-Orient, puis, sans qu'il y ait eu de collusion, à l'Europe et la Chine, il y a 9 000 ans, à l'Amérique latine, il y a 5 000 ans, emportant aujourd'hui les derniers îlots nomades. C'est la révolution du néolithique.

– Cette révolution paraît incompatible avec l'animisme…

– Elle l'est. La sédentarisation lance en même temps la course à l'humanisation de la nature et à l'humanisation de leur spiritualité. Eux qui n'étaient que des ombres au paléolithique se représentent à présent comme des individus, avec un corps constitué apte à agir. Ils créent des sculptures, des dessins, des décors de maisons, qui représentent des moutons, des chèvres, des cochons et eux-mêmes, à l'image de cette petite statuette de plus de 8 000 ans, la *Dame aux fauves*, découverte à Catal Höyük, qui représente une femme assise dans un fauteuil, appuyée sur des accoudoirs représentant des fauves, un symbole parmi mille autres, comme ces figures de taureaux sur les vases et les palissades, de cette détermination à conquérir la nature. Les esprits disparaissent au bénéfice des dieux, de plus en plus individualisés et à visage humain, comme le montrent les 45 statues d'Yverdon[1]. Cette humanisation est nette en Égypte, où, après un mélange de figure humaine et de corps animal dont témoigne le sphinx de Gizeh, la forme humaine l'emporte, dans la représentation des dieux Osiris et Isis. Plus le néolithique avance, plus les dieux ont des émotions, délibèrent, choisissent, agissent, tuent, ont des rois, des reines et des traîtres, sur le modèle de la vie humaine.

– Il y aurait une convergence entre l'humanisation spirituelle et celle de la nature ?

– Exactement. Et quelle accélération des sciences et des techniques ! Songez que du néolithique à la fin de l'Âge du bronze, il y a 4 100 ans, nos ancêtres nous ont offert plus d'innovations pour dominer la nature que durant les 7 millions d'années précédentes : agriculture, industrie, commerce, outils, langage, écriture, civilisations avec palais et empires, pyramides et temples, et des savoirs époustouflants, des mathématiques aux premières réflexions sur les astres, et la découverte de l'usage du cuivre, du bronze, de l'or, et la naissance du luxe, du désir de séduire, des jeux, des plaisirs de la table…

Mais l'*Orient Express* est arrivé au quai de la station, et il n'est pas de bonne compagnie qui ne se quitte. Alors que nous nous embrassons, Mary sort de son sac un petit pot de miel blanc d'Éthiopie, produit à 2 000 mètres d'altitude, à partir des fleurs jaunes « adey abeba », qui ressemblent aux marguerites, me dit-elle. Ainsi lorsque vous passerez par le Kenya et l'Éthiopie vous penserez à moi. Puis elle part rejoindre les équipes qui fouillent le site de Lomekwi 3, à l'est du lac Turkana, où l'on a découvert de nouveaux outils datés de 3,3 millions d'années.

En montant dans ce train qui ne comporte qu'une locomotive et un wagon, appuyé sur ma canne, je prends soudain conscience que les ingrédients récoltés dans la poche avant de ma besace convergent. Face au malheur dû à la nature, fuir, tracer des chemins, construire des maisons, produire des outils, organiser sa vie, se sédentariser enfin, tout converge, tout fait sens.

La première clef du bonheur sonne comme le principe espérance d'une humanité qui ne peut laisser, sans folie, le hasard décider de sa vie, ni le malheur l'ensevelir. Oui, face à l'angoisse, à la peur, à la souffrance, face aux malheurs dus à la nature, il n'est pas d'autre solution que d'essayer de la dominer autant que possible. Dominer la nature, voilà ce qui permit à l'humanité de survivre, voilà ce qui lui permet d'espérer faire reculer le malheur, voilà la première clef du bonheur.

Je la mets derechef dans la poche avant de ma besace. Et, guilleret, je m'installe près d'une fenêtre, posant canne et besace à mes côtés.

Où je constate que la domination de la nature intensifie le malheur dû à autrui et appelle la recherche d'une seconde clef

À peine installé, et curieusement seul dans le wagon, l'*Orient express* démarre. Tandis que défilent les paysages du Kenya puis de l'Éthiopie le long de la vallée du Grand Rift, je goûte le miel donné par Mary. Puis, la nuit venant, alors que je vois les reflets du lac Abaya, je m'assoupis. Je me réveille le lendemain, tandis que le train file à travers l'Égypte. Un homme vêtu d'un costume blanc vient vers moi. Après m'avoir salué, il m'informe qu'il a du miel de fleur de nigelle à ma disposition, ce miel qui était offert aux dieux dans l'Égypte antique. Je le remercie vivement, mais, penaud, croyant avoir affaire à un contrôleur, je lui avoue n'avoir pas de titre de transport car l'Office de tourisme de la Vallée de miel a oublié de me dire où l'acheter.

– Je ne suis pas contrôleur, seulement un aiguilleur du rail comme il y a des aiguilleurs du ciel, me dit-il en souriant. L'Office a oublié de vous informer que les routes du bonheur sont toujours ouvertes et gratuites, et méfiez-vous de ceux qui prétendent le contraire. Chacun est en droit de donner un sens à sa vie et de chercher sa voie. Évidemment, cela vous donne le droit de voyager, pas un droit au bonheur. Pendant votre somme l'*Orient Express* a traversé le Soudan, et il vous conduit par l'Égypte jusqu'aux vallées du Tigre, de l'Euphrate et du Nil où ont commencé les premières sédentarisations à la sortie de l'état de nature. Cet itinéraire est peut-être aussi une façon de vous permettre de suivre la route prise au paléolithique par de nombreuses populations lors de la seconde « sortie d'Afrique ».

Laissant ce dernier point, je fais part à ce sympathique bonhomme de mon enthousiasme après la découverte de la clef du bonheur et de ma hâte de le voir se réaliser.

– Vous êtes trop optimiste. Car ces tribus qui se sont sédentarisées sont certes entrées dans l'histoire mais l'histoire n'a pour elles aucun sens, elles sont l'avenir de l'humanité mais elles ne croient ni en l'avenir, ni en l'humanité, elles dominent de mieux en mieux la nature, mais elles attribuent cette domination à l'intervention des dieux. La pensée magico-religieuse de l'état de nature n'a pas disparu, peut-être d'ailleurs ne le peut-elle pas ? En aiguilleur, je dois vous alerter sur la nouvelle forme de cette pensée, portée par des prophètes de malheur qui prétendent parler au nom de la Vérité et des dieux, experts en culpabilisation et en damnation éternelle, pourvoyeurs de fantasmagories apocalyptiques. Au lieu du « Tous ensemble ! » dont vous rêvez pour affronter le malheur dû à la nature, résister aux menaces, se préparer aux catastrophes, s'attaquer aux maladies et à tous les défis auxquels convient votre première clef, je crains que vous ne deviez affronter le malheur dû à autrui qui a pris des proportions gigantesques en raison même de l'expansion des moyens de domination de la nature qui attisent, paradoxalement, la jalousie, l'envie, les dominations, l'esclavage, les sacrifices humains, le totalitarisme, les guerres civiles et impérialistes et quantité d'autres phénomènes.

Resté seul, grignotant une tartine au miel de nigelle, je médite sur cette étonnante humanité qui, à peine sortie des exterminations de masse dues à la nature, semble ignorer que dominer la nature, humaniser son environnement, se lancer dans la course à la croissance et aux savoirs restera à jamais la condition de sa survie. Est-il possible que les survivants de l'holocauste naturel aient oublié les exterminations massives qu'ils ont subies et qu'ils soient devenus aveugles devant celles qui les menacent ? Est-il possible que le malheur dû à autrui devienne plus effrayant que le malheur dû à la nature ?

Et alors que le train longe le Nil, je saisis que la première clef du bonheur ne suffit pas. Si ce bonhomme en blanc dit vrai, elle appelle comme condition de sa réalisation une autre clef, celle qui permettrait de trouver l'antidote au malheur dû à autrui. Mais quelle est-elle ?

2

L'Orient Express

Face au malheur dû à autrui,
La seconde clef du bonheur

Où je trouve de la culpabilité et des déluges comme s'il en pleuvait contre le sens caché de l'arche

Alors que le train joue à l'omnibus depuis qu'il a dépassé Louxor, à chaque station, sur les quais, en me dégourdissant les jambes, j'entends des prophètes de malheur, de plus en plus nombreux, prononcer avec force des sermons qui disent de la vie qu'elle est une longue épreuve dont le déluge serait la plus évidente des preuves. Je crois comprendre que, nés coupables, damnés et condamnés, exclus du paradis, en attendant la mort, les humains devraient les suivre sous peine de cataclysmes pires encore.

Tout en prenant une pâtisserie au miel d'oranger d'Égypte proposée par l'aiguilleur du rail qui semble indifférent à toutes ces prophéties, je lui avoue ne rien comprendre à cette histoire de déluge…

– Vous n'êtes pas le seul, répond-il en riant. L'histoire du déluge est universelle. Véhiculée par le bouche-à-oreille depuis les premières sédentarisations, elle se retrouve en Inde[1], dans les trois cent sept récits mythologiques chinois[2], dans les légendes d'Asie du Sud-Est[3], chez les Macusis de

Guyane, les Onas et Yahgans de la Terre de Feu, les Arikaras du Dakota du Nord, les Mayas, les Aztèques… dans la Torah aussi, bref partout. Et l'idée qu'il serait une punition des dieux irrités par une humanité coupable est très populaire.

– Ce déluge est donc une affabulation ?

– Non. Il y a bien eu un déluge, violent et rapide, produit par un réchauffement soudain, il y a 11 700 ans, confirmé par les carottes de glace du Groenland, l'étude détaillée des ères glaciaires et la découverte de fossiles[4]. En moins de soixante ans[5], peut-être en deux années seulement, les températures se sont élevées de dix degrés, les mers de six à neuf mètres, avec des inondations violentes, des disparitions de tribus.

– Mais alors pourquoi imaginer une punition des dieux ?

– Comment nos ancêtres auraient-ils pu attribuer ce phénomène aux mouvements de la Terre ? Si le monde est gouverné par les dieux, alors les voilà responsables du déluge et puisqu'il tue les humains, ils imaginent une punition. Ainsi, le plus ancien des récits du déluge, les *Instructions de Shuruppak,* mis par écrit vers – 2 600 av. J.-C.[6], raconte que le déluge serait une conséquence de la guerre menée par 600 dieux, conduits par Enlil contre la déesse qui avait régné jusque-là, la Terre-Mère Nammu. Après leur victoire, ces vainqueurs auraient décidé d'exterminer les humains qui auraient été les favoris de la Terre-Mère[7]. Leur survie viendrait d'un évènement tout aussi divin : la révolte des dieux inférieurs, les Igigi, qui se révoltent, type grève générale, car ils ne veulent plus être les serviteurs des dieux supérieurs, les Anunnaki. Enki, dieu des arts, a alors une idée : pour pacifier le monde des divinités, les humains remplaceront les Igigi : ils travailleront, cultiveront la terre, élèveront le bétail, commerceront, apporteront les offrandes. Et, hop ! nos humains sont momentanément sauvés mais condamnés à être esclaves des dieux. Momentanément seulement car Enlil prétexte qu'ils font du bruit à force de frapper la pierre et le cuivre pour leur envoyer la famine, des épidémies et finalement le déluge. Enki prévient les humains et souffle la solution : construire un navire étanchéifié au bitume, de six étages et de soixante mètres de long, dans lequel le roi des humains emportera sa famille et des spécimens de tous les animaux. Une arche. Finalement, les humains seraient sauvés mais, coupables par nature, ils restent punis, et devront, en conséquence, souffrir de la division du travail et de leurs divisions intestines. Ce qui est, notez-le, une interprétation typiquement magico-religieuse de ces récits.

– Il y en aurait une autre ?

– Oui, me répond-il avec bonhommie. Le sens de toutes les arches, c'est que l'humanité est sauvée quand elle est elle-même, vraiment humaine, déterminée à dominer la nature et à assujettir ce qui s'y trouve, laissant à quai ceux qui ne saisissent pas leur humanité et restent engoncés dans le culte magico-religieux de la nature et la culpabilité. Car l'arche n'est pas l'œuvre des dieux mais celle des humains. Dirigés par celui qui représente le point de vue de l'humanité, Noé par exemple, ces humains vont à l'assaut de la nature, arrachant des arbres, élaguant les bois, les taillant grâce à leurs outils, leur expérience et leurs savoirs techniques. Et cela est si efficace que l'arche se construit en quelques jours. Oui, le sens est clair : tous ensemble face à la nature, voilà qui permet de survivre !

– Mais ce qui s'y trouve et le salut dans ces eaux, ne vient-il pas des dieux ?

– Non. Le salut se trouve dans l'affirmation de la liberté et la sédentarisation. Dans tous les mythes, cette arche contient les symboles de la sédentarisation néolithique, des outils, de la céramique mais aussi des animaux, des « fauves », du « bétail[8] », une façon de célébrer cette humanité puissante qui asservit le vivant et produit des O.G.M. comme les moutons, les chèvres, les pois, les fèves, le pavot, l'orge qui, malgré ce que croient les Candide et Bécassine, n'existent pas à l'état sauvage. Bref tout ce qui est produit par l'agriculture, l'élevage et l'innovation technique qui caractérisent le néolithique[9]. Et, surtout, s'y trouvent des humains qui vivent dans la fraternité. Car la navigation comme la sortie de l'arche sont l'œuvre de la seule liberté humaine. Dans le récit de l'*Épopée de Gigalmesh*[10], qui reprend, il y a 3 700 ans, celui des Sumériens, Atrahasis est resté six jours et six nuits sur le bateau dans la tempête, avant de décider, sans aide des dieux, de lâcher une colombe puis une hirondelle et enfin un corbeau, qui ne revint pas car il a trouvé la terre ferme. Atrahasis sort alors avec sa famille, les sages et ses animaux et il construit sa cité.

– L'arche est donc l'expression d'un combat spirituel ?

– Oui, d'un combat de l'humanité pour devenir plus humaine. Ainsi, dans l'*Épopée de Gigalmesh*, Atrahasis, parvenu sur la terre ferme, offre un sacrifice aux dieux pour se faire pardonner, et dans le *Śatapatha Brāhmaṇa*, livre sacré de l'hindouisme, Manu, à peine sorti du déluge, organise un sacrifice aussi. Mais, nul mythe n'évoque de sacrifice humain et, à la fin, les dieux acceptent la vie humaine. Le plus évolué des récits, et à mon avis le plus proche de la vérité historique est celui de la Torah. Il dit que non seulement Dieu n'est plus mécontent des humains mais qu'il est satisfait puisqu'ils sont devenus vraiment humains en passant l'épreuve avec succès. Et il passe une alliance avec eux, alliance dont il se souviendra quand l'arc apparaîtra dans les nuées, mais cela, c'est une autre histoire…

– Il y aurait donc un sens caché de l'arche ?

– Oui. L'arche indique que le malheur durera tant que ne sera pas atteinte la vraie terre, la terre spirituelle, ce havre de paix que l'humanité pourra habiter quand elle sortira du désert moral et découvrira en autrui un frère en humanité, quand elle sera sur le chemin de la Vallée de miel.

J'essaye de méditer sur ce que m'a dit l'homme en blanc, en particulier cette allusion à l'arc et au désert, mais n'étant pas théologien, j'abandonne et je mets dans la poche arrière de ma besace la culpabilisation vendue par ces prophètes de malheurs qui nous menacent de cataclysmes, et dans la poche de devant je dépose cette arche qui célèbre l'humanité et ses œuvres et appelle à vivre « tous ensemble ! » pour aller vers le bonheur.

Puis, regardant défiler les paysages de la vallée du Nil, d'abord un peu somnolent malgré le thé et le miel d'oranger que j'étale sur une pâtisserie, bien avant de longer le Grand Lac Amer, je m'assoupis à nouveau.

Où, à Sumer, je récolte que la croyance au pouvoir des quatre Maîtres de Vérité appelle sacrifice, totalitarisme et guerre

Alors que l'*Orient Express* arrive à la station Sumer, l'aiguilleur vient me réveiller doucement.

– Nous arrivons dans quelques minutes, prenez ce pot de miel de citron et d'eucalyptus, les Sumériens donnent aux dieux lors de leurs offrandes, cela pourrait vous être utile.

Je le remercie et je descends sur ces quais, avec mon bâton et ma besace. Je découvre alors un spectacle étonnant. Quelques humains se tiennent à genoux autour d'un homme à la barbe longue et arrondie, un bonnet sur le crâne. Plus loin, toujours à genoux, d'autres Sumériens écoutent un poète. Plus loin encore, d'autres semblent effrayés par un devin. Au bout du quai, j'entre dans une échoppe déserte où un homme, assis en tailleur, s'active sur des tablettes d'argile. Je le salue.

– Il faut que vous soyez un étranger pour m'adresser la parole sans autorisation.

Pour détendre l'atmosphère, je lui offre le pot de miel. Il le regarde, le prend et il me dit qu'il me pardonne ce qui, ajoute-t-il, est exceptionnel à Sumer. Je feins d'en être très flatté et je lui demande de m'éclairer sur ce Sumer dont on m'a dit le plus grand bien.

– Voilà un hommage tout à fait mérité car c'est ici, dans le Croissant fertile, entre Euphrate et Nil, qu'est née cette découverte que pour sortir du chaos de l'état de nature et en raison de la culpabilité humaine, il faut un contrôle social total. Notre influence a d'ailleurs été déterminante pour toute l'humanité, non seulement pour avoir inventé l'écriture mais aussi pour avoir inventé le système totalitaire qui pacifie la vie. Mais peut-être l'avez-vous compris en écoutant notre roi de justice sur le quai, ce descendant des rois apparus à Eridu après le déluge, modèle des guides rouges, bruns et verts de la modernité ?

– Il s'agit du chamane avec le grand bonnet ?

– Êtes-vous un mécréant ? Ce n'est pas un chamane. Ceux-ci vivaient à l'état de nature, dans un monde animiste. Ils se croyaient en relation avec des esprits et ils n'avaient aucun « pouvoir » pour agir dans le monde[1]. Ici, à Sumer, peuplé depuis le VIIe millénaire avant J.-C., nous avons remplacé les esprits par les dieux et nous avons construit une organisation sociale pyramidale proprement humaine, au sommet de laquelle se trouvent les réceptacles des divinités. Contre la spiritualité nomade, nous savons les humains différents des végétaux et des animaux et, parmi les humains, nous savons que certains sont des élus des dieux. Ainsi, le roi de justice est l'héritier du « prêtre-roi », apparu après les sédentarisations, descendant du dieu-roi primitif, Marduk, qui avait battu la déesse du chaos, Tiamat, pour imposer l'ordre sur terre. L'ordre contre le chaos de l'état de nature, tout est là. Pour assurer cet ordre, depuis son palais, il possédait et contrôlait tout. Hélas ! avec la croissance, ses fonctions ont dû être partagées entre quatre Maîtres de Vérité[2] : le « roi », le « devin », l'« aède » et le « scribe », ce dernier personnage étant souvent oublié par les intellectuels qui n'aiment pas voir leur origine mise au jour. Et, sachez que ce modèle de Maîtres de Vérité et de société totalitaire a ensemencé le monde entier, de la dynastie chinoise Zhou[3], fondée sur le roi, le pouvoir religieux des devins, le contrôle de la mémoire par l'aède et la transmission des récits des maisons seigneuriales et royales[4] jusqu'aux sociétés amérindiennes[5]. Et jusqu'aux Temps modernes, grâce à la croyance au « pouvoir », le modèle des Maîtres de Vérité a survécu.

– D'où vient cette croyance au « pouvoir » ?

– De cette idée que tout est déterminé et que l'ordre politico-social est fondé sur l'ordre divin, que certains modernes appellent ordre de la Nature ou de la Raison. Puisque tout est déterminé, le roi et les autres dirigeants se voient attribuer une relation privilégiée avec ceux qui seuls agissent et qui seuls « peuvent » faire : les dieux, ou leur équivalent laïc chez les modernes. Quand un roi meurt, un autre prend sa place, comme le symbolise le sceptre qui passe de main de roi à main de roi. Un sceptre en forme de tête de bélier à Sumer, de bâton de berger chez les pharaons, de haches de pierre ou de jade pour la dynastie chinoise Shang, de sceptre d'or chez les Étrusques, de sceptre en ivoire chez les Grecs… Ce dont il reste la trace jusqu'au Royaume-Uni, avec les deux sceptres de la famille royale, un en or, l'autre en forme de croix. Les cérémonies de sacre des rois ou des empereurs seront ainsi, plus tard, destinées à rappeler la valeur divine du détenteur du « pouvoir », ce qui a l'avantage de permettre le consentement à l'ordre.

– Mais les détenteurs de ce « pouvoir » se trompent parfois…

– Êtes-vous un anarchiste ? Sans la croyance au « pouvoir » et donc sans la croyance en la vérité des discours et des décisions des détenteurs du « pouvoir », le chaos social succéderait à l'ordre, et avec lui le retour à l'état de nature. Ceux qui gouvernent sont appelés Maîtres de Vérité non sans raison. À Sumer, nul n'imagine même que puisse exister ce que vous appelez « vérité », avec cette minuscule, comme si la vérité était à chercher et pouvait être discutée. Ici, nous admettons la Vérité, avec la majuscule, ce qui se dit « aléthéia » chez les Grecs. Quand le roi rend la justice, chacun sait qu'il agit selon la Vérité, puisqu'il est l'expression de la volonté des dieux. Ce qui est rappelé par le premier texte juridique humain connu, celui de Sumer précisément, le Code d'Ur-Nammu. Ainsi, quand il édicte qu'une femme adultère doit être tuée mais pas l'homme, un roi juste applique ces articles de la loi divine à la lettre. Et quand les jugements sont complexes, le Code sacré donne la procédure à suivre, comme l'épreuve de l'eau, l'ordalie : l'accusé est jeté dans le fleuve. Si l'accusé est innocent, il surnage, s'il se noie, c'est que la peine de mort a été prononcée par le dieu du fleuve. Nul ne résiste, donc nul besoin de camp de rééducation. Chacun sait, membre de la famille royale ou esclave, que le juste procède du respect du droit défini par les autorités, elles-mêmes condition de l'ordre social voulu par les dieux. Ce que Socrate a bien compris[6] à l'inverse d'un Étienne de La Boétie[7] qui n'a pas vu que par leur servitude volontaire, les humains obéissent à l'ordre contre le chaos.

– L'autorité peut décider du sacrifice humain ?

– Elle le doit. Certes, à Sumer, le sacrifice humain est rare, mais pourquoi serait-il immoral ? Symbolisé par la figure du « devin », le pouvoir religieux dit où, quand et qui, sacrifier pour l'ordre. Ainsi, mieux qu'à Sumer, dans la Chine de la dynastie Shang, le devin lisait l'avenir dans les tisons, les carapaces de tortue, les os d'ovins, et il utilisait le *Traité canonique des mutations*, le *Yi Ying* et le *Li King* pour organiser les sacrifices humains des prisonniers de guerre et des esclaves. Du néolithique à la fin des âges des métaux, il n'est pas une civilisation qui ne connaisse cette joie célébrée à Sumer d'obéir aux dieux : Phéniciens qui brûlent vifs les garçons, Égyptiens qui sacrifient chaque jour trois enfants, Celtes qui immolent pour saluer le solstice d'été, Slaves qui sacrifient par tirage au sort pour le dieu du tonnerre Peroun… Songez que les Aztèques sacrifiaient parfois 20 000 personnes lors des fêtes pour créer des fleuves de sang frais afin de permettre le lever du soleil… L'admiration de beaucoup de modernes pour les grandes civilisations amérindiennes qui sacrifiaient les enfants en les torturant à mort afin que leurs pleurs amènent la pluie comme le faisaient les Mayas est parfaitement justifiée car le sacrifice humain n'y était jamais un problème quand l'ordre cosmique l'exigeait. Les États totalitaires rouges et bruns n'ont-ils pas prouvé cela à leur façon, au nom de la Raison dans l'Histoire ou de la Nature ? Les démocraties même, quand elles acceptent des sacrifices sociaux au nom de l'ordre indiqué par les détenteurs du « pouvoir » ? Et d'ailleurs, entraînée par le roi de justice, légitimée par l'aède, prévue par le devin, transcrite par le scribe, la guerre est une autre forme nécessaire de sacrifice humain.

– Vous dîtes que la guerre est nécessaire ?

– Bien sûr. Elle seule révèle la puissance des nations et leur destin comme le sauront les philosophes Fichte et Hegel qui doivent tant à l'esprit néolithique. Comment les Maîtres de Vérité pourraient-ils admettre que des territoires échappent à leurs dieux qui sont les vrais dieux, ceux qui mènent leur communauté et que, sur d'autres territoires, des groupements humains célèbrent d'autres dieux, donc de faux dieux ? Ainsi, la croyance aux dieux et à la sanctification de leur communauté conduit logiquement les devins à vouloir la guerre. Et l'impérialisme en découle, comme le montre celui de Sumer puis des Akkadiens, car chaque nation se jugeant par nature supérieure aux autres, puisqu'elle est sacrée et son sol aussi, nul ne peut imaginer de frontières autres que planétaires. Mon rôle de scribe est ainsi d'assurer par le pouvoir « intellectuel » le respect des trois autres et de nourrir la puissance impérialiste.

– L'écriture et l'intellectuel seraient nés pour soutenir la croyance au « pouvoir » ?

– Évidemment. Pourquoi croyez-vous que l'écriture soit née à Sumer ? Sans elle, impossible sur de grands territoires d'assurer l'ordre spirituel et la gestion des richesses. Au lieu du dessin sur les grottes qui représentait les esprits animaux, l'écriture célèbre les dieux et légitime le pouvoir divin délégué à certains humains. Les Égyptiens de l'Antiquité appelaient d'ailleurs leur écriture, « medou-netjer », qui veut dire « parole divine », et les Grecs « hiéroglyphes » qui signifie « celui qui grave le sacré ». Sans les scribes, comment faire connaître la parole du « pouvoir » et contrôler la mémoire ? Les vainqueurs des guerres ne pourraient même réécrire l'histoire. Ainsi, pour justifier la fin de l'empire d'Akkad par la destitution du roi Naram-Sîn, en – 2218, les scribes diffusent en Mésopotamie un poème efficace, *La Malédiction d'Akkad*[8] qui accuse ce roi d'avoir pillé le temple d'Enlil, le roi des dieux. Ce dernier aurait donc choisi de l'éliminer en soutenant le coup d'État de son concurrent, Ur-Namma. Cet écrit efface le règne intermédiaire, paisible et prospère, du fils de Naram-Sîn, qui précéda Ur-Namma. Sans le scribe, le « pouvoir » serait sans légitimité. C'est pourquoi, jusque dans les Temps modernes, nous avons été appelés « intellectuels », une façon de rappeler aux autres humains que leur intellect vaut moins que le nôtre puisque nous en avons le monopole et que seuls nos écrits ont valeur de vérité. Sur ce, je vous en ai déjà trop dit, il vaut mieux que vous partiez.

Je quitte l'échoppe de ce scribe pour aller sur le quai reprendre l'*Orient express*. Dans la poche arrière de ma besace, je récolte que la croyance magico-religieuse au

« pouvoir » des quatre figures totalitaires des Maîtres de Vérité, roi de justice, devin, aède et scribe-intellectuel est la cause majeure du malheur dû à autrui, avec au bout du chemin le sacrifice humain, le totalitarisme et les guerres de conquête. Dans la poche avant, je récolte, avec l'enterrement du chamanisme, de la croyance aux esprits et de l'illusion que l'humanité ne vaudrait pas mieux que minéraux, végétaux et animaux, la reconnaissance que l'humanité peut conquérir la nature et qu'elle est apte à diriger l'espace humanisé par des civilisations, quand bien même elle croit que c'est au nom des dieux.

Où, gare « hindouisme », je fuis la cuisson du moi dans la marmite cosmique et je récolte l'énergie du monde et la protection de la vie

À peine revenu à ma place, je lis sur l'itinéraire de ma carte ferroviaire que ma prochaine destination est la station « hindouisme ». Perplexe, j'interroge l'aiguilleur du train.

– Ne soyez pas étonné, votre itinéraire suit peut-être l'évolution spirituelle de l'humanité. C'est à cette station que vous trouverez cette formidable spiritualité qui a ensemencé l'Orient, avec le bouddhisme, le sikhisme, le jaïnisme, le confucianisme, le taoïsme, le shintoïsme, mais aussi l'Occident avec ses mystères orphiques, ses fêtes dionysiaques, ses fameux Sept Sages. Vous y trouverez les plus anciens textes sacrés du monde, qui, selon la légende, auraient été apportés par la population nomade des Aryens venus d'Asie centrale. Oui, peut-être même plus anciens que la Torah des juifs, bien que les débats soient ouverts. Ce sont les *Vedas*[1]. En particulier, sur le *Rig-Veda*, dont la tradition orale remonte avant le IIe millénaire avant J.-C. et l'écriture de 1700 à 1000 avant J.-C.

La seconde clef du bonheur…

Tandis que le train s'élance vers l'Iran, l'ancienne Perse, je médite sur cet étonnant itinéraire ferroviaire et spirituel que me fait suivre l'Office de tourisme de la Vallée de miel. Je ne peux, hélas ! dans ces carnets décrire les merveilles rencontrées. Après des heures de voyage, passant par Téhéran, Herat, Begram, suivant le fleuve Kaboul, j'atteins le bassin de Peshawar, puis la vallée de l'Indus, dont la civilisation néolithique fut détruite en même temps que celle de Sumer. Je m'assoupis parfois, bercé par des rêves où je crois voir des caravanes passer par le sud pour transporter soie et épices de Chine depuis Hotan jusqu'à Kaboul puis Peshawar et l'Inde.

Mais, arrivé à la station « hindouisme », bien réveillé, je descends sur les quais. Outre une chaleur moite due à la mousson, me voilà pris avec mon bâton et mon baluchon dans la tourmente d'une foule grouillante aux couleurs chatoyantes, tandis que vaches et chèvres se promènent jusque sur les rails. Et partout, partant de la voie et allant vers un labyrinthe d'allées, des échoppes exposant nourritures, épices et tissus, statues et images de dieux… À vrai dire, je suis un peu perdu.

C'est alors qu'un sympathique voyageur, percevant mon trouble, me demande si j'ai besoin d'aide. J'en ai besoin en effet. Il m'entraîne dans un salon où il nous commande un thé massala avec du miel organique de la vallée du Gange. Je lui explique ma quête de la seconde clef du bonheur.

– Hélas ! je crains que vous ne soyez pas descendu à la bonne station. Car le chemin du souverain bien existe ici, mais il ne concerne ni le « moi », ni le « je » qui sont des illusions. Et il s'amuse en évoquant ces Occidentaux adeptes de l'astrologie, de la méditation transcendantale ou pratiquants du yoga qui se persuadent de pouvoir communier avec le cosmos, via l'étoile polaire, par la position « fleur de lotus » ou « torsion de la colombe » sans craindre celle des lombaires.

Je ris aussi à cette évocation.

– Pourtant, chacun semble ici courir après son bonheur, dans une sorte d'anarchie civilisée loin de l'esprit ordonné et totalitaire des spiritualités des premiers âges des métaux, comme je l'ai vu à Sumer.

– Oui, ici, nous célébrons la vie sous toutes ses formes, humaines, animales et végétales et nous voulons enseigner l'amour et non le mépris de l'humanité. Mais, ne nous y trompez pas, le but de la méditation hindouiste est de se débarrasser de « la soif envers tous les objets du monde », « du corps, des facultés sensorielles, du mental, des sensations et des pensées[2] », de son ego narcissique et de son moi chimérique et, à la fin, récompense suprême, de parvenir à un « moi » dit « profond » qui détruit son moi, pour fusionner avec le « grand Soi » appelé « atman », et le dieu des dieux, l'Absolu, Brahman… Nous cherchons la béatitude éternelle, pas le bonheur.

– Pourtant je vois partout la joie…

– Oui, mais cette joie n'est pas celle du « moi ». Ainsi, la fête populaire annuelle de Dussehra, suivie de la « fête des lampes », appelée « Divali », commémore la victoire du dieu Rama, allié au peuple des singes, parti libérer son épouse aimée Cia[3], enlevée par le maléfique roi Ravana.

Par les feux d'artifice et les pétards nous célébrons la victoire de la vie sur la mort, de l'amour sur la haine, de la paix sur la guerre, et les enfants courent partout derrière les images de leur dieu favori, le dieu Ganesh, ce dieu à tête d'éléphant, fils de Shiva et de son épouse Parvati, qui écarte les obstacles sur le chemin de l'accession à la plus haute spiritualité, ce dieu de la connaissance qui aurait écrit le plus important des poèmes hindouistes, le *Mahabaratha*, en cassant sa défense droite. Mais le troisième jour de Divali, le plus important, nous célébrons la déesse Lakshmi. Une déesse à quatre mains, transportée par la chouette, reprise comme un symbole par la philosophie occidentale qui ignore souvent ses origines asiatiques, la déesse de la bonne fortune, de la connaissance, du courage, de la moralité et de la beauté de l'âme, qui indique ainsi à chacun le vrai chemin pour sortir du malheur. Car si l'individu n'est pas condamné à servir les dieux et il n'est pas condamné à la souffrance, contrairement à ce qu'on pense à Sumer, si chacun peut agir en cherchant ce qui est juste (le *dharma*) et ce qui lui est utile (l'*artha*), s'il est même possible de prendre du plaisir avec ses sens (le *kâma*), le chemin de la béatitude est au-delà, dans l'abandon de l'ego et de son « moi », par la réconciliation de l'individu et du cosmos, par la fusion avec le Dieu unique.

– Un Dieu unique. Pourtant, j'ai cru voir l'adoration d'une myriade de dieux ?

– Encore une illusion mais une illusion nécessaire. Car Brahma, le dieu de la création, Vishnou, le dieu de la conservation, et Shiva, celui de la destruction des illusions, sont seulement les trois premiers avatars du dieu unique, de l'énergie primordiale, Brahman, qui est l'énergie en nous et hors de nous. Comme le dit le *Rig-Veda* : « Le Vrai Dieu est Un, bien que les sages s'adressent à lui par des noms multiples[4]. » Une idée de sainte trinité qui aura beaucoup de succès auprès de nombre de religions, ajoute-t-il malicieusement. Et les centaines de divinités ne sont, à leur tour, que des avatars de ces trois divinités. Ainsi, faut-il éviter de prendre le yoga pour un sport ou une activité destinée à se retrouver soi-même. Le dieu du Yoga est Shiva et son objectif est de se défaire de l'illusion du « je » et du « moi ».

– Admettons. Comment atteint-on cette béatitude ?

– Voilà qui est très difficile. Car le paradis, cet âge d'or (« Krita yuga ») de communion des esprits humains avec le cosmos a été perdu. Nous avons aussi perdu l'âge d'argent qui avait suivi et au cours duquel l'humanité s'est sédentarisée et l'âge de bronze, qui précède le nôtre et qui était déjà un univers de corruption morale. Nous voilà au plus bas du cycle de la vie, au quatrième et dernier âge de l'histoire, l'« Âge de fer », l'âge noir de la souffrance maximale. Il s'appelle le « Kali juga », de « juga » qui signifie « époque » et « Kali » qui est le nom du démon. Un univers du malheur qui ne s'achèvera pas avant 430 000 ans environ. Et de ce cycle mauvais, la faute en revient aux humains qui ont vécu loin des règles morales, qui ont proclamé leur « je » et leur « moi ». Coupable aussi l'est chaque humain s'il vit dans le malheur. Car nul ne se réincarne sans raison, chacun est responsable de sa vie antérieure, ce qui explique la légitime inégalité entre castes et races, hommes et femmes.

– Il ne nous reste donc plus que nos yeux pour pleurer ?

– Non, car c'est dans cet âge de fer, au plus bas, que la délivrance est proche. Arrivés à ce point, nous pouvons avoir conscience des méfaits de cet âge de fer, de cette industrialisation, de cette volonté de dominer la nature, de cet individualisme dévastateur. Et ainsi, nous voilà prêts à aller vers la libération finale, le « moksha » que les bouddhistes appelleront « nirvana », où nous disparaîtrons en tant qu'individus aspirés par la vibration primitive de l'univers, l'« Om ».

– Comment y accède-t-on ?

– Il existe deux voies. La plus directe, celle des contemplatifs. Grâce à leurs qualités intellectuelles naturelles supérieures, ils sont dignes d'être « brahmanes », appelés ainsi en raison de leur lien au dieu primordial Brahman. Ils peuvent s'appuyer sur les quatre *Védas*, ces textes sacrés entendus par les Sept Sages, appelés « Rishis » qui ont transmis ce message védique aux humains. Notez qu'ils l'ont transmis en même temps que le yoga et l'astrologie[5].

– L'astrologie est un chemin vers le souverain bien ?

– Oui, l'astrologie est le complément des 108 textes écrits par les brahmanes à partir du VIIIe siècle avant J.-C., appelés *Upanishads*. Un savoir de la vibration cosmique à l'origine de toute existence humaine, transmis de maître à élève au cours d'un rituel qui permet de trouver le chemin du souffle vital, ce qui s'appelle « Âtman », et celui du Dieu primordial, Brahman. Pour permettre l'élévation, l'enseignement hindouiste rapporte des légendes qui dérivent des textes révélés du védisme primitif, les *Smriti* (स्मृति), comme l'épopée du *Mahâbhârata*, le plus long poème du monde, avec la *Baghavad-Gîta*, qui en est à l'origine un chapitre, ou le *Râmâyana*, adoré par les enfants. L'astrologie permet de se tourner vers la divinité, vers le centre de la voûte céleste, vers le siège de la Vérité, vers les sept étoiles de la « Petite Ourse » qui sont les sept rishis eux-mêmes, en particulier vers cette fameuse Étoile polaire autour duquel le cosmos tourne. Bien comprise, elle ouvre la voie des *Védas* : les *Rig-Veda*, hymnes et textes en prose, les *Sama-Veda,* chants et mélodies, les *Yajur-Veda* de la liturgie et les *Atharva-Veda* des paroles magiques.

– Vous évoquiez une autre voie…

– L'autre voie est celle de ceux qui ont les qualités de l'héroïsme, de vigueur, de fermeté, de dextérité, qui ont pour eux le non-abandon du champ de bataille, la charité et les capacités administratives[6], appelés « Ksatriyas » ou « protecteurs ». Ce sont les princes qui répondent à cet impératif : « Toi aussi accomplis ton devoir en vue de guider le monde, et pour le bien-être universel de la société[7]. » Cette voie est proclamée par le texte le plus populaire de l'hindouisme, le *Bhâgavad Gita*[8]. Ce « Chant de Dieu » montre comment le prince Arjuna rencontre Krishna, avatar de Vishnou. Ensemble, alliés de leurs cousins, les Pandava, ils symbolisent le combat des forces du Bien contre les forces du mal, les Kaurava. Le héros Arjuna tente de vivre selon son humanité. Il n'a ni l'intelligence de son frère Yudhisthira, ni la force de son autre frère Bhîsma mais il possède la générosité. Après bien des péripéties, Arjuna l'emporte. Après bien des doutes aussi, car il ne veut pas de guerre, ce « grand péché[9] ». Oui, pourquoi tuer des êtres humains ?

Mon compagnon se met alors à réciter :

– « Ô Krishna, voyant tous mes proches rangés désireux de se battre, mes membres fléchissent et ma bouche se dessèche. Mon corps tremble et mes cheveux se dressent[10]. »

Puis, plus tranquillement il poursuit le récit de cette histoire qui lui tient à cœur :

– Et c'est l'esprit accablé de douleur qu'il engage le fer, par devoir envers sa cité, selon les principes de la guerre juste : n'avoir en vue que l'humanité. Vous l'avez compris, il s'agit d'une guerre spirituelle contre le « moi » entraîné vers la recherche de plaisirs, des honneurs et des richesses avec l'objectif de s'en détacher par la montée du Ciel qui lave des fautes, et qui sera le dernier livre du *Mahabharata*. Ce fut le combat de Mohandas Karamchand Gandhi (1869-1948), appelé Mahatma Gandhi, adepte de l'« Ahimsâ », terme souvent traduit par « non-violence » mais qui signifie en vérité « respect de toute vie ». Vous le voyez, le bonheur n'est pas notre souci, seulement en finir avec le cycle des réincarnations.

Je remercie ce sage hindouiste et nous nous quittons.

En chemin vers le quai, je songe que si le bonheur existe, il est impossible d'accepter cette triple renonciation : au « je », au « moi », au monde. Suivre ces brahmanes qui vendent notre malheur d'exister ? Je vois une incohérence dans cette exigence d'utiliser sa volonté pour supprimer sa volonté, de proclamer le vouloir-vivre en appelant la vie à se dissoudre dans une sorte de marmite cosmique, dans un grand Tout qui fait tout, le faitout Brahman. Et comment suivre cette spiritualité qui veut culpabiliser l'humanité sous prétexte qu'en tentant de dominer la nature elle serait ainsi responsable d'un « âge noir » de souffrances ? Comment peut-on ignorer à ce point la nécessité pour l'humanité, depuis le paléolithique, de répondre aux malheurs dus à la nature, à ses génocides et à ses peines ?

Je récolte dans la poche arrière de ma besace, que seuls l'esprit de caste, la morgue et l'orgueil peuvent conduire à faire croire aux plus misérables, aux intouchables, à l'humanité souffrante qu'elle est responsable de ses malheurs et qu'il lui faut expier par l'acceptation de son sort et des réincarnations à répétition. Et dans la poche de devant qu'une énergie créatrice a peut-être produit l'Être, ce Brahma, premier des trois avatars du dieu unique Brahman, qu'elle le conserve même, ce qu'elle appelle Vishnou, et que tout est destruction pour l'innovation, selon l'avatar Shiva. Et, surtout, que la haine et la guerre s'opposent à la vie qui mérite d'être vécue, ici et maintenant, dans la joie.

Et, après avoir rencontré des enfants qui poussent dans des cris d'allégresse une statue de Ganesh, symbole de la joie de vivre, je retrouve le quai pour poursuivre mon voyage…

Où, station « bouddhisme », je récolte qu'il faut aimer l'humanité mais où je fuis cet « éveil » qui tue le malade pour le soigner

Alors que le train avance à vivre allure vers Katmandou, je déguste sans retenue le délicieux miel des abeilles géantes de l'Himalaya produit sur les falaises élevées des montagnes, récupéré par les Népalais qui descendent près des ruches avec des cordes au péril de leur vie. Cela bien que l'aiguilleur qui me l'a offert m'ait mis en garde contre certains de ses effets hallucinogènes. Et, alors que le train a dépassé Katmandou, et longe le fleuve Sunkoshi en direction de Kodari, j'imagine une terre de nectar et de paix universelle où l'humanité œuvrerait pour contrer les maladies et prévenir les méfaits naturels. Indéniablement, me dis-je en riant, alors que nous sommes arrêtés à Kodari, en raison de la disharmonie entre les populations népalaises et chinoises, les effets hallucinogènes sont réels. Mais ce train qui semble se jouer des frontières physiques repart, d'abord lentement par la voie sinueuse qui mène à Dalaima, puis à Zangmu, puis avec cette vitesse exceptionnelle qui explique, à mon humble avis, son nom d'*Orient Express*. Durant la nuit, il traverse Xining et Xian, et à l'aube, il arrive à ma destination, la station « bouddhisme », près de la ville de Luoyang.

Je descends avec ma besace et ma canne. Sur le quai, une foule immense se promène calmement, autour des innombrables échoppes de la gare. Un commerçant me fait goûter le miel de fleurs de chrysanthème, au goût doux et floral. Alors que j'en profite pour évoquer ma quête de la seconde clef du bonheur, je suis accosté par un client, un sympathique moine qui me propose de le suivre dans son monastère, le temple Shaolin, sur le mont Song, à un peu plus d'une heure de la station.

– Nous y partagerons le thé vert et un pot de miel issu des « cole flowers » jaunes du Henan, dit-il, vous verrez comment on y abolit le malheur en cherchant l'harmonie avec le cosmos et la sérénité parfaite, le « nirvana ».

En chemin, j'apprends qu'il se prénomme Guifeng, un hommage rendu par ses parents au philosophe Zongmi, né en 780 et mort en 841. Arrivés, nous visitons les lieux.

Alors que je m'étonne de voir les moines prendre un petit-déjeuner végétarien très frugal dans le réfectoire, avec un peu de riz, de légumes, du bouillon et des céréales, il me répond que le moine doit prendre de petites quantités sans chercher le plaisir, l'objectif étant seulement de vivre.

Tandis que sonnent des cloches, nous entrons dans une petite bibliothèque, où nous partageons le thé et le miel et nous entrons dans le vif du sujet.

– Je comprends que votre quête vient de votre refus d'accepter la souffrance due à l'humanité elle-même, et vous êtes ici au bon endroit. C'est la première des « quatre nobles vérités » du bouddhisme et ce fut le point de départ du premier Bouddha, Siddharta Gaumata, que les hindouistes prennent pour un avatar de Vishnou.

– C'est un dieu ?

– Bouddha n'est ni un dieu, ni un demi-dieu, mais un être humain, un moine fondateur[1], né vers – 563 avant J.-C. à Lumbini au Népal, mort en – 483, à Kushinagar, en Inde. Mais ce n'est pas un homme ordinaire. On raconte qu'il est né dans un bois sacré à la suite d'un songe de sa mère, une sorte de vierge, qui aurait été pénétrée par l'esprit divin via son flanc droit, sous la forme d'un éléphanteau blanc qui aurait tenu dans sa trompe une fleur de lotus. Avant cette vie, il aurait été « bodhisattva », autrement dit un « sage », ce qui est l'avant-dernier degré de l'élévation spirituelle vers le nirvana. Dans cette vie, il a été réincarné au dernier stade avant le « nirvana », le stade de « l'éveil », ce qui se dit « bodhi » en langue sanskrit, d'où son nom de « Bouddha » qui signifie « L'Éveillé ». Il est prince et fils d'un prêtre-roi qui a régné à Kapilavastu, au Népal. Mais, à 29 ans, il refuse d'hériter de la charge royale et il annule le cycle des réincarnations en brisant l'attachement à ses actes passés. Vivant alors en solitaire à la façon des « saints hommes » hindouistes, les sâdhus, il devient un humain dont il suffit de suivre les enseignements pour trouver le bien suprême. Ainsi, naît le bouddhisme comme spiritualité qui dit l'espérance du salut pour tous, ici et maintenant pour ceux qui suivent la Voie, avec la majuscule qui convient.

– Quelle est cette voie ?

– Celle que découvre le Bouddha à 35 ans, qu'il appelle la « Voie moyenne », ce qui n'a rien d'une « moyenne » entre deux excès, entre la recherche des plaisirs et la désincarnation des ermites, comme le croient certains Occidentaux. Il s'agit d'un saut qualitatif dans nos vies avec l'abandon de notre nature humaine singulière, pour se préparer à tuer en nous l'individu, le « je » et le « moi ». Combat difficile, car il faut de la force pour résister à toutes les tentations, personnifiées par Mara, dieu de la mort et des désirs. Mort et désir, c'est tout un.

– Voilà qui n'est guère éloigné de l'hindouisme finalement…

– Au contraire. Le Bouddha exige le respect des « Quatre Incommensurables[2] » : la bienveillance, la compassion, la joie avec autrui, et finalement la tranquillité. Celui qui les respecte atteint le salut. Ce salut c'est l'esprit de Bouddha, un état proche de l'Absolu, de ce Tout qui est l'énergie vitale, indistinctement corps et esprit et dont nous ressentons les vibrations quand nous approchons du nirvana[3]. Un saut qui a cette conséquence : le droit de résistance à la tyrannie. À l'empereur de la dynastie Yin qui veut le voir s'incliner, le moine bouddhiste Huiyuan (334-416) répondit : « Un moine ne s'incline pas devant le souverain[4]. » Car aucune puissance de ce monde ne peut interdire à quiconque de choisir la Voie pour échapper aux souffrances et au cycle des transmigrations. Nul n'a le droit d'ajouter de la souffrance à la souffrance.

– En même temps, voilà pourtant une puissance spirituelle qui s'oppose au désir.

– Oui, car il est la cause de tous les maux. Et toutes les écoles bouddhistes, elles sont nombreuses, ont un commun de s'opposer à la source du mal, aux désirs, aux sensations, à la perception, à la conscience même. Ce qui conduit certaines écoles à s'opposer au corps, conçu comme Mal incarné, dans l'ignorance qu'il n'est pas individuel mais seulement un élément du Tout[5], tandis que pour d'autres écoles, Mara, le mal, est un dieu méchant extérieur au corps mais déterminé à utiliser le désir lié au corps, pour nous faire succomber au désir. Ainsi, certaines traditions disent que Mara s'est déguisé en femme-serpent pour séduire l'individu et le faire chuter hors de l'harmonie avec le cosmos. Abolir le désir permet de retrouver cette fusion.

– Comment l'abolit-on ?

– En suivant l'enseignement du Bouddha, le *Dharma*, qui permet de quitter ce monde illusoire où l'humain se croit un individu séparé. Et puisque cet enseignement est celui de l'harmonie avec le cosmos, le suivre c'est retrouver la loi qui fait tourner l'ordre cosmique dont l'humanité est un sous-ensemble. Ainsi, l'individu sans désir, sans « je » et « moi, » atteint la « tranquillité », un des Quatre Incommensurables.

– Qu'advient-il du malheur ici, maintenant ?

– Le malheur est une chance. Zhiyi[6] (538-597) reprend ainsi *Le Sutra du Lotus*[7], ce dernier enseignement du Bouddha, pour montrer que les souffrances sont l'occasion de sentir la vacuité de l'individualité[8]. Lui-même souffrit de voir sa famille massacrée à l'époque des Dynasties du Nord et du Sud en Chine, mais, au lieu de prendre les armes, il met à distance son désir et ses affections, ce qui lui permet de sentir les vibrations de l'énergie vitale du monde.

– Il faudrait donc avoir le désir d'abolir le désir et la volonté d'abolir la volonté, voilà qui est paradoxal…

– Oui, c'est cela, mais l'erreur serait de croire qu'il faut abolir le désir par la volonté. Il faut se débarrasser du « moi » tout entier, de la pensée et du vouloir, fût-ce du vouloir de ne plus vouloir pour devenir « éveillé ». Ainsi, dans le bouddhisme zen de l'école Sōtō, assis sur un coussin, en position du lotus, l'élève laisse aller ses pensées sans s'y arrêter, sans les peser selon le bien ou le mal, le vrai ou le faux, sans chercher à les saisir, jusqu'au moment où le moi perdu par la posture se disperse vers le cosmos et se fond en lui[9], ce qui occasionne parfois des phénomènes d'endormissement qui conduisent le maître à frapper l'élève avec une règle. Dans l'école Rinzai, le maître pose et renouvelle des questions absurdes auquel le disciple doit répondre indéfiniment jusqu'au moment où son esprit lâche prise et cesse de vouloir répondre rationnellement en produisant des réponses absurdes. Oui, lâcher prise, voilà la voie du refus des « poisons » que sont l'avidité, la colère et l'ignorance. Une ignorance dont le progrès scientifique, la volonté de maîtriser la nature, le souci des relations humaines sont les marques. Pour tous, le chemin de la Vérité, le « Noble Chemin » est celui du Bouddha couché sur le flanc droit, qui sourit car il a atteint, par l'extinction de son moi, un état de cessation complète d'existence comme individu, le *parinirvana*. C'est le sens des quatre « nobles vérités[10] » : la vérité de la souffrance liée à l'attachement au corps, la vérité de l'origine de la souffrance due au désir, la vérité de la cessation de la souffrance avec la fin de l'envie, la vérité du noble chemin qui mène à l'éveil et, ainsi, au refus définitif de toute souffrance, écartant la recherche du bonheur dans les plaisirs et l'ascétisme extrême de la mortification. Ainsi, on parvient à la sagesse, cette vue directe où il se révèle qu'il n'y a aucune existence indépendante dans le monde, aucun « moi », mais un ensemble de phénomènes liés, en changement constant. Et, on peut alors dépasser l'éveil pour atteindre la loi qui régit l'ordre cosmique, le nirvana.

Après que ce moine m'eut montré le *Vinaya Pitaka*, les cinq livres sacrés du bouddhisme dont il fait une lecture quotidienne, il m'offre *Le Sutra du Lotus*. Je le remercie chaleureusement et nous nous quittons.

Sur le chemin du retour à la gare, je songe qu'il est curieux de célébrer la nature et de refuser le désir que la nature nous a donné, de prétendre refuser la souffrance tout en condamnant les moyens scientifiques et techniques de l'affronter et de fixer l'objectif de disparaître dans un nirvana cosmique pour copuler avec l'harmonieuse nature, alors que 7 millions d'années de vie dans l'état de nature ont démontré que celle-ci était impitoyable. Et n'est-il pas curieux d'attribuer le malheur des malheureux à leur propre karma, comme s'ils étaient coupables de leur passé, et de ne leur promettre le nirvana qu'à la condition de nier la réalité de leur souffrance ?

Je récolte dans la poche arrière de ma besace la traque du « je » et du « moi », et ce simulacre de bonheur qui conduit à dire coupable le malheureux et appeler nirvana la fuite face au malheur, et dans celle de devant, ce souci de la souffrance humaine et la bienveillance envers autrui.

Où, gare « Confucius », je récolte l'amour de l'humanité mais où il faut vivre à genoux devant les autorités

En très peu de temps, allant toujours plus loin vers l'est, l'*Orient Express* quitte les rives du bouddhisme pour aller à 500 km de là, à la station « Confucius », près de Qufu, dans la province chinoise de Shandong. Toujours de blanc vêtu, l'aiguilleur me propose de prendre, avant de descendre, un pot de ce miel d'acacia que Confucius appréciait.

– Ces gens sont prudents depuis la réouverture de cette station, en 1989, avec ce pot vous y serez plus facilement accepté.

– Une réouverture ?

– Oui, cette petite station « Confucius », du nom de Maître Kong, qui vécut de – 551 à – 479 av. J.-C., fut durant 1 500 ans le centre formation des élites chinoises qui considéraient Confucius comme un saint auquel on offrait des sacrifices et pour lequel on élevait des temples. Mais elle a été abandonnée aux ronces et aux chiens errants depuis la révolution communiste, victorieuse en 1949. Mao

Zedong avait déclaré la guerre au confucianisme et à ses « vieilleries » pour l'extirper des têtes chinoises.

Je descends dans cette gare bien décidé à comprendre pourquoi cette station se trouve sur ma carte. À vrai dire, à peine ai-je fait quelques pas appuyé sur ma canne qu'un étudiant, content de pouvoir parler à un étranger, engage la conversation. Nous sympathisons et lorsqu'il apprend que je cherche le bonheur, il me propose de le suivre au temple.

– Les révolutionnaires n'ont jamais aimé Confucius, me dit-il. Après le renversement du dernier empereur en 1912, ils voyaient dans le confucianisme un obstacle à la raison et à la volonté de faire du passé table rase. Ils ont même exigé la fin de l'enseignement confucéen, le 4 mai 1919, sur la place Tien An Men de Pékin. Et Mao Zedong en décréta l'interdiction ce qui permit un pernicieux retour en arrière, vers les premiers Âges des Métaux, puisqu'il se transforma en prêtre-roi, expression de la Vérité, de la Raison sur terre, dont il fallait répéter les écrits sous peine de mort ou de déchéance.

Arrivés dans le jardin du temple, suivant une tradition qui remonte à Lao-Tseu, me dit-il, il nous fait apporter une théière. Je lui offre le pot de miel. Enthousiaste, il commande du pain pour le déguster.

– Confucius goûtait toujours immédiatement les mets offerts, dit-il en souriant.

Une fois servis, je lui demande tout de go :

– Les étudiants, en 1919, avaient-ils tort de voir dans les confucéens des partisans de l'ordre impérial ?

– Confucius célébrait la liberté de penser et le dialogue. Croyant en l'universalité du savoir, il avait pour modèle le souverain mythique Shun qui aimait interroger et peser toutes les propositions qu'il entendait, même les plus simples, sans jamais condamner totalement les pensées fausses, cherchant même ce qu'elles avaient de bon, avec le seul projet de servir la population[1]. Il prônait qu'un certain humanisme doit orienter l'action politique[2] car « il est bon d'habiter là où règne le sens de l'humanité[3] », disait-il. Il ajoutait que « l'homme honorable trouve la paix dans la vertu d'humanité » qui « consiste à aimer les humains[4] ». Il avait mis au cœur de l'école cet impératif moral « ne fais pas à autrui ce que tu ne voudrais pas qu'on te fasse à toi-même[5] ». Un amour inné, dira son disciple Mencius qui a vécu de 372 à 289 av. J.-C., car chacun peut le trouver au fond de lui-même. Et quand Fan Tch'eu, autre disciple de Confucius, lui demande ce qu'est la vertu d'humanité, il répond : « Elle consiste à aimer les hommes. » Voilà pourquoi la Voie de la sagesse consiste en loyauté et amour d'autrui comme de soi-même[6], selon cinq valeurs : déférence, honnêteté, grandeur d'âme, diligence, générosité.

– Une possibilité offerte à tous ?

– Oui, il pensait que tout le monde peut exercer cette vertu d'humanité, et, ainsi, devenir ce qu'il appelait un « gentilhomme[7] ». Par cette Voie, l'humain parvient ainsi au « ren », notre valeur suprême, traduite parfois par « gentillesse », pas « sens de l'humain » ou par « mansuétude ». Son disciple Fan Chi dit plus simplement que « le ren, c'est aimer les autres[8] ».

– Ce n'était donc pas un philosophe de l'ordre ?

– Oui et non. L'humanité respectable est celle qui respecte des rites et assimile la tradition. Ce fut la raison du succès de Confucius qui dit que les empereurs ont reçu un « mandat du Ciel », comme toute autorité légitime, D'où ce problème au centre de sa pensée, soulevé dans la période violente dite des « Royaumes combattants » : comment le Ciel peut-il laisser se dévoyer les autorités. Et, comment rétablir cet ordre face à la violation du mandat du Ciel ? Question aussi posée face aux communistes.

– Oui, comment comptait-il s'y prendre ?

– Il faut se laisser pénétrer par la pensée de Confucius qui se présente comme l'expression de la volonté céleste. La légende dit qu'il est né à Zou, près de Qufu, capitale du royaume devenu indépendant de Lu. Le chant du Céleste Potier annonce la prophétie : « Le Ciel influencera la naissance d'un fils saint. » Et, un jour, de la bouche d'une licorne est sorti un livre orné de pierres précieuses qui contient la révélation de la venue d'un enfant qui « sera roi sans couronne[9] ». Sa mission ? Rétablir l'ordre. À sa naissance, cinq vieillards, venus des étoiles, sont descendus tandis que deux dragons, veillent sur le toit. Mais si Confucius devient ministre de la Justice du royaume de Lu, il impose le respect des traditions et des autorités[10], il échoue dans sa volonté de remettre en place l'ordre impérial ancien. Il se résigne alors à fonder une école religieuse pour former les élites futures qui pourront devenir « gentilhommes », mais non des « sages », car il pense que seuls les dieux choisissent parmi les humains leurs réceptacles, des « sages », à la façon dont Confucius a été choisi.

– Et dans cette école, on trouve le bonheur ?

– Non. La voie de la sagesse seulement. Le mot de « bonheur » n'apparaît dans certaines traductions que par abus de langage, pour plaire aux bobos d'Occident. Il est la mauvaise traduction de « l'abondance et des plaisirs » à laquelle Confucius se réfère mais ce sont des plaisirs modérés et cette recherche ne caractérise pas l'humanité à la différence de la sagesse[11]. Le « ren » prend dans l'école son vrai sens : il est une étape de transition du statut de gentilhomme à celui de sage. La sagesse advient quand on parvient « à vaincre son ego pour se replacer dans le sens du rituel », à abandonner son « moi ». D'où l'étude obligatoire des livres mystiques[12]. Il ne s'agit pas de célébrer l'individu et sa liberté, et certainement pas de donner le goût des sciences et des arts à ceux qui sont reçus dans les écoles mais de leur apprendre les moyens d'assurer le pouvoir des autorités désignées par le Ciel. Ainsi, les 305 poèmes du *Livre des Odes* rappellent que les premiers souverains justes se sont élevés jusqu'au Ciel et que les esprits messagers du Ciel auxquels chacun doit obéir dirigent les éléments, gardent les montagnes sacrées, distribuent les bienfaits. *Le Livre des rites* apprend qu'il faut imposer les rites et célébrer les ancêtres contre la vanité des choses sur terre et sa propre vanité car l'humanité n'est qu'un élément du tout. Le *Livre des Mutations* est un instrument de divination qui apprend aux étudiants que le monde est mû par des forces opposées et solidaires, le clair et l'obscur, le Yin et le Yang, et qu'il y aurait une harmonie préétablie, que l'humanité a détruite et qu'il faut rétablir. Enfin, les *Documents* contiennent les discours des trois rois légendaires, Yao, Shun et Yo, des divinités qui auraient régné avant la dynastie Xia de – 2205 à – 1767 av. J.C., dont je vous passe les détails mais qui conduisent à obéir aux autorités et à abandonner tout son ego et toute volonté d'agir. Car, à la différence de la gentillesse, la sagesse n'est pas tournée vers l'action.

– Que reste-t-il alors de cet humanisme ?

– Mais l'essentiel : les rites et le respect des autorités quand elles sont confucéennes, pour retrouver l'harmonie perdue avec le cosmos. Ainsi, l'empereur doit veiller au respect de ses sujets pour éviter le désordre qui naîtrait des famines et des injustices mal supportées. Et si l'autorité est tyrannique, puisque mieux vaut une petite injustice qu'un grand désordre, il est seulement possible de fuir à moins de trouver un nouveau mandataire céleste qui va rétablir l'harmonie sociale[13]. S'agissant des individus, dans *La Grande Étude*, Confucius appelle chacun à accepter d'être un élément de la communauté sociale et, au lieu de vouloir vainement transformer le monde, à se fondre en priant les esprits de la maison, le regard fixé sur l'étoile polaire, en respectant « le décret du Ciel, les grands hommes et les maximes des saints personnages[14] ».

Retournant sur le quai, je récolte dans la poche de derrière de ma besace cette vision magico-religieuse qui transforme les confucéens en Maîtres de Vérité, la « sagesse » en génuflexion devant les autorités et le simulacre d'humanisme sans « je » ni « moi », qui dissout l'individu dans le communautarisme. Dans la poche avant, je mets cette belle exigence de protéger l'humanité réelle, avec ses corps et ses peines et de vivre en gentilhomme.

Où, station « taoïsme », je récolte les conditions de la paix et le souci corporel mais non la Voie qui laisse l'individu sans voix

Le train repart vers sa prochaine destination, la station « taoïsme », plus à l'est, vers l'ancien royaume de Wu, près de Suzhou. L'aiguilleur du train me rapporte que, selon la légende, Confucius, y aurait rencontré Lao Tseu, né vers 571 av. J.-C., fondateur du taoïsme. Alors que nous arrivons, il me donne un pot de miel de forêt venu des rives du fleuve Yangtsé qui peut servir à nouer des relations amicales.

– Attention, dit-il en riant, le miel, qui est Yin, doit s'associer avec le pain, qui est Yang.

Je ne comprends pas bien cette histoire de Yin et de Yang mais, prenant ce miel, ma canne et ma besace, je descends sur le quai.

Après quelques mètres à peine, je suis assailli par les représentants des nombreuses écoles taoïstes, bien différentes en apparence, mais qui prônent toutes la Voie de l'harmonie et la Joie par la vertu. J'apprends ainsi que le mot « Dao » ou « Tao » signifie « Voie », d'où le nom de taoïsme. Ne sachant trop ce qu'est cette Voie, j'en discute avec un personnage à barbe et cheveux blancs, habillé d'un ample manteau sombre.

– La joie se peut par la vertu, me dit-il.

Ignorant ce qu'est la vertu, voilà qui ajoute encore à ma confusion. Après lui avoir dit l'objet de ma quête, le bonheur, et ma recherche d'une clef contre les malheurs dus à autrui, il me regarde pensivement et il me propose de le suivre dans une gargote populaire taoïste.

Il m'offre du thé. Je goûte mais le breuvage a une saveur désagréable, un goût de terre avec un arrière-goût de piment.

– Oui, dit le voyageur, nous l'aimons ainsi car nous cherchons l'harmonie. La terre est Yin, et le piment est Yang. Et toujours, le principe féminin, Yin, et masculin, Yang, doivent être emmêlés comme l'obscurité et la lumière, la Lune et le Soleil, la réception passive et l'activité, l'humide et le sec, la misère et la réussite, l'élève et le maître, l'inférieur et le supérieur.

Je lui offre, de mon côté, le miel et le pain.

– Je devine en vous une grande sagesse, me dit-il, car il n'y a pas plus Yin que le miel issu des sous-bois des forêts, et le pain est Yang.

– Ai-je bien compris, la femme est obscure, passive, misérable, inférieure et même humide, comme plein de trucs Yin que je ne connais pas mais que je bois avec ma tasse de thé ?

– Oui, c'est cela le bon thé dao, répond-il, ne saisissant pas mon ironie. Ce thé n'a qu'un intérêt : montrer la Voie. Ne faites pas comme ces sots décrits par Lao Tseu qui, lorsqu'on leur montre du doigt la Lune, regardent le doigt. Ce thé montre que tout est énergie, les humains eux-mêmes baignent dans cette énergie du monde. Comme le dit le *Livre des Changements* des confucéens, chacun doit retrouver l'harmonie en soi, l'harmonie de soi avec autrui et l'harmonie de l'humanité avec le Ciel, avec l'énergie de l'univers. D'où, face aux malheurs dus à autrui, notre volonté d'instituer les conditions de la paix pour favoriser la poursuite individuelle de la Voie.

– Quelles sont les conditions de la paix ?

– Elles se trouvent paradoxalement dans l'art de la guerre, car cet art tient en une phrase : il ne s'agit pas de gagner la guerre mais de gagner la paix en frappant au cœur l'origine des relations de haine et le désir de conquête. La clef de cet art se trouve dans le *Shanhaijing*, le *Livre des monts et des mers*[1] et dans les écrits du philosophe Zou Yan (– 305, – 240). Il y est dit que le divin Huangdi, l'empereur jaune, fondateur de la Chine, aurait été l'ami des humains auxquels il a donné l'écriture, la médecine, les règles de calcul et de construction. Hélas ! Chiyou le « sanguinaire », le démon qui incarne le Mal rase les villages et tue. Huangdi dut donc prendre les armes et il l'emporte. Dans *L'art de la guerre*[2], Sun Tzu montre que la cause de sa victoire n'a pas été la force de son armée mais la recherche de la paix qui a eu le soutien du Ciel. Car Huangdi n'a entrepris la guerre non par esprit de conquête mais parce que c'est « une question de vie ou de mort », et qu'il a toujours conservé l'objectif d'assurer la paix. Et, dans la guerre, il a suivi la moralité, qui est de respecter les lois de l'univers, en restant « sage, honnête, bienveillant, courageux et strict », sans esprit de vengeance, ni ressentiment. Le respect d'autrui fut son credo : respect de ses soldats, respect de ses alliés, respect des ennemis, le mieux étant de soumettre l'ennemi sans combats et sans humiliation, pour éviter morts et désirs de revanche. Gagner ainsi la paix et préserver les individus, permet de répondre au mandat du Ciel, qui veut la défaite spirituelle de l'immoralité.

– Le taoïsme met l'individu, son « je » et son « moi » au cœur de sa philosophie ?

– Qui parle de cela ? On met au centre l'énergie et la préservation de l'énergie dont les individus sont des éléments, pas l'ego. D'où croyez-vous que viennent les guerres civiles et inter-étatiques, et le désordre en soi ? L'individualisme avec sa volonté de connaître, par les sciences, et de dominer, par ses techniques, la nature et les humains, est la cause des malheurs infinis dans cet âge de fer dénoncé dans le *Dao De Jing* (*Livre de la Voie et de la Vertu*)[3]. Comme le dit Heshang Gong[4] il faut développer les « trois trésors » naturels que sont l'énergie corporelle (*Jing*), l'énergie vitale (*Qi*) et l'énergie spirituelle (*Shen*) en combattant le désir du « moi ». Ce qui permet de retrouver l'énergie qui gouverne le monde, le *Qi*. Oui, retrouver, car durant l'âge d'or, qui existait avant la première dynastie chinoise, celle des Xia (– 2205 à – 1767), les empereurs étaient des hommes de vertu qui veillaient à ce que chacun suive la vertu. Ils connaissaient les résonances entre la nature, le corps humain et l'énergie du monde.

– Il y a donc le souci de soi, avec son corps…

– Oui, le corps est important puisqu'il est le siège de notre énergie et que par lui aussi nous pouvons communiquer avec le Qi. Mais nul ne doit avoir le souci de « soi » en tant que « moi ». Tchouang-Tseu (Zhuangzi)[5] pense même que l'harmonie passe par le silence. Et la plupart des courants sont favorables au non-agir, en rupture avec le confucianisme. Le prince, puisqu'il en faut, doit se conduire comme les prêtres-rois de l'âge d'or : rendre la justice et organiser des bonnes œuvres en relation avec le Maître Céleste primitif. Par l'astrologie, il doit entretenir sa relation avec les Immortels du taoïsme. À l'image de la Cité interdite construite en direction du nord, il doit s'orienter dans ses actes les plus quotidiens vers l'étoile polaire, puissance spirituelle organisatrice des autres puissances du Ciel, lieu de villégiature du Maître Céleste primitif. Pour tous, la vertu est l'écoute de l'harmonie du monde inaudible dans les fracas de l'humanité.

Retournant dans le wagon, je récolte dans la poche arrière cette vision magico-religieuse du Yin et du Yang, qui justifie ce qui est, jusqu'à la domination des femmes, et cette prétendue Voie de la sagesse qui rejette le désir de savoir et d'agir pour dominer la nature. Et dans la poche avant, je mets cette ode à l'énergie du monde, au *Qi*, avec le corps enfin devenu respectable et ce désir authentique de gagner la paix.

Où, station « shintoïsme », je découvre que le malheur dû à autrui est aussi en nous mais que la haine de l'ego n'est pas la solution

L'*Orient Express* continue sa route vers l'est et, après avoir traversé la mer de Chine par le célèbre pont de l'humanité, comme chacun sait que cela se peut avec ce train, me voilà arrivé station « shintoïsme ».

– Vous avez bien de la chance d'avoir pu traverser la mer et de pouvoir descendre ici me dit l'aiguilleur. Avant le shintoïsme, à l'époque d'Edo, du nom ancien de la capitale Tokyo, époque qui dura de 1600 à 1868, le commerce international était interdit et tout étranger trouvé sur le territoire était condamné à mort. C'était l'époque où, sous l'influence de Confucius, la société était divisée en quatre ensembles dont nul ne pouvait sortir : agriculteurs, artisans, commerçants, guerriers samouraï, tandis que régnait un chef militaire, le shogun de la famille Tokugawa[1] qui avait éclipsé l'empereur. Mais, depuis 1868, le Japon s'est ouvert au monde. Confucianisme et bouddhisme[2] fusionnèrent alors dans le shintoïsme pour devenir une religion d'État, dirigée par l'empereur, sorte de roi-soleil.

Après avoir reçu de l'aiguilleur quelques conseils sur l'art de la politesse, indispensable ici, je descends sur les quais. Je suis alors stupéfait devant la propreté des lieux et la serviabilité des passants qui, me voyant chercher mon chemin, me demandent comment ils pourraient m'aider. À l'un d'entre eux, je dis, en riant, que je cherche le bonheur. Il s'en amuse et m'emmène dans un salon de thé où se déroule une cérémonie du thé macha. Assis, il m'offre une tartine de miel de fleurs de sakura, ce cerisier ornemental du Japon, et un livre sur l'art du tir à l'arc, le kyudo[3].

Je le remercie, et m'enquiers du rapport entre ce sport et ma recherche.

– Ce n'est pas un sport mais un art, répond-il amusé. Il est un des chemins de la purification, de la croyance en l'individualité, en son désir, au « je » et au « moi ». Comme le judo, le kyudo, est un « do », qui signifie « voie », comme dans le taoïsme, et non activité sportive pour enfants turbulents. Ce « do », cette Voie, est celle de la vertu, appelée « zen », qui permet la fusion avec le cosmos. Le tir à l'arc ne consiste pas à atteindre une cible matérielle. Il s'agit de fusionner avec l'arc, d'être la flèche et la cible. Ainsi peuvent fusionner l'archer, l'arc, la flèche, la cible dans l'énergie du cosmos, le *ki*. Un succès révélé à la conscience par la sonorité produite à la suite du choc de la flèche sur la cible, résonance de notre être avec le cosmos. Ainsi, vous sentirez ce qu'est le *shinto*[4], qui signifie « voie des dieux ». Une voie de purification totale pour échapper au malheur.

– Si le malheur existe, n'est-il pas celui du « moi » ?

– C'est le contraire. Le malheur advient par le « moi ». Le culte shintoïste de la déesse Amaterasu, rapporté par les mangas, raconte l'origine de ce malheur. Fille de la divinité qui a sorti le monde du chaos[5], représentée en disque solaire sur le drapeau japonais, elle enfante le premier empereur du Japon, Jinmu Tenno, qui a pu, fort de son soutien et des esprits, ces *kamis* issus de l'Un cosmique, vaincre le mal sur terre, symbolisé par le dieu Izanami. Toute la dynastie impériale descend de ce roi-divinisé auquel les humains doivent obéir puisque désobéir à l'empereur, c'est désobéir aux dieux. Tout irait bien si, à la suite d'une erreur d'appréciation due à son moi, la déesse n'avait pas eu le désir de sortir Izanami du royaume des morts. Il en profite pour attaquer Amaterasu et les humains. Pour se débarrasser du mal, la déesse se purifie, comme nous le devons nous-mêmes car la signification de ce récit est que le malheur que l'on attribue aux autres est aussi en nous et que l'humanité est naturellement impure par son désir : désir d'honneurs, de domination, de richesses, de plaisirs jusqu'à détruire son prochain.

– Par la purification, on arrive au bonheur ?

– Non, puisque le « moi » cause le malheur que j'attribue à la nature ou à autrui. Il ne faut pas chercher son bonheur mais obéir à la loi divine, à Amaterasu qui n'a pas seulement organisé le monde mais qui continue à veiller sur lui par les *kamis* qui sont partout et qui punissent la faute morale (*tsumi*) née du désir par des châtiments, souvent violents, des tsunamis, des séismes, des maladies, des guerres. Il faut se purifier par la prière, les offrandes, les bains. D'où ce rituel de monter sur le mont Fuji, d'où le théâtre Nô, destiné à l'origine à célébrer Amaterasu et à la faire sortir de sa grotte, d'où la lutte sumo à l'origine un combat entre le dieu Takemikazuchi, ancêtre de l'empereur, et le dieu secondaire Takeminakata, d'où l'art du tir à l'arc. Et il faut obéir aux esprits et à l'empereur, donc obéir aux codes sociaux, condition pour communier avec l'Un cosmique et atteindre, après la dissolution du corps, le royaume des morts où ils deviennent *kamis*. Et il faut obéir, y compris en se donnant la mort si l'empereur le demande, car la vie n'a pas de sens sans cette obéissance à l'ordre naturel.

Je remercie cet homme si serviable et je retourne à mon train. En chemin, je mets dans la poche arrière de ma besace cet objectif de destruction de l'ego, condamné pour crime d'impureté. Et, dans la poche de devant, la responsabilisation individuelle et cette exquise politesse qui dénotent le souci spirituel de soi et d'autrui.

Où aller à présent ? Certes, ma besace est pleine de belles découvertes mais je n'ai pas trouvé de seconde clef du bonheur qui permettrait ce « tous ensemble ! » pour affronter les malheurs dus à la nature et créer des cités plus harmonieuses, où chacun vivrait en paix avec son prochain. Je fais part de mon désarroi à l'aiguilleur du train qui me prépare un thé avec une tartine de miel issu des fleurs de sarrasin, terreux, corsé et amer, comme l'est parfois la vie. Tenez-vous en à votre carte ferroviaire, me dit-il. Elle indique, par Shanghai, le Myanmar, Delhi et

Kandahar, un retour rapide dans la région du Croissant fertile, là où les sédentarisations ont commencé, pour y prendre l'*Occident Express* à la petite station *Jérusalem*.

Est-ce l'effet du miel ? Confiant, dans ce train qui semble ne connaître que les espaces-temporalité spirituels, que je ne désespère pas de comprendre avant la fin de ce voyage, je m'endors jusqu'à Jérusalem.

Où, à Jérusalem, je récolte la deuxième clef du bonheur : aime ton prochain comme toi-même !

Ballotté par le bruit du passage du train sur les joints du rail, l'aiguilleur me réveille alors qu'approche la station « Jérusalem ».

– Nous sommes arrivés au terminus, me dit-il. Ne soyez pas surpris par le bruit, car cette gare, longtemps disparue du réseau ferré, a été construite une première fois par un certain Abraham, un habitant né à Ur, alors capitale de l'empire de Sumer, avant d'être deux fois détruites et elle est en travaux depuis.

Après l'avoir chaleureusement remercié de m'avoir accompagné sept jours durant avec tant de gentillesse, sept jours ce n'est pas rien, je descends sur le quai avec ma besace et mon bâton.

Et alors là, quel bazar en effet ! Par chance, je trouve une table d'orientation. Le hall de la gare principale s'appelle « Torah » ou « Pentateuque ». De là partent cinq allées qui auraient été construites par l'architecte Moïse dit la légende, un homme simple né à Goshen dans le delta du Nil : « Genèse »,

« Exode », « Lévitique », « Nombres » et « Deutéronome ». D'autres architectes ont ajouté 34 rues[1], d'où cet ensemble architectural appelé Tanakh ou Ancien Testament. Et, autour de la gare, de nombreuses ruelles, le quartier de la Torah orale aussi appelée Talmud[2]. Bref, je vais avoir besoin d'un guide, d'un guide des égarés, me dis-je en riant.

Je m'assois dans un grand café, la Colonne du Monde, où je commande du thé. À côté de moi, un autre consommateur. Nous sympathisons. David, c'est son nom, est de passage lui aussi. Il nous commande du miel d'agrumes que les abeilles fabriquent dans la région à partir des orangers et des citronniers. Il me demande ce que je fais ici, j'évoque ma quête.

– Vous êtes au bon endroit. C'est à Jérusalem qu'ont été découvertes la liberté humaine et la nécessité d'affronter le malheur dû à la nature et à autrui. Nous devons cela à Abraham, appelé « la Colonne du Monde[3] », d'où vient le nom de ce café, et à Moïse. À la place des esprits et des dieux, ils ont constaté l'ordre dans l'univers et ils ont célébré l'intelligence qui l'a créé, appelée « Dieu », « Elohim », « Hachem », « Adonaï », « YHWH », on peut aussi ne pas la nommer. Ainsi, le premier mot de la Bible est « Bereshit », qui veut dire « au commencement », traduit par « Genèse », mais il s'agit seulement du commencement du monde créé. D'ailleurs, la première lettre de « Bereshit », est « Béth », seconde lettre de l'alphabet hébreu, la première est « aleph », associée à l'intelligence divine, à Dieu. Avant le gâteau au miel, il y a le pâtissier, dit-il en riant. Et nous trouvons logiquement le bonheur dans l'obéissance aux commandements de Dieu créateur.

Face à un tel enthousiasme, je ne peux m'empêcher de lui dire que si Dieu a créé le monde, alors le malheur dû à la nature et à autrui lui est dû aussi…

– Vous n'y êtes pas. La Torah dit certes qu'« au commencement, Dieu créa les cieux et la terre[4] », les végétaux et les animaux, et qu'Il trouva cela « bon », mais, s'agissant de l'humanité, Il déclara cela « très bon », « éminemment bien[5] », pas seulement « bon ». Et elle ajoute que « Dieu créa l'humanité à son image, il la créa à l'image de Dieu, il créa l'homme et la femme ». Pourquoi, alors, voudrait-il son malheur ? Au contraire, il a donné à l'humanité les moyens d'affronter les malheurs dus à la nature, ce que confirme la clef du bonheur que vous avez découverte. Selon la Torah, il faut que l'humanité « domine sur les poissons de la mer, sur les oiseaux du ciel, sur le bétail, sur toute la terre, et sur tous les reptiles qui rampent sur la terre[6] ». Elle répète : « Soyez féconds, multipliez, remplissez la terre et soumettez-la (…)[7]. » Puis, après le déluge : « Soyez féconds, multipliez et remplissez la terre. Vous serez craints et redoutés de toute bête de la terre, de tout oiseau du ciel, de tout ce qui se meut sur la terre et de tous les poissons de la mer : ils sont livrés entre vos mains[8]. »

– Mais cette domination produit des richesses et attise donc la jalousie, le crime, les guerres, Votre Dieu se moque-t-il du malheur dû à autrui ?

– Au contraire. Puisque Dieu a créé l'humanité, toute violence faite par les humains à d'autres humains viole sa loi. Ce que confirme le nom d'Adam (אָדָם) qui désigne l'humanité. Son nom commence par la lettre « A », cette première lettre de l'alphabet que l'on retrouve dans l'un des noms de Dieu, Adonaï, (אֲדֹנָי) et dans les mots hébreux qui signifient « vérité » et « amour » et même dans le « je », « Ani » (אֲנִי). Donc il faut aimer l'humanité. Et pour la première fois dans l'histoire de l'humanité, un Dieu, le Dieu d'Abraham interdit le sacrifice humain[9], une révolution spirituelle reprise partout dans le monde par l'humanité éclairée. Et il commande : « Tu aimeras ton prochain comme toi-même[10]. » « Tu aimeras l'étranger », répète la Torah. « Si un de tes frères frappe un infidèle, défend l'infidèle », exige le Talmud. Voilà pourquoi chacun est appelé à pratiquer la « tsedaka » qui ne consiste pas seulement à donner l'aumône mais à réparer les injustices et à suivre la règle d'or qui veut que l'on ne fasse pas à autrui ce que l'on ne voudrait pas que l'on nous fît[11].

– Et quand le cœur d'autrui est dans la haine et choisit la guerre ?

– Nous sommes pour la paix mais non des pacifistes et faute d'être bien armés, comme le montrent les deux destructions du temple de Salomon à Jérusalem, la Shoah, les guerres et le terrorisme contre Israël, l'extermination menace. Mais la guerre même se fait sans haine. Recherchant la « pureté des armes », « même la guerre est mentionnée pour le bien de la paix[12] ». Ainsi la Torah dit : « Est-ce que tu frappes ceux que tu fais prisonnier avec ton épée et avec ton arc ? Donne-leur du pain et de l'eau afin qu'ils se rassasient et boivent, et qu'ils s'en aillent ensuite vers leur maître[13]. » Mais comment lutter contre la haine quand elle s'empare des esprits et refuse la loi d'amour dû à autrui ? Ainsi le juif nommé Acan, alors qu'il connaît le commandement, profite de la victoire à Jéricho pour piller les maisons : il fut pour cela lapidé et brûlé vif avec ses filles et ses fils complices. Que faire face à la population de Jéricho qui célèbre les sacrifices d'enfants, les meurtres rituels et ne veut pas la paix ? Obéissant à Dieu, Josué dut l'exterminer, à l'exception de la famille d'une prostituée qui avait aidé l'armée juive.

– L'obligation du respect de la loi divine, par la crainte même, produit le bonheur ?

– Tel n'est pas l'objectif si vous imaginez le bonheur du « moi ». Certes, un bien-être relatif peut favoriser l'accès à une sorte de bonheur spirituel qu'il vaut mieux néanmoins appeler « félicité » pour éviter la confusion. Ainsi, la santé favorise l'accès de l'intelligence à la sagesse, comme le disait Maïmonide, bien qu'elle ne soit pas un bien en soi. Or, cette sagesse est le respect de la loi divine. Et nous le pouvons car Dieu, pure intelligence, a créé l'humain à son image, capable de comprendre et doué d'intelligence[14]. Est donc dans la félicité celui qui craint Dieu et marche dans ses pas[15]. Comme le malheur est la punition due à la violation de sa loi[16]. Songez à Adam et Ève, à la condamnation de Caïn, au déluge, à la Tour de Babel, à la destruction du Temple de Salomon[17] pour punir ceux qui n'ont pas servi Dieu avec joie et un cœur heureux alors qu'ils avaient tout[18]. « Établir entre les hommes des relations de fraternité et d'amour » est ainsi un commandement divin auquel on doit obéir pour être heureux, si l'on entend ainsi la félicité comme le faisait Moïse Maïmonide[19] au XIIe siècle.

– C'est donc le seul respect de la loi qui permet d'espérer la félicité ?

– Comment ignorer que le « moi » et son désir doivent être dominés ? Certes, on peut être plus ou moins libéral s'agissant de la loi religieuse, appelée *Halakha*. Certains la disent composée de 613 prescriptions dégagées de la Torah qui concerneraient la plus grande partie de la vie, de l'économie à l'impureté[20], des interdits alimentaires aux fêtes[21]. Mais cela est contestable. Ainsi, comment imaginer un Dieu qui accepterait l'esclavage[22] ou que soit condamnée à mort la femme adultère et celui qui l'a commis avec elle[23] sous prétexte que certains passages en parlent ? Je pense, comme beaucoup, que le respect des commandements divins vient d'une quête personnelle. Le Talmud raconte ainsi une discussion entre trois rabbins qui se demandent comment réduire les 613 commandements[24]. Finalement, on pourrait n'en retenir qu'un seul conclut l'un d'eux, en suivant le prophète Amos : « Ainsi parle l'Éternel : Cherchez-moi, et vous vivrez ! » Néanmoins, la félicité se trouve dans le respect de la loi et non dans le bonheur du « moi » et cela peut même conduire à accepter son malheur… Certains admettent avec Maïmonide que tout ce qui arrive à l'individu est l'effet de ce que l'individu a mérité selon ses œuvres[25], cela vaut pour les malheurs aussi. Mais, les épreuves que nous traversons sont peut-être destinées à nous entraîner vers la spiritualité. Songez à l'histoire de Job qui passe par bien des épreuves, croyant un temps qu'il est en possession du bonheur parce qu'il a des biens, une famille, des amis, la santé. Il découvre à la fin que ce ne sont que des félicités imaginaires et qu'il faut pratiquer les devoirs par amour de Dieu et supporter les souffrances avec joie[26], ce qui est, dit-il, « la vraie félicité ». De même, affronter ceux qui refusent la loi d'amour de l'humanité fut la mission du roi David. Il doit combattre les armées ennemies et les ambitieux qui fomentent des guerres civiles, jusqu'à son fils qui l'avait trahi, tué par ses troupes. Il est aussi meurtri par la trahison de ses concubines, peiné par une famine de trois ans, mais s'il commet quelques écarts, comme lorsqu'il envoie en première ligne un de ses officiers pour qu'il soit tué afin de cacher son adultère avec son épouse[27], il est heureux. Car, dit-il, « heureux… l'homme qui trouve son plaisir dans la loi de l'Éternel, et qui la médite jour et nuit[28] ! », et par ce respect tous les humains ensemble peuvent affronter les malheurs dus à la nature et à autrui, et atteindre « une contrée fertile et spacieuse, dans une terre ruisselante de lait et de miel[29] ».

Craignant de rater l'*Occident Express*, je quitte David, joyeux à l'idée d'avoir la seconde clef du bonheur que je mets derechef dans la poche avant de ma besace. Car, oui, être heureux en subissant la haine, la guerre, le crime, nul ne le peut. Croire s'en sortir avec un accord fondé sur l'intérêt ? Certes, la coopération est une bonne solution, mais de transition. Car ce que l'intérêt fait, il peut le défaire, et ce qu'un rapport de force construit, un autre peut le détruire.

La seule clef qui puisse dépasser tous les calculs, nous l'éprouvons nous-même, c'est l'amour. Oui, aimez-vous les uns les autres, voilà l'antidote définitif à la guerre, voilà le chemin de la vraie paix, voilà le seul antidote possible au malheur dû à autrui, voilà la seconde clef du bonheur.

Hélas ! alors que je monte dans le train, grandit en moi une inquiétude…

Où je constate que tout fait sens depuis la sortie de l'état de nature et que la deuxième clef en appelle une troisième

Oui, alors que l'*Occident Express* est annoncé sur le quai, je ne peux empêcher une sourde inquiétude de grandir en moi. Certes, la loi d'amour de l'humanité diffuse partout le sentiment d'appartenance à celle-ci, mais il n'est pas anodin de voir que dans le judaïsme elle se présente comme un commandement qui s'impose de l'extérieur au « moi ». Certes, le « moi » n'est plus systématiquement haïssable mais il n'est pas non plus aimable, sauf s'il vit selon les commandements de la Loi ou dans les zones où ils ne s'exercent pas. Et le « moi » avec ce corps, est suspect de toujours vouloir désobéir, poussé par un désir coupable s'il est laissé à lui-même. Sinon, d'ailleurs, pourquoi y aurait-il besoin de commandements et d'interdits ? Pourquoi y aurait-il besoin de la crainte de la Loi ? Comme si l'existence même du « moi » était un problème. Comme si la loi d'amour conduisait finalement à privilégier l'amour de la Loi.

Et finalement, de bonheur réel, celui du « moi », il n'en est pas vraiment question. Car cette formidable spiritualité ne veut pas le bonheur, mais le salut, par le respect de la Loi.

D'où la dévalorisation du corps animé et cette valorisation de l'intelligence qui conduit vers un « bonheur éternel », une « félicité » toujours menacée par le « moi ». La félicité, pas le bonheur ici et maintenant. Et ce bonheur éternel parfait n'est accessible qu'après la mort de ce corps animé. Une mort qui serait un bien[1] si ont été suivis durant cette vie avec ce corps du « moi », les pratiques religieuses et les commandements[2]. Et, puisque la sainteté n'est pas de ce monde, puisque ces commandements ne peuvent être parfaitement suivis, Dieu reconnaîtra les siens dans la tentative humaine de respecter ses ordres et, généreux, car il sait la difficulté de respecter sa Loi, il pardonnera. Un pardon qui a une condition : demander pardon pour sa culpabilité, comme le fait le roi David qui commet un crime.

Oui, aimer ou ne pas aimer le moi, telle est la question du bonheur. Le chemin du progrès des spiritualités montre que si toutes convergent vers ce splendide « aimez-vous les uns les autres » éblouissant de vérité du judaïsme, toutes, hélas ! professent aussi la condamnation du « moi ».

Oui, Sumer extirpe le « moi » humain de l'ensemble naturel où il était auparavant noyé par l'animisme, au milieu des minéraux, des végétaux et des animaux, mais il déteste ce « moi » coupable et damné par des dieux punitifs. L'hindouisme, plus avancé, reconnaît enfin le « moi » et célèbre le combat du dieu Rama Lakshmi, symbole de l'amour universel mais c'est pour réduire ses malheurs à des illusions et le dissoudre à force de réincarnations dans la loi cosmique. Le bouddhisme va plus loin, en reconnaissant la réalité du malheur du « moi » et en exigeant la bienveillance, la compassion, la joie de vivre avec autrui, hélas ! son chemin mène à la même destruction du « moi », ce coupable fondu dans la marmite cosmique. Le taoïsme va encore plus loin, en reconnaissant en tout être humain une parcelle de l'énergie divine du monde qu'il faut aimer, en ayant le souci de son corps et des conditions effectives de la paix, hélas ! au lieu de sauver le « moi », il lui interdit de connaître le monde et de le transformer, et, finalement coupable, il le dissout. Et que dire de ce confucianisme qui enseigne qu'« il est bon d'habiter là où règne le sens de l'humanité », qui appelle à connaître le monde et à résister aux faiseurs de crimes et de guerres, mais qui au lieu du bonheur du « moi », n'ayant aucune confiance en lui, exige son obéissance aux autorités légitimes. Oui, le shintoïsme exige plus encore, avec le respect exquis de chacun à chaque moment de l'existence, mais finalement le « moi » doit se conformer strictement à la loi et aux mœurs, par une violence sur soi, sans souci du bonheur du « moi » qui doit être corseté.

Oui, partout je vois ce mouvement vers la loi d'amour, mais partout aussi je vois la culpabilité et la réticence à aimer le « moi ».

Mais si le « moi » est coupable ou s'il faut s'en méfier, quel est le sens de ce « tous ensemble ! » face au malheur dû à la nature et de ce « aimez-vous les uns les autres » face au malheur dû à autrui ? Comment pourrions-nous aimer les autres comme nous-mêmes si l'on ne s'aime pas soi-même ? Ne serait-ce pas même la cause profonde de la haine des autres ? Et puisqu'il n'y a de bonheur que pour un « moi », alors faut-il abandonner la quête ?

Non, je n'abandonnerai pas. Gonflé au miel des fleurs sauvages d'Israël que je viens d'acheter sur le quai, et rassuré par l'itinéraire donné par l'Office de tourisme de la Vallée de miel qui m'indique qu'il faut aller vers Athènes, alors que le train entre en gare, j'en suis certain à présent : les deux premières clefs appellent une troisième pour régler ce problème, comme leur condition même, sous peine de n'être que des illusions. Oui, je vais la trouver.

Et puisque le train est là, avec, une nouvelle fois, un seul wagon, appuyé sur ma canne fidèle, la besace sur l'épaule, je monte. Et je dis en riant haut et fort, puisque je suis seul : à nous deux l'Occident !

3

L'Occident Express

La troisième clef du bonheur

Où, contre la culpabilité, je fuis le « Connais-toi toi-même » des sept sages et où je récolte le « connais ton moi » de l'aristocratie et de Solon

Alors que le train qui m'amène à Athènes s'arrête quelques instants à Thessalonique, un curieux voyageur monte et s'assoit à mes côtés. Originaire de Chypre et venu ici pour affaires, j'apprends qu'il va lui aussi à Athènes, où il est né. Nous sympathisons et partageons son vin résiné et du miel de thym, légèrement épicé et très herbacé, venu des montagnes de Troodos. Je lui décris la quête du bonheur qui m'a conduit ici et la difficulté de percer le mystère du « moi », dont les prophètes de malheur et de magnifiques spiritualités, disent la culpabilité.

– Diantre ! il était urgent que vous arriviez ici. Vous devriez vous intéresser à la révolution spirituelle initiée par l'aristocratie grecque, quand elle a engagé le premier grand combat de l'humanité contre les Maîtres de Vérité et l'esprit magico-religieux. En même temps, vous feriez litière de ce « connais-toi toi-même » que les modernes ont interprété comme une ode à la liberté alors qu'il est une réaction de l'esprit magico-religieux contre la liberté, réaction incarnée par les Sept prétendus Sages des VIIe et VIe siècles av. J.-C., Bias de Priène, considéré comme le plus grand[1], Thalès de Milet, Chilon de Sparte, Pittacos de Mytilène, Cléobule de Lindos, Épiménide de Crète, Périandre de Corinthe et Solon d'Athènes, inventeur de la démocratie, qui, lui, n'a, en vérité, rien à faire dans cette liste.

– Pourriez-vous m'en dire plus car ce conflit spirituel m'est inconnu.

– Tant mieux, dit-il en riant, cela vous évitera ces errements typiques des modernes. Contre la toute-puissance des Maîtres de Vérité qui dominaient la Grèce à l'époque archaïque, les aristocrates grecs ont fait de la liberté et de l'honneur des vertus. Et ils imposent dans les Cités ou ils l'emportent le libre débat sur les choix militaires, la guerre et la paix, le partage du butin, les jeux funéraires, le bien de la Cité. Égaux entre eux, ils forment symboliquement un cercle où ils posent « au milieu » (*ές μέσου*) les choix de la Cité et les biens acquis et où, après avoir pris le sceptre du roi, se place l'orateur qui veut convaincre, par son argumentation, les autres aristocrates. Ainsi naît un espace de délibération où sont distingués le public et le privé, laissé en dehors de la discussion. À cette égalité, nul ne peut déroger, pas même le roi qui n'est plus ni un prêtre-roi mais un des Égaux, et peut donc être mis en minorité, comme on le vit à Sparte quand fut prise, contre son avis, la décision de déclencher la guerre du Péloponnèse avec Athènes[2]. Ils croient certes aux dieux, mais ils n'interdisent plus à des laïcs d'interpréter les phénomènes[3]. C'est le grand renversement : le jugement juste n'est plus déduit de la loi divine et des oracles, mais il est obtenu après enquête des juges[4]. Comme le chante le chœur des citoyens dans les *Euménides* du tragédien grec Eschyle : « Alors, fais ton enquête et prononce le jugement droit. » Enquêter, non obéir.

– Je vois l'opposition de cet esprit aristocratique avec la spiritualité magico-religieuse mais le « connais-toi toi-même » n'en est-il pas lui aussi la célébration de l'individu et de sa liberté ? Et se connaître soi-même, n'est-ce pas le chemin le plus simple pour extirper la culpabilité et les idéologies qui construisent le malheur en soi ?

– N'en croyez rien. Ce « connais-toi toi-même » est une formule tronquée par les modernes. Aucun de ces Sages ne partage ce point de vue subjectif et tous connaissent la vraie maxime, populaire à leur époque : « Connais-toi toi-même et tu connaîtras l'univers et les dieux[5]. » Formule gravée en lettres d'or sur le temple le plus sacré de Grèce, celui de Delphes, là où ils croyaient que se conjuguaient les puissances d'Apollon et de Zeus, là où se trouvait la pierre sacrée (« omphalos »), symbolisant le nombril du monde[6], surmontée de deux aigles d'or qui auraient été envoyés par Zeus lui-même, là où officiaient les prêtres les plus réputés de la Grèce, dont la fameuse prêtresse, garante de l'orthodoxie religieuse, appelée la « Pythie » à cause des pythons sacrés qui vivaient dans le sanctuaire. Il ne s'agit pas de connaître les sciences ou de permettre au « moi » de trouver le bonheur, au contraire. Car il ne s'agit pas d'un « connais-toi », mais d'un « connais-toi toi-même ». Le « toi-même », « seauthon » (σεαυτόν) en grec, n'est pas le « toi » avec ce corps – sinon, d'ailleurs, il suffirait de dire « connais-toi ». Il est formé de « toi », « su » (σύ), et de « même », « autos » (αὐτός). Ce qu'il s'agit de connaître c'est donc le « toi » dégagé de tout ce qui le rend dépendant, de ce qui ne serait pas sa pureté, de tout ce qui est venu au « moi » par le corps et son environnement, des sentiments et aux savoirs scientifiques. Ainsi, le « toi-même » à connaître n'est pas le moi existant, mais le pur esprit détaché du « moi », ce que Socrate appelle un « démon », un élément du monde divin qui habite en nous, mais qui ne peut émerger que par ascèse et dissolution du moi.

– Ces Sages sont-ils des Maîtres de Vérité ?

– Tous, à l'exception de Solon, suivent Bias de Priène, qui se dit devin, aède et élu d'Apollon et qui, dans un poème de deux mille vers, dénonce le mal habitant les humains incapables d'aller vers la Vérité et d'honorer les dieux. Son statut de Maître de Vérité est si bien avéré qu'après sa mort, ses contemporains construisent un temple pour l'honorer comme un dieu. Chilon appelle par le même « connais-toi toi-même » à se dégager du monde et à suivre les devins. Devenu éphore, c'est-à-dire gardien des lois religieuses et sociales à Sparte, il est connu pour son rôle dans les sacrifices, son intransigeance morale et ses divinations[7]. Cléobule de Lindos dit descendre d'Apollon et d'Athéna… Ce qui les distingue des Maîtres de Vérité de l'Âge de fer grec c'est que, pour contrer l'influence de la pensée aristocratique, ils utilisent la démonstration et le dialogue.

Ils doivent tenir compte de cette montée en puissance du souci du moi, au détriment du seul souci des dieux. Cette tension de l'esprit magico-religieux et de la liberté est portée à son paroxysme par Thalès de Milet. Il dégage la géométrie mathématique de la magie, l'astronomie de l'astrologie, la physique de la mythologie, il imagine même un principe d'explication unique de la nature : une intelligence qui la gouverne et qu'il appelle « eau ». Néanmoins, l'esprit magico-religieux l'emporte chez lui. L'existence du moi reste une enveloppe illusoire qui se dissout grâce à la mort, et alors l'âme, un « principe humide », perdant tout souvenir, rejoindrait l'unité primordiale, le monde de la Vérité, comme une goutte d'eau se fond dans la mer. Logiquement, au lieu de célébrer la vie, la sagesse consisterait à saisir que puisque « vie et mort c'est tout un, qu'est-ce qui t'empêche de mourir[8] ? » Ainsi, il retrouve le chemin des écoles mystiques de l'Égypte qu'il a fréquentées et leur livre sacré, le *Livre des Portes*[9], d'où il tient sa croyance en l'eau, forme laïcisée de l'Océan primordial.

– Vous évoquiez l'exception Solon ?

– Oui, l'appeler Sage est un abus de langage. Les poèmes[10] de cet aristocrate, aux antipodes de ceux des aèdes, célèbrent la liberté du « moi ». À la différence des prétendus Sages, que n'indisposent pas les tyrans, voire qui le sont eux-mêmes comme Périandre de Corinthe, il voulait que tout citoyen soit un aristocrate de sa vie, ce pour quoi il a créé la démocratie, le seul système qu'il juge compatible pour dissiper les brumes de l'esprit magico-religieux qui rendent les humains malheureux. Songez qu'il a arrêté la guerre civile[11], aboli l'esclavage pour dettes et libéré ceux qui l'avaient subi, réduit la dette publique, créé les cours d'appel, octroyé le suffrage universel des hommes et autorisé l'héritage des femmes.

– Il a donc pu gouverner avec le soutien de la population ?

– Hélas ! séduits par un démagogue, Pisistrate, plus tard devenu un féroce tyran comme Solon l'avait prévu, les citoyens d'Athènes le contraignent à fuir à Chypre. Et quand, subissant la tyrannie annoncée, les Athéniens viennent se plaindre en maudissant les dieux, il leur dit : « N'en rejetez pas la faute aux dieux, c'est vous qui avez donné leur pouvoir à vos chefs. » Thalès, qui l'admirait, lui proposa de vivre auprès de lui, à Milet[12], où régnait un tyran de ses amis. Solon refusa : il appréciait Thalès le savant mais pas le complice du tyran. Et lorsque Crésus l'invita, voyant dans les fastes de sa cour la fuite orgueilleuse d'un moi qui aliène sa liberté dans les biens, il part bien vite. Ce temps n'était pas celui de l'abolition du malheur dans le moi, il n'était pas le temps de Solon, seulement celui de ses larmes.

Tandis que le train avance vers Athènes, je mets dans la poche arrière de ma besace, ce « connais-toi toi-même » et dans la poche de devant ce « connais-toi comme un moi » qui permet de mesurer notre vie et nos valeurs à notre existence réelle.

Ingurgitant un gâteau parfumé au miel de thym, je songe au rêve de Solon de transformer le citoyen en aristocrate de sa vie, ce qui, je ne sais trop pourquoi, me ravit.

Où, station « Pythagore », je récolte qu'il faut célébrer la puissance de connaître humaine et fuir le parti tyrannique de la « Raison »

L'*Occident Express* poursuit sa route, et arrive à la station « Pythagore ».

– Cette station vaut le détour, dit mon compagnon de rail. Elle est construite sur le modèle donné par le célèbre mathématicien Pythagore à Crotone, en Calabre[1]. Né en – 580, disparu en – 495, sachez que beaucoup s'accordent pour voir en lui le premier « philosophe ». Le grand Hegel l'appelle même le « premier maître universel[2] » car il est l'ancêtre de tous ceux qui croient que le réel est rationnel. Ce qui en ressort pour le « moi » et son bonheur, vous en jugerez par vous-même, car je ne peux vous accompagner, étant disciple de Solon, je suis fort mal vu ici.

Réjoui à l'idée de pouvoir peut-être récolter la troisième clef du bonheur, celle qui permet de dissoudre les ténèbres intérieures, je descends du train.

Hélas ! ma déception est grande. Une station triste, lugubre même, sans lumière, sauf une qui éclaire les allées numérotées de nombres entiers. Des nombres, il y en a partout, et des formes géométriques en veux-tu en voilà, régulières, bien tracées sur des trottoirs propres et plats, des triangles, des rectangles, des losanges. Et, un slogan répété à intervalles réguliers sur les murs : « Tout est nombre, tout est Raison », avec des statues de Pythagore au coin de chaque allée. Je me renseigne auprès d'un passant :

– Est-ce bien ici la station de Pythagore ?

– Oui, dit le maigrichon, une des stations construites près de Thèbes sur le modèle de celle de Crotone, une station du vrai savoir, de la Raison avec cette majuscule qui rappelle qu'Elle gouverne le monde. Pythagore qui en fut l'architecte, via son disciple Philolaos, était certes géomètre mais aussi le huitième Sage d'après Hérodote[3], un maître des traditions orphiques[4], des prêtres d'Osiris, des mystères d'Égypte, un héritier des Mages de Sumer. Le célèbre théorème de géométrie qui lui est par erreur attribué vient d'ailleurs de Sumer[5]. Son nom de « Pythagore » lui a été donné quand son père a consulté la Pythie à Delphes, la prêtresse d'Apollon qui a prédit que son épouse donnerait la vie à un être d'exception. D'où « Pythagore », composée de « pyth » et d'« agoras », ce qui signifie « celui qui a été annoncé par la Pythie ».

– Pythagore est donc un Maître de Vérité, un Sage ?

– Non, répond le maigrichon, le regard devenu fuyant. Quand le tyran Léon lui a demandé de se présenter, il a répondu qu'il était « philosophe[6] », un « ami » (*philo*) de la « sagesse » (*sophos*). Comme le dit Pythagore : « Les uns sont esclaves de la gloire, d'autres de la richesse ;

au contraire, rares sont ceux qui ont reçu en partage la contemplation des plus belles choses et c'est ceux-là qu'on appelle philosophes et non pas sages car personne n'est sage si ce n'est dieu[7]. » Et il ne faut pas oublier non plus que parmi les formidables inventions de Pythagore, il y a aussi celle du parti. Le parti du savoir où l'on apprend à gouverner selon la Raison, celle qui commande la Nature et l'Histoire dont tant de partis modernes ont hérité.

– Sur ce, ajoute-t-il en élevant la voix, je n'ai pas le temps de parler à un étranger.

Je lui explique néanmoins ma quête. Il a l'air intéressé mais aussi encore plus apeuré. Regardant autour de lui, il murmure :

– Suivez-moi à distance jusqu'à l'échoppe de ma famille.

Je le suis de loin dans les rues tracées à angle droit jusqu'à sa boutique. Après que le maigrichon leur a dit ma quête, je sens ses parents réticents. Je tente de les amadouer en leur demandant de me parler d'eux. Ils évoquent leur lointain ancêtre, dont parle Aristote, le fameux Hippase de Métaponte, un Italien devenu un pythagoricien fervent qui appelait Pythagore « le plus grand des hommes ».

Je les prie de me raconter la vie du fameux Hippase mais ils se taisent. Au lieu de cela, le père qui jette des regards inquiets vers la porte, évoque Pythagore :

– Sachez tout ce que nous devons à Pythagore. Né vers 580 av. J.-C. à Samos, il a proclamé que « tout est nombre » et que la nature est écrite en langage mathématique, selon une géométrie mathématique, à partir d'un feu central invisible, qu'il a appelé le « poste de garde de Zeus ». Oui, tout est rationnel, Zeus mathématicien a tout écrit avec dix séries d'apposition logiques, à partir de l'Un et du multiple[8] et il commande ainsi le cosmos, puis le ciel, puis le monde terrestre avec les pitoyables âmes humaines perturbatrices de l'ordre.

– Et les humains seraient des perturbateurs de l'ordre ?

– Oui, Pythagore dit que le corps est « le tombeau de l'âme », expression que reprend Socrate. Prisonniers de leurs corps qui détournent l'esprit du savoir pour l'entraîner vers la recherche des biens, des honneurs, des plaisirs, ils sont naturellement irrationnels et ils détruisent l'harmonie cosmique. Incapables même de comprendre que la vraie liberté est la compréhension de la rationalité du monde et de la nécessité qui en découle. Pour les sauver du malheur dû à l'ignorance, d'être des « moi » avec un corps, les individus doivent être éduqués pour communier avec l'harmonie du cosmos.

– Comment ?

– Les maîtres pythagoriciens prennent en main les apprentis en leur donnant accès à la géométrie. « Que nul n'entre ici, s'il n'est géomètre ! » est la formule des disciples de Pythagore, reprise par Platon. Les maîtres révèlent ensuite aux apprentis la science ésotérique de Pythagore qui est la révélation des Nombres, avec la majuscule, qui composent le monde de la Vérité, en particulier la connaissance du Triangle. Et alors l'apprenti, obéissant à la Raison mathématique, aidé par la force morale, ce qui se nomme « vertu », arrive à gouverner son désir. Ce faisant, il sauve son âme. Car la transmigration des âmes et la métempsychose sont une réalité que les spiritualités d'Orient, en particulier l'hindouisme, les mystères et l'orphisme mystique[9] avaient déjà découverte avant Pythagore, mais sans les rattacher à la Raison. Oui, l'âme est éternelle, elle renaît sans cesse dans des corps et chaque réincarnation dépend de la vie menée avant, mais la plaine de la Vérité est celle où se dévoile que tout est rationnel. « Suis dieu » a dit le grand Pythagore, suis la Raison et son parti.

– Voilà qui me paraît bien dangereux. Qui nous gardera du parti ?

– À part les ignorants, qui voudrait s'en garder ? Depuis l'époque de Pythagore, le parti du Savoir quadrille la vie autour de la Pensée-Pythagore appelé « Le Maître » ou « Lui-même ». Notez l'expression : « lui-même », pas « lui ». Comme dans le « connais-toi toi-même », le « même » renvoie à l'esprit autonome, dégagé du corps, dégagé du « moi ». Soutenus par une armée de 600 disciples, tous végétariens, qui mettent leurs biens en commun, seuls dirigent ceux qui ont accès au savoir ésotérique des chiffres sacrés. Ils sont appelés « savants » ou « mathématiciens ». Seuls, ils peuvent voir le visage du grand maître qui dirige la vie sociale qui, pour les non-initiés, se tient derrière un rideau. Vêtus en religieux, ceux que l'on appelle « vénérables », célèbrent l'abstinence, le courage, la fidélité, la connaissance mathématique et l'amitié entre les membres. Ils dirigent ceux qui sont en probation trois ans et les apprentis qui doivent garder le silence cinq ans pour apprendre les symboles et la mystique. Tout en bas, le monde ordinaire doit obéir. Voilà la clef du bonheur : être membre du parti de la Raison.

– Mais si des individus ne veulent pas obéir ?

– Cela s'est vu, hélas ! Car si le réel est rationnel, les humains ignorent parfois le bonheur d'obéir au parti et, par lui, au cosmos. Il faut alors la violence contre le « moi » ignorant. Ainsi à Catane, Syracuse et Tarente, les Pythagoriciens ont dû organiser la terreur. À Sybaris, il a même fallu détruire la ville. À Crotone, en – 497, les foules opposées au règne de la Raison se sont soulevées et Pythagore a dû fuir à Métaponte où il fut accueilli en héros par les membres de son parti, dont notre ancêtre. Il y reçut des offrandes au titre d'incarnation de Déméter, déesse de l'agriculture. Et, vous le voyez, le parti n'a pas disparu, il continue à se bien porter avec ces guides modernes experts en Raison dans l'Histoire, qui veulent quadriller les vies pour les sauver.

À force de sympathiser, ce qui n'est guère rationnel, ils me proposent un gâteau au miel de Bergamote venu de Calabre. Le miel déridant les esprits, tandis que le maigrichon surveille la porte, la femme chuchote :

– Notre ancêtre Hippase a disparu d'étrange façon. Il a découvert que tout n'est pas rationnel, ce langage dans lequel écrivent les dieux, ni même composé de nombres entiers, contrairement à ce que dit le parti. Il n'aurait jamais dû s'intéresser aux carrés. Trop curieux, il a vu l'incommensurabilité de la diagonale aux côtés du carré et il a inventé le nombre irrationnel $\sqrt{2}$. Un chiffre, 1,414213562... qui s'en va sans autorisation de Pythagore vers l'infini. Il a ainsi ouvert le chemin de l'inacceptable, celui des nombres irrationnels, dans lequel d'autres traîtres à la Raison se sont engouffrés, comme un certain Archimède (– 287, – 212) qui a prétendu que le nombre irrationnel π (pi) avait un sens. Il a donc été tué par le parti, par noyade et, ajoute-t-elle avec un sourire malicieux, s'il avait été innocent, il n'aurait pas été noyé.

Nous nous quittons, devenus complices.

En chemin vers les quais, je mets dans la poche arrière de ma besace que le rationnel n'est pas le réel et le réel n'est pas très rationnel, sauf pour des esprits totalitaires, et que l'idolâtrie de la science n'est qu'une forme d'esprit magico-religieux. Dans la poche de devant, je récolte que par la logique et les mathématiques, le « moi » démontre qu'il possède une puissance intellectuelle dont aucun autre vivant n'a l'équivalent.

Sur ce, montant dans le train, je me jure à moi-même que si un jour la Raison tonne en son cratère, comme le dit une chansonnette, je prendrai la poudre d'escampette.

Où je récolte que le mouvement ne condamne pas le « moi » au malheur mais seulement le mysticisme d'Héraclite et de Parménide

Alors que le train qui m'amène à Athènes passe de gare en gare, je vois défiler les paysages derrière la vitre. Ce mouvement me trouble. Tout bouge, tout change. N'ont-ils pas raison de dire ces prophètes de malheur que le bonheur est impossible ici et maintenant, à cause de ce corps ballotté à chaque instant dans un monde en mouvement, à cause de ce désir insatiable qui se perd dès qu'il se pose, à cause du moi jamais le même vraiment ? C'est alors que mon compagnon s'éveille. Je lui dis l'objet de mon tourment. Souriant, il me propose un nouveau gâteau recouvert de miel de pin d'Éphèse, moins sucré que le précédent, plus sombre aussi comme le sont parfois nos vies.

– Votre angoisse m'étonne. Ne cherchez-vous pas le bonheur ici et maintenant ? Alors, s'il existe, il est forcément compatible avec le mouvement qui est une marque du réel. Un de mes amis, venu d'Éphèse précisément, reprenait cette formule du philosophe Héraclite, justement né là-bas en

– 544, et mort vers – 480 av. J.-C., « tout passe » et il ajoutait « on ne se baigne pas deux fois dans le même fleuve ».

– N'est-ce pas cela le problème ? Si tout change, comment ne pas craindre ce qui arrivera demain ? Et la crainte, n'est-elle pas incompatible avec le bonheur ?

– Pourquoi craindre le mouvement ? Certes, il y a du mouvement, mais notez qu'il n'y a pas de chaos général. Il y a de l'ordre aussi dans le monde. Certes, on ne se baigne jamais deux fois dans le même fleuve, mais derrière ce mouvement des flux, il y a bien ce « fleuve », une unicité du fleuve qui, elle, ne varie pas. Héraclite discerne ainsi l'existence couples de contraires partout, comme le chaud et le froid, le sec et l'humide, le haut et le bas, la guerre et la paix. Mais aussi, derrière ces contraires, une unité qui tient le monde.

– Et en découvrant cette unité, on pourrait être heureux ?

– De bonheur, pour Héraclite, il n'en est pas question. Il propose seulement d'atteindre la sagesse, celle qui est obtenue quand on atteint l'unité fondatrice qui tient ensemble tout ce qui est, tous ces dualismes. Cette unité, Héraclite l'appelle « logos », terme qui désigne la Raison dans le monde. Il l'appelle aussi « feu » pour le raccorder au souffle chaud de la vie car il avait noté que lorsque la mort arrive, le corps devient froid. Il imagine que, sur le modèle de la respiration, le monde se développe et se raréfie dans des cycles incessants, de la naissance à la destruction selon un éternel retour, ce qui fera les délices de Nietzsche. Les humains ont en eux une parcelle du logos universel[1], de ce feu sacré qui gouverne tout mais ils l'ignorent le plus souvent car ils ont une intelligence limitée[2]. « Ce Verbe, dit Héraclite, les humains demeurent toujours incapables de l'entendre[3]. »

– Comment lui-même alors peut-il l'entendre ?

– Pour l'entendre, il faut un don de nature que lui a. Héraclite reprend le fameux « connais-toi toi-même » qui conduit, par l'illumination, à se dégager du « moi » et du monde des apparences changeantes pour aller sur le chemin de la Vérité, vers le feu-logos. On peut alors écouter le logos qui parle en soi[4] et qui révèle que le changement est seulement une apparence, derrière laquelle agit l'unité des contraires, ce feu-logos, cette intelligence dialectique. Alors, les élus obtiennent la sagesse et deviennent les réceptacles du Dieu-Feu.

– Il est donc, lui aussi, un maître de Vérité ?

– Une nouvelle forme. Ceux qui ont le savoir du changement doivent gouverner la Cité des ignorants dont, dit Héraclite, « la loi et la sentence sont d'obéir à l'Un », c'est-à-dire au logos, à la loi de l'histoire et, bien entendu, à ses représentants[5]. Ce qu'un Karl Marx comprendra à sa façon. Héraclite se présentait lui-même comme le réceptacle de ce logos, celui du dieu de Delphes, Apollon. À Éphèse, ses concitoyens le vénérèrent comme le descendant du prêtre-roi Codros qui aurait été le dernier roi légendaire d'Athènes et qui aurait fondé leur ville. Héraclite avait d'ailleurs droit à la fameuse robe pourpre des prêtres et il organisait le sacerdoce des mystères de Déméter, déesse de la fécondité. Et bien qu'il ait abandonné ses fonctions de prêtre-roi pour les donner à son frère, et qu'il ait choisi finalement une vie solitaire et ascétique, il a néanmoins déposé le livre qu'il a écrit sur l'autel de la déesse Artémis, un livre aux formules mystérieuses, ce pour quoi il est appelé « Héraclite l'obscur ».

Mon compagnon se mettant à rire, je lui demande pourquoi.

– La légende rapporte qu'il se retira loin de la ville et se nourrit d'herbes et de plantes par respect du feu-logos supposé fournir la vie. Il tomba malade et, persuadé de communier avec la Raison puisqu'il parlait en son nom, il voulut se soigner seul. Il demanda à des enfants de le couvrir de boue pour chasser les mauvaises eaux de son corps qui seraient de mauvais esprits. Il en mourut le lendemain, soit, disent les uns, de la chaleur du soleil, expression du feu-logos dans le cosmos, soit, disent les autres, n'ayant plus l'odeur d'un humain, mangé par les chiens.

– Il n'en reste pas moins, lui dis-je amusé, que si tout bouge, tout change, et si le bonheur est dans le repos, alors le « moi » ne peut trouver le bonheur dans ce monde…

– Mais si le bonheur est possible, alors c'est ici, dans ce monde changeant. Il doit donc être compatible avec lui. Sinon, c'est une illusion que Solon a dénoncée justement. D'ailleurs, songez à l'incohérence d'Héraclite. Il choisit l'ascèse mystique pour trouver le bonheur, donc l'éloignement des humains et il juge nécessaire la mise à l'écart du « moi » et de son corps. Mais si l'unité des contraires qu'il prône n'était pas une fantasmagorie, il devrait, au contraire, célébrer l'unité du « moi » et de son corps avec le monde prétendument dirigé par le logos, donc il devrait admettre une communion du « moi » et de Dieu. Et bien qu'il ait été souvent opposé à Parménide qui nie le mouvement, ils arrivent bien finalement à la même solution, héritière des Temps archaïques : la condamnation du « moi », donc de la vie proprement humaine.

– Qui est ce Parménide ?

– Né à Élée, dans le golfe de Salerne, en Italie, vers 540 av. J.-C., c'est un maître de vérité, un aède, comme le démontrent les 160 vers de son poème énigmatique *Sur la nature*[6] qui commence par une ode à la « Vérité » conçue comme « alètheia ». Il proclame que l'Être est, et que le non-Être n'est pas. Et il s'oppose radicalement aux aristocrates qui cherchent la vérité au lieu de la contempler. Ils les accusent de ne penser rien « qui soit vrai, ni digne de crédit[7] », d'être « sourds et aveugles, stupides et sans jugement[8] ». Lui dit avoir atteint la « plaine de la Vérité », grâce à une illumination venue de « la Divinité qui gouverne toute chose[9] ». Ce qui enthousiasmera Martin Heidegger. D'où son appel au voyage initiatique, influencé par la tradition des mystères grecs, l'orphisme et Phérécyde de Syros, qui avait voyagé en Égypte. Ce voyage commencerait par suivre les chemins de la Nuit et du Jour, avec le soutien du dieu Thémis et de la déesse Dike puis, débarrassé de son « moi », les Filles du Soleil lui offriraient la vision directe de la Vérité, de l'Être qu'il imagine comme un tout « inengendré, et impérissable, universel, unique, immobile et sans fin[10] ». Ayant atteint cet *Un*, copie grecque du dieu égyptien Amon-Rê, l'élu vivrait alors dans le silence. Et il ne faudrait plus parler, pas même pour attribuer des qualités à l'Être, car dire quelque chose de l'Être, qu'il est « grand » par exemple, ce serait détruire cette Unité en sous-entendant qu'il « n'est pas petit ».

Le voyant rire, je lui demande pourquoi.

– Car il est pour le moins étonnant d'être persuadé que l'utilisation du verbe « être » puisse produire des êtres et que la négation des êtres en produirait aussi ! Comme si dire d'un fantasme qu'il « est » une chimère faisait surgir une chimère, ou dire que le triangle « n'est pas » une figure à quatre côtés, faisait surgir un triangle à quatre côtés. Notez que cette confusion du langage et de l'Être a permis les délires linguistiques de Heidegger et des postmodernes. Dans le cas de Parménide, il aurait d'ailleurs dû garder le silence jusqu'au bout et surtout éviter tout raisonnement, comme le faisaient les Maîtres de Vérité avant lui. Car si on le suit, dire que « l'Être est », c'est logiquement dire que « le non-être n'est pas », ce serait donc attribuer de l'être au « non-être », puisqu'on en dit quelque chose, et du néant à l'Être puisqu'on dit de ce quelque chose, ici appelé le « non-être » qu'il n'est pas. Absurde et drôle.

Je m'amuse en pensant à cette façon de transformer les mots en êtres, jusqu'à prendre au sérieux les jeux de mots. Mais, je songe qu'il y a néanmoins une immense différence entre Héraclite, qui a tenté de réfléchir à partir du réel, et Parménide, englué dans une vision magico-religieuse du langage.

Je récolte dans la poche arrière de ma besace ces ascèses mystiques qui sont comme autant de fuites destructrices de soi, qu'elles soient engagées au nom d'une prétendue dialectique qui casse les briques, ou au nom d'un *Un* immobile qui dit tout autant non à la vie. Et je mets dans la poche de devant que si le bonheur existe dans ce monde, cela ne se peut que dans ces « ici et maintenant » changeants.

Où, à Athènes, avec les sophistes, je récolte que si le « moi » n'est pas haïssable, il faut néanmoins éviter la vie de plaisirs

La gare d'Athènes, enfin ! Sur le quai, je quitte non sans émotions mon compagnon qui part défendre la démocratie – dans une assemblée gangrenée par la démagogie à ce qu'il me dit. Avant de partir, il me donne un dernier conseil, celui de profiter de ce que Renan appelait « le miracle grec ». Décrire ce que je vois dans cette gare est hors de mes talents. D'abord, des pâtisseries avec toutes sortes de gâteaux au miel venus de Grèce, de Macédoine, de Sicile, qui ressemblent curieusement à ceux de Jérusalem. Partout, des commerces, de l'artisanat, de l'art aussi et, entre les échoppes, je crois discerner, à leurs accoutrements, des agriculteurs, des marins, des penseurs même ! Oui, des penseurs, si j'en juge par leur barbe. Mais la barbe fait-elle le philosophe ?

En me promenant, je découvre que les échoppes les plus populaires, et aussi les plus bruyantes, sont sur l'« allée des sophistes », curieusement aussi appelée « allée de la démocratie ». Elles se succèdent sans ordre apparent, leurs devantures affichant les noms de ces philosophes du ve siècle avant J.-C. : « Protagoras », « Gorgias », « Thrasymaque », « Antiphon », « Hippias », « Prodicos de Céos »… Je rentre dans la boutique « Protagoras », alléché par l'odeur des plateaux de gâteaux au miel mis à disposition sur les tables à l'occasion d'un vernissage d'art. Je distingue un barbu auprès duquel une foule de jeunes Athéniens est attroupée. Après avoir picoré un gâteau recouvert de miel de thym, mais venu du mont Hymette, plus riche et aromatisé que celui de Chypre, et bu une coupe de vin résiné, je m'enquiers des raisons de son succès.

– Je vois que vous êtes un étranger, me répond un autre barbu. Cet homme est très populaire. Chef du parti démocrate, il défend l'héritage de Protagoras[1] et de Périclès.

– Un démocrate, comme Solon ?

– Pas vraiment. Solon voulait transformer tout citoyen en aristocrate, et, pour cela, orienter son désir vers des biens qu'il jugeait, lui, élevés. Nous, nous voulons mettre la démocratie au service des citoyens, au service de leurs désirs comme l'exige le mot « démocratie », du grec « demos », qui veut dire « peuple », et « kratos » qui signifie « pouvoir ».

Nous sympathisons et je lui dis ma quête de cette clef qui permettrait de libérer le « moi » de ces pensées qui le font vivre dans le malheur.

– Alors, vous êtes dans la bonne échoppe. Car le malheur vient de la culpabilisation et de la punition du désir professées par les prophètes de malheur. Ici, nous professons que le « moi » n'est pas haïssable et qu'il faut libérer son désir pour assurer la joie et le bonheur. Ainsi, la recherche des plaisirs comme voie du bonheur est devenue, grâce à nous, une idée neuve dans le monde. Ce que l'on appelle l'« hédonisme ». Mais, à la différence des partisans du seul plaisir sensuel, comme Aristippe de Cyrène qui ramenait tout aux sensations, nous laissons la porte ouverte à ceux qui cherchent leur plaisir par le savoir ou leur œuvre. C'est pourquoi, nous enseignons aussi les savoirs et les techniques à ceux que cela intéresse, à la façon d'Hippias.

– J'ai vu plusieurs boutiques, les sophistes ne sont pas tous d'accord entre eux ?

– Nous le sommes pour l'essentiel. Certes, certains suivent Gorgias qui réduit l'existence à la vie facile, l'intempérance, la licence[2], d'autres, moins nombreux, préfèrent Calliclès, qui justifie toutes les formes de désirs[3], mais tous souscrivent à la vision du monde de Protagoras, qui a rappelé que l'homme et son désir sont la « mesure de toute chose de celles qui sont en tant qu'elles sont ; de celles qui ne sont pas en tant qu'elles ne sont pas[4] ». Ainsi, l'individu, mesure de toutes choses, n'a de comptes à rendre qu'à son désir et la démocratie est l'expression des désirs majoritaires. Ce qui écarte ceux qui veulent déterminer notre vie au nom des dieux ou d'une prétendue Vérité, et les idéologues fomenteurs d'utopies comme Platon. Il faut admettre le relativisme des valeurs et agir pragmatiquement selon les cas, comme Protagoras le fit quand, à la demande de Périclès, il écrivit la constitution de Thourioï, une colonie d'Athènes dans le golfe de

Tarente[5] qui ne ressemblait à aucune autre, toute nation ayant sa propre culture.

– Vous ne croyez pas aux dieux ?

– Certains n'y croient pas, comme Prodicos de Céos[6], les autres sont souvent agnostiques, suivant en cela Protagoras qui a dit : « Quant aux dieux, je ne peux savoir ni s'ils sont, ni s'ils ne sont pas, ni leur forme. Trop de choses nous empêchent en effet de le savoir, le manque de certitudes et la brièveté de la vie humaine[7]. » Qu'importe, en tout cas, nous ne nous en préoccupons pas.

– Vous ne croyez pas non plus en la vérité ?

– S'il s'agit de la Vérité de la pensée magico-religieuse, de cette *aléthéia* que prétendaient connaître les Maîtres de Vérité, avec cette majuscule qui effraye les esprits, nous apprenons à nos élèves à ne pas la craindre, ni à perdre du temps à la chercher. Car l'être humain vit dans le monde de l'opinion, de l'apparence, du changement. L'intelligence ne peut donc jamais atteindre que du probable, à moins d'affabuler. C'est pourquoi nous enseignons tous la « rhétorique », terme inventé par Gorgias (483-375), qui est la recherche raisonnable du vraisemblable dans les affaires privées comme dans les affaires de la Cité[8]. Et c'est pourquoi Athènes est si puissante.

– Vous voulez dire que l'esprit de la sophistique a permis la puissance d'Athènes ?

– Oui. Il n'y a aucun miracle dans le formidable épanouissement d'Athènes. Grâce à nous, dit-il en riant, Athènes est devenu le pays du divin Prométhée, ce Titan de la mythologie grecque qui aurait volé le feu de la forge de Zeus, pour le donner à l'humanité afin de la sauver de la mort que ce roi des dieux avait décrétée pour eux. Athènes affiche une vie à coups de marteau pour une humanité qui frappe à tout rompre les métaux afin de dominer la nature, de soigner son corps et de construire une civilisation où chaque être libre a le droit de rechercher son bonheur selon son désir. Oui, ici, les individus existent. Ils ne sont pas les ombres d'une caverne, dirigées à partir d'un arrière-monde où se tiendraient des esprits ou des dieux. Ils sont des êtres de désir, cherchant leur plaisir, affirmant leur « moi ». Les artistes furent les premiers à avoir annoncé la fin des temps archaïques, bien qu'ils se crussent aidés par des esprits divins, en affichant leurs noms et en signant leurs œuvres, expression de leur « moi », comme le firent les sculpteurs Agéladas, Phidias, Alcamène, les tragédiens Eschyle, Sophocle, Euripide ou l'auteur de comédies Aristophane. Le nom rapporte un style à un individu, car c'est le style qui fait l'œuvre, et le style dit le « moi ». C'est pourquoi, nous apprenons à chacun l'art de trouver son style.

– Mais vous ne pouvez nier que le désir erre, que nous nous trompons, y compris s'agissant des ingrédients de notre bonheur…

– Oui, c'est humain dit-il en riant fort, peut-être un peu éméché à cause du vin. Chacun tâtonne en cherchant à réaliser son désir et à trouver ce qui lui est utile, comme le comprennent les utilitaristes, ces enfants modernes de Protagoras. Il ne faut pas s'en désoler car nous existons dans le monde de l'apparence et il faut jouir de la vie quand bien même nous nous trompons. C'était la leçon du sculpteur Zeuxis, né en – 464, mort en – 398 av. J.-C., qui a inventé les trompe-l'œil et la perspective. Sa peinture, *Enfant aux raisins*, était si ressemblante que la légende raconte que les oiseaux tentaient de la picorer, ce à quoi il répondit avec humour qu'à l'inverse, il n'avait donc pas réussi à bien peindre l'enfant sinon les oiseaux, par crainte, auraient fui. Et il fut célébré pour cet art du faux, qui est aussi celui du vrai, du vrai désir. Car, paradoxalement, « tout ce qui existe est aussi vrai », disait Protagoras, y compris les illusions. Et le savoir ne détruit pas plus l'illusion que le savoir du mirage ne détruit le mirage : il détruit seulement la croyance en la réalité du mirage que l'on continue à voir. C'est bien cela le combat contre le malheur : non pas la destruction de la souffrance mais de la croyance que le « moi » est responsable et coupable.

Je quitte cette joyeuse assemblée où les uns chantent à tue-tête un hymne à la gloire de la démocratie tandis que les autres se chamaillent sur un certain Thrasymaque qui aurait dit qu'on doit appeler « juste » ce qui est de l'intérêt du plus fort car nul n'ayant de comptes à rendre qu'à son plaisir, s'imposer dans la Cité quand on le peut serait naturel.

Mais cette idée très séduisante que le plaisir doit guider nos vies s'effondre lorsque que j'arrive au bout de l'« allée des Sophistes ». J'y vois alors des gens ivres, qui ont certes pris du plaisir à boire mais qui titubent et vomissent. Au lieu du bonheur, je dois constater que le désir sans frein est plutôt la destruction de soi. La nature du plaisir m'apparaît alors seulement comme le signe que le désir est satisfait à un moment de la vie. Une satisfaction certaine mais qui, lorsqu'elle n'est pas raisonnable, lorsque le désir des plaisirs immédiats seul guide nos pas, produit dans notre corps de la souffrance. Oui, le plaisir ne peut être un mal, puisque par nature nous avons un corps, mais si le désir des plaisirs devient le critère qui oriente nos vies, si nous nous laissons aller jusqu'aux excès, alors nous n'avons pas l'assurance d'une vie heureuse mais bien plutôt celle d'une vie malheureuse dans un corps meurtri.

Je récolte dans la poche arrière de ma besace que la vie de plaisir n'est pas le bonheur et que porté par un désir non éclairé, le « moi » court vers les pires malheurs, et dans la poche de devant, que si je trouve le bonheur, puisque le bonheur est un désir humain qui concerne notre existence, ici et maintenant, avec ce corps, le plaisir devrait s'y associer, comme le miel qui se trouve sur le gâteau.

Où, Café de l'Académie, je récolte que s'il faut différencier les plaisirs, la fontaine de miel vaut mieux que celle de la prétendue sagesse

Arrivé au bout de l'« allée des sophistes », je laisse le hasard guider mes pas vers le nord-ouest de la gare. Je dépasse la Porte de Keramikos, appelée jadis Dipylon, pour arriver « allée des idéalistes », que certains appellent « Platon-sagesse », où je découvre l'étonnant Café de l'Académie. À l'entrée, à ma grande joie, je vois une « fontaine de miel » avec un panneau qui indique en lettres géantes « fontaine du plaisir[1] ». Dans la vitrine, deux imposantes statues, celle d'un certain Socrate et d'un dénommé Platon, et je discerne une autre fontaine à l'intérieur, avec un panneau qui indique « fontaine de la sagesse ». Intrigué, j'essaye d'approcher. Impossible : des manifestants l'interdisent. L'un d'eux urine même devant l'entrée pour dénoncer la course aux plaisirs en criant que si le plaisir est bon alors son plaisir d'uriner l'est aussi.

Je parviens jusqu'à lui et je lui demande d'où vient son courroux, sinon son manque d'hygiène. Calmé par la vue d'un étranger, il me dit se faire appeler Diogène, en hommage à un certain Diogène, né à Sinope[2], une ville de Turquie.

– Oui, je suis en colère m'explique-t-il et je veux que cela se sache, car les disciples de Platon qui gèrent la buvette ont trahi Socrate. Vous avez en face de vous la preuve de cette perfidie, cette fontaine des plaisirs. Car rien n'est bon dans cette fontaine, tout s'y oppose à la vertu.

– La vertu ? Mais qu'est-ce donc ?

– Vous l'ignorez, étranger ? Être vertueux, c'est se satisfaire des seuls et stricts besoins naturels, sur le modèle de la vie de Socrate et des dieux. Vivre selon la justice consiste à mettre la sagesse au sommet de notre attelage spirituel qui, aidée de la vertu, ce courage de refuser les biens contre-nature, libère l'âme du désir. Car tout ce qui peut nous rendre meilleur, la nature l'a placé sous nos yeux, à notre portée, afin que nous puissions vivre selon la piété pour nous consacrer au Bien. Moi-même, comme Diogène, je vis en vertueux, sans cité, sans maison, privé de patrie, sans désir, tourné vers le Bien.

– N'êtes-vous pas un peu excessif ?

– La modération est une lâcheté. Un comportement un peu vicieux est totalement criminel. Pourrait-on voler un peu ou assassiner un peu sans être totalement voleur ou assassin ?

– Je lui fais remarquer que suivant son raisonnement, puisque lui-même viole un peu les convenances en urinant, alors il les viole totalement et le voilà criminel.

– Je ne suis pas un prêtre de vertu, me dit-il, mais un cynique dont la stratégie est de s'affranchir des conventions pour imposer la sagesse dans les esprits. Par mes provocations, je détourne les consciences de la démagogie des sophistes, ces « valets de la masse », et aussi des traîtres platoniciens qui admettent des plaisirs non naturels, sous prétexte qu'ils seraient agréables. Or, agréable est un gros mot, comme fornication et corruption. Oui, je veux le bonheur, mais le bonheur éternel qui n'a pas sa place ici.

– Pourquoi ce nom de « cynique » ?

– Un jour, lors d'un banquet, un homme a traité Diogène de Sinope de « chien », ce qui se dit *kynikos* (κυνικός) en grec. Par facétie, Diogène est allé uriner auprès de lui en levant la jambe comme un chien. Depuis, à la manière de Socrate, nous manions l'ironie et le paroxysme jusqu'à feindre la folie, à la manière d'Onésicrite, l'amiral chef de la flotte d'Alexandre le Grand. Cela pour démontrer qu'il n'est pire fou que celui qui ignore la vertu au point de donner libre cours à son désir de plaisirs. Oui, il faut détruire cette fontaine de miel. Seule devrait être bue l'eau de la fontaine de la sagesse, austère et frugale, condition du salut.

Alors que la police approche pour faire dégager les manifestants, il se sauve dans l'allée en me criant :

– Retenez que le malheur vient de nous et que nous sommes les vrais acteurs de la tragédie[3] !

Profitant de la dispersion, je m'approche de la fontaine de miel pour l'admirer de plus près. À l'intérieur de l'échoppe, je distingue à présent clairement l'autre fontaine,

« la fontaine de la sagesse, sobre et sans vin, qui donne une eau austère et salutaire », dit l'écriteau[4]. Mais qu'est donc cette seconde fontaine qui associe sagesse et austérité, salut et interdiction de vin ? Délaissant ce mystère, je prends une cuillère placée au bord de la fontaine de miel pour la remplir. Notez que je n'éprouve pas la moindre soif. Non, aucun manque à combler. Seulement la gourmandise.

Soudain, le propriétaire des lieux sort de son échoppe, furibond :

– Êtes-vous un sophiste qui ne pense qu'au plaisir ? Boire à cette fontaine de miel sans la mélanger avec l'eau austère de la sagesse est interdit, ce sont « deux fontaines dont il faut mêler les eaux du mieux que nous pourrons », disait Platon. Bue seule, l'eau de la fontaine de miel, donc des plaisirs, est dangereuse. Elle flatte le « moi » et son corps, ce « tombeau de l'âme » dénoncé par Socrate[5], en laissant le désir à lui-même, attiré naturellement vers le bas, vers les plaisirs sans frein. Ce qui rend l'âme folle[6] et nous entraîne dans le malheur.

– Mais alors, pourquoi l'exposez-vous à l'extérieur ?

– Parce que nul ne voudrait chercher la sagesse si elle n'était accompagnée de plaisirs, d'où cette fontaine qui attire le badaud. L'idéal serait de vivre sans corps et d'avoir une âme sans désir, comme les dieux qui vivent dans la béatitude éternelle. Hélas ! nous devons partir de ce qui est pour conduire au vrai bonheur, qui n'a rien à voir avec le bonheur ici et maintenant, comme Platon le fit en écrivant le premier livre sur le bonheur, l'*Euthydème*, ce qui lança de façon rusée l'offensive de la morale contre la vie de plaisirs. Pour préparer le cocktail du vrai bonheur, il faut mélanger à la cuillère, pas au shaker, les plaisirs acceptables de la fontaine de miel, avec l'eau de la sagesse.

– Quelle est la recette du cocktail ?

– Avez-vous l'orgueil, étranger, de croire que vous puissiez le préparer ? L'âme est comme un attelage ailé composé d'un cocher, symbolisant l'intellect et la tête, d'un cheval noir, symbolisant le ventre avec le désir et ses pulsions, et d'un cheval blanc, symbolisant le cœur et la force vertueuse[7]. Or, s'il ne sait pas distinguer les plaisirs faux des plaisirs vrais, comment le cocher pourrait-il utiliser la force du cheval blanc pour contrôler les ruades du cheval noir ? Il lui faut un guide, un barman, un portier du temple[8], expert en mélange de sagesse et plaisirs qui lui dira quels sont les plaisirs à éliminer, les plaisirs mineurs sensuels acceptables et les plaisirs supérieurs spirituels indispensables au vrai bonheur.

– Quels sont les plaisirs sensuels acceptables ?

– Sachez que le barman en accepte trois seulement. Le plaisir de boire, mais seulement pour étancher la soif, le plaisir de se nourrir, mais seulement pour assouvir la faim et rétablir sa santé, enfin, le misérable plaisir de copuler pour perpétuer l'espèce mais sans ces spasmes de jouissance dignes d'un fou, d'autant plus pervers que l'individu est « plus débauché et plus insensé », dénonçait Platon[9]. Ce sont des plaisirs acceptables mais impurs car ils sont liés au corps et à sa tension entre le manque et la tentative de le combler. Surtout, jamais le barman ne met dans le cocktail ces plaisirs dus à l'imagination, cette « folle du logis[10] » plus tard récusée par Malebranche.

– Il n'y a pas d'autres plaisirs, lui dis-je, étonné, en regardant la fontaine de miel ?

– Il y en a d'autres, mais pas là où vous les regardez. Ce sont des plaisirs spirituels, dits « purs » et « vrais », indépendants du corps, comme certains plaisirs des arts plastiques, mais sans représentations et sans couleurs, uniquement composés de formes géométriques[11], ou certaines musiques de sons doux et clairs, voire certains parfums d'Orient. On accepte aussi les plaisirs des mathématiques, mais seulement ceux de la géométrie à partir desquels Dieu a formé l'univers, avec ses triangles[12]. Et, surtout, on accepte les plaisirs[13] essentiels qui naissent de la communion avec les Idées qui mènent le monde et sont en Dieu. Ainsi, on arrive au plaisir de l'illumination, à la découverte du Bien qui se décline en Beau, en Vérité et en connaissance de la Proportion qui façonne divinement l'univers. Vous comprenez donc pourquoi vous avez besoin d'un guide. Car seul celui qui a eu accès à la Proportion sait le bon mélange des plaisirs vrais et de la sagesse. Par elle, nous pouvons organiser la justice en nous. Car pour vivre selon la justice, il faut agir selon la sagesse qui contrôle ou endigue les pulsions du corps, ce qui permet d'approcher la divinité dans ce monde[14]. Et, ainsi nous atteignons le vrai bonheur qu'est la béatitude.

– Si je saisis bien, le vrai bonheur, c'est donc selon vous la béatitude. Mais comment avez-vous pu vous-même connaître le fameux mélange ?

– Par l'esprit qui est en moi. Car il y a en nous ce que Socrate et Platon appellent un *daimôn*, un esprit d'origine divine qui nous habite à la naissance. Nous pouvons l'écouter en rentrant en nous-mêmes[15]. Socrate l'a écouté. C'est là le sens de son « connais-toi toi-même » légué par les Sept Sages, qui permet d'accéder à cet esprit et d'atteindre la Vérité, le monde des Idées. C'est pourquoi Socrate se présente comme un messager des dieux venu prêcher la morale[16], ce que confirma la Pythie de Delphes qui a dit au jury populaire, lors du procès qui le condamna à mort, qu'il est le « plus sage des hommes ». Sage et pas seulement philosophe. Contrairement au contresens courant, la conscience de Socrate n'est jamais la conscience de « soi » mais la conscience de cet esprit qui est hors de soi, et qui est venu en soi. D'où aussi ce « je sais que je ne sais rien » si souvent incompris. Le premier « je sais » est le lieu du savoir à partir duquel parle Socrate, celui de la Vérité donnée par dispensation divine, par assimilation à Dieu[17]. Le « je ne sais rien » concerne les faux savoirs qu'il examine, ceux de ce monde illusoire, loin de la béatitude.

– Cet esprit divin qui permet d'approcher votre bonheur, tout humain le possède ?

– Oui, mais il est caché. Socrate le démontre avec cet art d'accoucher du vrai, qu'il appelle la « maïeutique ». Il interroge un esclave qui ignore les mathématiques et qui ne sait ni lire ni écrire. Et il essaye de montrer qu'il peut néanmoins construire une figure géométrique, ce qui prouve, puisque le monde est construit à partir de la géométrie divine, que l'esclave possède un *daimôn*, qui, étant divin et immortel, a déjà connu la vérité dans l'au-delà avant de choisir le corps humain de l'esclave comme réceptacle. Voilà pourquoi l'esclave peut se souvenir de la vérité qu'il retrouvera d'ailleurs après la mort.

– On peut donc être heureux ici et maintenant ?

– Non. Car cet oubli de la vérité par les humains n'est pas innocent. Ce *daimôn* a préalablement choisi sa vie d'esclave ignorant. Les âmes sont donc coupables de leurs actes même si, exceptionnellement, Socrate peut faire sentir à l'esclave ignorant qu'il a une âme immortelle[18]. C'est seulement après la mort que le quidam ordinaire trouvera la béatitude.

– À quoi sert alors votre mixture ?

– À nous y préparer. Ainsi, Socrate, issu d'une riche famille athénienne, puisqu'il fut hoplite et qu'il eut la fonction de prytane, au nom de la vraie justice, combat la vie de plaisirs des démocrates, la croyance en la liberté des aristocrates et l'idée que le bonheur serait possible ici et maintenant, avant la mort. C'est pour ce combat qu'il soutient les Trente, ces tyrans dirigés par Critias, un oncle de Platon, qui gouvernèrent Athènes par la terreur, en – 404, ne laissant la citoyenneté qu'à 3 000 personnes vertueuses. Platon, en digne successeur, défendra un idéal de justice construit selon l'« art royal » qui consacre le pouvoir de la race d'or et de son roi-philosophe, épaulée par la race d'argent des guerriers, caractérisée par le courage, pour tenir à leur place les races de fer et de bronze, destinées à cultiver, produire et commercer et pour les empêcher de se lancer dans la course aux plaisirs[19]. Ce qui impose la fixité du nombre d'habitants, l'obligation du mariage, le contrôle des richesses[20], l'interdiction du prêt à intérêt, la redistribution des terres et des bénéfices, l'éducation sans les parents et la mise en commun des femmes. Ainsi, de même que nous pouvons atteindre la justice en nous, en nous laissant guider par la sagesse qui dit quels sont les plaisirs acceptables contre la vie de plaisirs, la Cité idéale doit être gouvernée selon le bon mélange, la Proportion, avec ses interdits des plaisirs impurs et faux pour préparer chacun à la béatitude après la mort[21].

– Mais d'après ce que j'ai vu à Athènes, ce point de vue ne l'a pas emporté…

– Cela importe peu. Durant cette vie, dans cette caverne, quoi qu'il arrive, Socrate a montré qu'il faut s'exercer à mourir, se purifier autant que possible[22], avec l'objectif de la vie de l'âme après la mort[23]. L'âme est là, dans ce corps, pour expier les fautes de ce choix de vie antérieur[24]. Et puisque l'ordre est voulu par les dieux, préparer les âmes c'est d'abord leur faire accepter ce qui est. C'est pourquoi Socrate accepte même sa condamnation à mort et refuse la fuite proposée. Fuir, aurait été donner doublement raison aux sophistes : en légitimant d'abord l'idée que l'ordre social serait un ordre artificiel produit par la liberté humaine et non voulu par les dieux et, ensuite, en laissant croire que le bonheur serait possible ici et maintenant et non après la mort[25]. Si « le plaisir est le plus grand des imposteurs », comme le rappelle Platon[26], c'est qu'il crée l'imposture majeure : celle de croire que ce monde vaut la peine d'être vécu. Non seulement il ne faut pas craindre la mort mais la souhaiter. En sachant qu'après la mort il n'y aura plus de plaisirs, plus de fontaine de miel, pas plus qu'il n'y en a chez les dieux. Seulement la fontaine de la sagesse épurée de toutes les impuretés liées au corps, l'heureuse béatitude de l'âme. Ce que démontre l'acceptation de sa mort par Socrate.

Je quitte le Café de l'Académie, me réjouissant d'avoir conservé dans ma besace quelques gâteaux au miel puisque, finalement, la fontaine de miel est interdite au quidam ordinaire. En chemin, je songe à cette curieuse philosophie. Certes, la vie de plaisirs conduit au malheur, cela est certain. Et il y a en chacun un cocher capable de peser les plaisirs. Mais que de simulacres ! Ainsi cette prétendue Vérité qui refuse les savoirs des sciences, des techniques et de l'expérience, ce Bien qui transforme le mal et le malheur en destin, ce Beau qui condamne la quasi-totalité de l'art, cette Justice qui juge coupable le malheureux par choix préalable de son *daimôn* avant cette vie, cette sagesse qui consacre le retour des Maîtres de Vérité et l'esprit totalitaire. Et que dire de ce sophisme qui entretient la confusion de la béatitude et du bonheur et qui proclame le « moi » haïssable et son corps le tombeau de l'âme ? Cette philosophie est seulement la résurgence-résistance de l'esprit magico-religieux néolithique.

Je mets dans la poche arrière de ma besace cette prétendue sagesse de l'esprit totalitaire qui prétend contrôler nos vies dans la négation du « moi » et, dans la poche de devant, ce cocher en moi qui a la capacité par sa seule force d'endiguer ou de diriger les pulsions du « moi », quand bien même je ne sais ni ce qu'est ce cocher, ni ce que sont ces pulsions à contrôler ou à laisser passer...

Où je récolte le rejet de la superstition mais non le matérialisme magico-religieux incohérent d'Épicure venu du paléolithique

Après m'être promené le long des échoppes de l'« allée des idéalistes », je trouve l'« allée des matérialistes ». Serait-ce dû à ma dégaine d'étranger, en tout cas, voilà qui attire l'attention d'un passant. Après quelques échanges fort courtois, je lui dis ma quête et ma difficulté de trouver l'antidote à la culpabilisation de soi vendue sous prétexte de culpabilisation des plaisirs du corps.

– Suivez-moi, me dit-il, la solution se trouve tout près d'ici, dans un jardin construit par Épicure à partir des plans de Démocrite et Leucippe. On y enseigne, contre les idéalistes, que le plaisir est le principe et la fin de la vie heureuse et que la vraie sagesse est de boire à la fontaine des plaisirs[1].

Ravi de ce hasard qui m'a fait le rencontrer, je le suis appuyé sur ma canne. Le trajet est très court puisque nous sommes à quelques centaines de mètres de la porte du Dipylon. Alors que nous longeons de grands murs, il m'arrête.

– Ce sont les murs qui protègent l'école, la seule des écoles philosophiques à être totalement fermée sur le monde extérieur. Mais grâce à mes relations avec le grand maître épicurien, vous allez pouvoir entrer.

Nous pénétrons par une porte de fer, aussi haute que les murs.

– Ici, en face de vous, au milieu de la cour, l'imposante statue est celle d'Épicure, qui vécut de 341 à 270 avant J-.C. Là-bas, vous voyez un potager, indispensable pour ne pas dépendre du monde. Ces gens tout de gris vêtus sont les initiés, les seuls à avoir le droit d'entrer pour profiter des paroles du maître épicurien qu'ils apprennent par cœur pour bien les réciter. Ils ne peuvent pas sortir. Le personnage qui se tient sous le grand arbre, près d'un verre d'eau et d'un quignon de pain est le maître épicurien. Exceptionnellement, vous allez pouvoir lui parler.

– Oui, votre recherche est légitime me dit le maître épicurien, tandis qu'un serviteur m'apporte de l'eau, hélas ! sans gâteaux au miel. Le bonheur ici et maintenant est possible et il est « sot » celui qui dit, comme Platon, qu'il faut se préparer à mourir et « franchir au plus vite[2] » les portes de la mort pour se libérer du corps afin d'obtenir le bonheur. La cause du malheur est l'ignorance qui conduit à sombrer dans la superstition, à craindre les dieux et à s'effrayer de la mort. C'est pourquoi il faut étudier la nature[3] en matérialiste. On y découvre que tout est composé de vide et d'atomes, le terme venant du grec « atomos » (ἄτομος) qui signifie « insécable ».

– Mais pourquoi formeraient-ils quelque chose plutôt que des amas informes ?

– Mais parce que ces atomes sont des esprits organisateurs. « Nous avons l'habitude de les appeler matière, corps générateurs, semences des choses (...), corps premiers puisque tout en dérive », dit Lucrèce. Il faut tenir compte de l'immanent pouvoir qui les groupe et qui explique les formes organisées[4]. Certains atomes sympathisent, ils s'accrochent pour former des objets ou des humains, puis ils se décrochent. Grâce à Épicure, nous n'en sommes plus au temps de Leucippe et Démocrite qui s'enfermaient dans un cabanon de jardin pour étudier et qui croyaient que les atomes composant le monde tombent dans le vide à la même vitesse, ce qui rendait incompréhensible qu'ils puissent se rencontrer et former quoi que ce soit. Épicure a découvert que les atomes possèdent en eux un pouvoir exceptionnel, celui de dévier de leur route, ce qu'il appelle un « clinamen ». Ainsi, ils s'entrechoquent au hasard, en s'accrochant pour fabriquer tout ce qui existe, puis ils se séparent, ce que l'on appelle la « mort ». Donc, grâce à ce « pouvoir immanent » des atomes évoqué par Épicure puis Lucrèce, nul besoin des dieux pour expliquer le monde : s'ils existent, ils vivent bienheureux, dans la tranquillité d'être des dieux en dehors du monde.

– D'où vient la peine et que serait le bonheur ? lui demandé-je, gardant pour moi cette étrange sensation qu'accorder tant de pouvoir à ces petits atomes ou au hasard, n'était pas très éloigné de la pensée magico-religieuse néolithique qui imaginait des esprits organisateurs partout.

– L'esprit, indissociable du corps, est lui aussi corporel, mais composé d'atomes plus légers et rapides[5]. Et tout ce que l'on ressent et pense vient des pellicules d'atomes qui se trouvent à l'extérieur de nous et qui pénètrent par les sens en nous. La peine est seulement un état d'agitation des petits atomes en nous, et le plaisir, un état d'équilibre[6]. La pire de nos craintes, celle de la mort, est ainsi seulement due à l'ignorance que nous sommes un composé d'atomes, eux-mêmes éternels, donc lorsque le corps se dissout, nous ne ressentons plus rien. Ainsi, débarrassé des peines, le bonheur est cet état de tranquillité obtenu quand nous évitons l'agitation[7], ce qu'on appelle « ataraxie ».

– Ce bonheur paraît bien négatif, il serait seulement une absence de souffrances ?

– Le bonheur est lié au plaisir mais nous ne sommes pas des adeptes de la volupté d'Aristippe. Nous savons qu'un plaisir peut conduire à une grande peine, comme trop de plaisirs de la table peuvent rendre malade et, à l'inverse, qu'une peine passagère, par exemple l'effort intellectuel pour comprendre, peut être le chemin d'un grand plaisir. La vie de plaisir matérialiste est une vie de plaisirs conformes au souverain bien, au bonheur, à la tranquillité[8].

– Quels sont-ils ?

– Puisque nous sommes des éléments de la nature, les désirs acceptables sont ceux qui procurent des plaisirs naturels[9]. Sont donc interdits tous les désirs artificiels, sans exception, qui conduisent à rechercher les plaisirs liés à la gloire, aux richesses et à la jouissance. Interdits car ils ne peuvent jamais être satisfaits, donc ils interdisent la tranquillité, donc ils créent du malheur. À l'inverse, sont légitimes ceux qui permettent de retrouver la tranquillité du corps, comme se nourrir, quand on a faim, se vêtir quand on a froid, copuler pour se reproduire, mais sans les excès non naturels, comme le luxe, l'apparat, la mode, les beuveries, les orgies, les actes sexuels de jouissance car le commerce charnel ne nous est nullement profitable et il faut s'estimer heureux si l'on s'en tire sans dommage[10]. À éviter aussi, l'amour, source de désordres.

– Et rien de ce qui est seulement agréable mais non nécessaire ne serait moral ?

– Sont exceptionnellement autorisés certains plaisirs seulement agréables, à condition qu'ils soient naturels, comme ingurgiter certains mets délicats. Mais notez que l'on peut néanmoins s'en passer surtout si, pour se les procurer, il faut un effort soutenu. Je conseille plutôt des mets simples, du pain d'orge et de l'eau. Et sachez qu'il existe, au-dessus de tous ces plaisirs, le plus important de tous, celui d'acquérir la sagesse. C'est ce plaisir qui est le principe et la fin de la vie heureuse que nous apprenons ici.

– Si tout est déterminé, y compris nos idées, comment ce maître peut-il influencer le comportement des autres humains ?

– Il y a dans le composé atomique subtil de l'esprit une capacité de dévier le déterminisme, une sorte de clinamen particulier. Certes, des sensations à nos jugements, tout ce que nous connaissons vient des atomes qui produisent des idées fausses ou vraies. Or, puisque l'agitation est une peine, l'esprit est donc d'abord malheureux[11]. Mais il est possible d'arriver à l'absence d'agitation, à l'ataraxie, en apportant de bonnes images à la mémoire, celles des actions morales réussies ou celles du malheur de ceux qui s'agitent, ce qui met dans la position du sage protégé de la tempête qui regarde satisfait les marins affronter sans espoirs la mer déchaînée[12]. Il est aussi possible de fermer la porte aux pellicules d'atomes venues de l'extérieur. Cela se peut en suivant un maître qui nous entraîne aux quatre vertus : la tempérance, pour éviter les actions compassionnelles, amoureuses et patriotiques ; le courage, pour affronter les plaisirs artificiels, y compris les devoirs sociaux ou familiaux ; l'amitié, à condition de ne demander aucun effort pénible ; la prudence qui oriente l'action selon le calcul des plaisirs naturels. Ainsi, on peut devenir soi-même sage. Et vous voyez qu'on concilie le déterminisme matérialiste avec la responsabilité humaine.

– Ce bonheur paraît très égoïste...

– Mais la recherche du Bien commun est une illusion née des croyances métaphysiques, seulement nécessaire pour le commun des mortels. La Cité, ses lois, ses obligations sociales sont associées à la peur des dieux car, sans superstition, les humains deviendraient des bêtes ne craignant que la mort. Mais le maître épicurien et ses disciples ne sont pas concernés, d'où ces hauts murs qui nous protègent de la Cité. Nous savons qu'il n'y a rien de « commun », il existe seulement des individus composés d'atomes qui doivent rechercher leur intérêt. C'est d'ailleurs pourquoi, quand l'ordre social n'est pas favorable à l'épicurien, il lui est conseillé de le quitter, d'abattre « les remparts du monde » pour vivre heureux, retiré, avec ses propres remparts, en sage.

– Que signifie vivre heureux en sage ?

– Le sage est celui qui a abattu la superstition en allant vers la Vérité. Ainsi, comme le rapporte Lucrèce, le sage Épicure est allé « loin des bornes enflammées du monde », il a « parcouru l'infini sur les ailes de la pensée » avant de revenir de ce monde de la Vérité pour « nous apprendre ce qui peut ou ne peut pas naître, et d'où vient que la puissance du corps est bornée », et « la superstition fut abattue[13] ». La superstition c'est tout ce qui n'est pas conforme au modèle matérialiste des atomes. Et les disciples qui suivent les maîtres peuvent à leur tour découvrir les causes célestes qui engendrent tout. Ainsi, dit Lucrèce à son disciple Memmius, « pour toi, je vais commencer à expliquer l'organisation suprême du ciel et des dieux, je vais te révéler les principes des choses : d'où la nature crée toutes choses, les développe, les nourrit ; à quelle fin la nature les détruit à nouveau et les résorbe[14] ». Alors ceux qui l'écoutent peuvent vivre à l'« égal des dieux » et devenir, comme Épicure l'indique dans sa *Lettre à Ménécée* un « vivant indestructible et bienheureux » qui, suivant la philosophie matérialiste, arrive à la « divinisation ».

Puisque, n'étant pas disciple, je peux sortir, je remercie le petit monde et je me fais ouvrir la porte pour fuir ce jardin. Je longe une dernière fois ces hauts murs en songeant à l'incohérence d'une telle philosophie. Car sous prétexte d'échapper à la superstition, le magico-religieux est partout, avec ses miracles infinis.

Pourquoi les atomes seraient-ils insécables et engendreraient-ils des formes vivantes au lieu d'amas ? Pour un seul humain, il faut donc imaginer qu'à chaque instant, des milliards d'atomes se rencontrent par hasard, selon leur déclinaison, leur clinamen, pour former un corps, et que, durant la vie d'un individu, ils continuent à copiner par hasard avant de se quitter, pour aller copiner ailleurs, ce qu'on appellerait la mort. Ce « pouvoir immanent » des atomes, les transforme ainsi en puissances occultes de la matière, ce qui révèle derrière le matérialisme un idéalisme total, héritier d'une croyance plus archaïque encore que celle du néolithique, celle vouée aux esprits de nos ancêtres nomades du paléolithique. Et tout cela se termine dans une incohérence totale : car finalement, pour expliquer ces miracles du jeu des esprits, tout est attribué à une « Nature » qui fait et défait, or si cette Nature fait et défait le monde, voilà un Dieu.

Et que dire de cette séparation de la matière et de l'esprit que les maîtres en matérialisme nient, puisque tout serait atomes, avant de la rappeler pour expliquer que tout n'est pas déterminé, qu'il serait même possible de diriger des pensées, de choisir les plaisirs acceptables, de refuser la superstition… Pour s'en sortir, Épicure invente des atomes de l'esprit différents de ceux du corps, plus fins, vifs et légers que ceux du corps. Et voilà l'esprit si distinct du corps qu'il peut décider de fermer la porte aux « pellicules d'atomes » dont il prétendait pourtant qu'elles ne dépendaient pas de nous, avec des idées venues du sage épicurien. Mais qui viendraient d'où ? Miracles.

Et d'ailleurs, d'où vient qu'on puisse connaître la vérité ? La nature-matière ne produit-elle pas, chez tous, la même croyance ? Y a-t-il des atomes trompeurs qui frappent certains et pas d'autres ? Finalement, un esprit touché par la grâce matérialiste assure sa tranquillité en s'éloignant du monde ordinaire ce qui justifie l'éloignement du monde, les hauts murs, la croyance en sa sagesse et le refus d'aimer son prochain et même de l'aider hors d'un calcul d'intérêt cynique. Oui, de bonheur, il n'y en a pas, mais de cohérence non plus.

Je mets dans la poche arrière de ma besace cette idolâtrie incohérente de la matière qui renoue avec l'esprit magico-religieux du paléolithique et qui transforme tout épicurien en Maître de Vérité méprisant l'humanité souffrante. Et, dans la poche de devant, je mets qu'il faut s'attaquer à la superstition qui produit du malheur en soi, même si la superstition n'est pas toujours ce que l'on croit...

Où, chez le génial Aristote, je récolte le plaisir de vivre, l'ode au « moi » libéré, mais non la confusion du bonheur et de la félicité, en saluant l'hirondelle qui fait le printemps

Méditant sur les difficultés d'accorder le bonheur avec le « moi » et son désir de plaisirs, je me dirige au hasard vers le nord-est d'Athènes, porté par les odeurs d'oliviers et le vent iodé de la mer. Soudain, j'arrive sur une place où se dressent portiques et rangées d'arbres. Sur ces arbres, des hirondelles. Voilà le printemps, me dis-je, ravi. J'éprouve alors un plaisir inouï à regarder ces minuscules voyageuses qui ont traversé les tempêtes de la Méditerranée et le désert de sable, venues de là-bas, d'Afrique, où l'humanité est née, et qui battent des ailes à une vitesse folle comme pour dire la joie de vivre, malgré la tragédie de leurs compagnes englouties dans les eaux et les dunes. Serait-ce un moment de bonheur ?

Alors que je contemple ces survivantes qui élèvent vers le ciel leurs gazouillis entrecoupés de sons secs, comme l'est notre vie, un promeneur qui voit mon extase s'approche et me dit :

– Une hirondelle ne fait pas le printemps, ni non plus un seul jour : et ainsi la félicité et le bonheur ne sont pas davantage l'œuvre d'une seule journée, ni d'un bref espace de temps[1].

Je note, irrité d'avoir été interrompu dans ma rêverie, qu'il nie la possibilité d'être heureux un court instant, ce qui avait pourtant bien été mon sentiment, et qu'il associe curieusement le bonheur et la félicité. Je lui demande si Aristote condamne le « moi », les plaisirs du corps comme d'autres moralistes.

– Avant toute chose, permettez-moi, pour me faire pardonner d'avoir troublé votre rêverie, de vous offrir un verre d'ambroisie, ce mélange de miel, de vin blanc et de citron, qui serait la boisson préférée des dieux[2] comme si, ajoute-t-il en riant, ils avaient besoin de chercher des plaisirs alors qu'ils vivent dans la béatitude parfaite[3] ! S'agissant du bonheur à visage humain, pour ceux qui suivent l'enseignement d'Aristote qui vécut de – 384 à – 322 avant J.-C., il se dit « eudaimonia » en grec. Ce souverain bien s'obtient par l'action, quand on est débarrassé des malheurs dus à la nature ou à autrui, jusqu'à pouvoir se « suffire à soi-même », dit Aristote. Il se distingue de la félicité, « makarion » en grec, qui est une sorte de bonheur à visage divin qui se réalise dans le plaisir de la contemplation de Dieu[4]. Il se distingue aussi de la béatitude qui est une contemplation non de Dieu, mais en Dieu, comme les bienheureux peuvent l'avoir après la mort.

Alors que je bois avec plaisir ce verre d'ambroisie, il poursuivit.

– Remerciez le hasard qui vous a conduit ici, car la philosophie d'Aristote est l'antidote à l'esprit magico-religieux qui dénigrait le corps et la vie, la fontaine de miel et l'ambroisie, bien qu'elle refuse cette réduction du bonheur à la vie de plaisirs. Elle fut transportée sous les galops de chevaux d'Alexandre le Grand dont Aristote était le précepteur, et d'Antipater, son ami, ce général de Philippe II de Macédoine qu'on appelait le « stratège de l'Europe ». Elle a éclairé la république romaine, puis, après une éclipse, elle a bousculé le Moyen Âge chrétien et musulman, nourri la Renaissance, la modernité et les Temps contemporains. Car il a démontré que l'être humain n'est pas une ombre, le pion d'un destin ou un amas d'atomes mais un individu, une substance première qui agit librement dans le monde, avec une perception, des sens, un sens commun, une imagination, un désir et un intellect et qui cherche le souverain bien. Ainsi, il a célébré toutes les activités humaines[5], les activités productives pour dominer la nature, les activités politico-morales pour construire les civilisations et les activités théoriques qui permettent de nettoyer l'esprit de ses chimères et d'orienter toutes les activités vers le bonheur et la félicité. Ce que vous cherchez.

– N'est-ce pas aussi le point de vue des sophistes ?

– Certes, avec les sophistes, nous refusons les absurdités[6] des fatalistes qui croient en la Providence, cet asile d'ignorance[7], ou celles des matérialistes qui croient en une

Nature divinisée. Si un tel monde existait, « il n'y aurait plus ni à délibérer, ni à se donner de la peine », réplique Aristote. Indéniablement, le choix existe[8] et tout n'est pas nécessaire dans ce monde[9] où la physique démontre qu'il y a de la contingence[10]. Mais, contre les sophistes, nous refusons le cynisme. Ainsi, parce que le bonheur est le souverain bien, face au malheur dû à la nature, nous célébrons l'activité mais non le travail.

– Vous voulez dire qu'Aristote condamnait le travail ?

– Oui, Aristote est le premier théoricien de l'aliénation, ce malheur du « moi » propre à l'immense majorité de la population. Il disait que « la vie humaine est action et non production ». En inventant la science économique[11], en distinguant la valeur d'usage des marchandises de leur valeur, il a compris que celui qui s'adonne au travail perd son humanité, il devient ce qu'il appelle un « objet animé », un outil parmi les outils. Si Adam Smith et Karl Marx avaient mieux lu Aristote, ils auraient vu que dans le travail, l'animal, la machine ou l'humain sont interchangeables. Ce n'est pas le travail humain qui donne sa valeur aux marchandises mais ce qu'il appelle la « forme », l'« idée[12] ». En aristocrate, il rêvait d'une humanité libérée du travail, imaginant même la robotique qui permettrait à chacun d'agir pour sa félicité[13].

– Quelle est cette activité qui permettrait d'aller vers la félicité ?

– Nous célébrons l'activité politique et morale, la « praxis[14] » qui construit des civilisations, mais non les jeux sordides de l'ambition, des crimes aux guerres. L'idéal serait une république, une « politie » dit Aristote, de personnes libres et égales, fondée sur la pluralité[15] et les mœurs de la population, avec la garantie de la propriété privée[16] et la perspective de les rendre sensibles à l'amour de soi-même au lieu de la culpabilité[17]. Parmi les activités, nous célébrons la plus haute de toutes, l'activité théorique qui va vers la découverte des lois universelles de la nature[18], les règles de l'éthique et les principes premiers de la métaphysique et de la théologie[19]. Ainsi, on ne doit pas seulement à Aristote, ce métèque qui n'était pas Athénien, des traités sur la physique, l'astronomie, la biologie, les mathématiques, ni d'avoir inventé la logique, la métaphysique, la théologie, la zoologie, mais d'avoir tracé le chemin de la libération de soi pour trouver le bonheur et la félicité.

– Quel est concrètement ce chemin ?

– Il dépend de l'activité pratique de l'intelligence qui peut atteindre une sagesse tout aussi pratique, la prudence, qui nous apprend à trouver le juste milieu, ce milieu qui est juste. Ainsi, être courageux est le juste milieu entre la lâcheté et la témérité, mais ce milieu est plus proche de la témérité que de la lâcheté. S'agissant des plaisirs, le juste se situe entre la surabondance et l'insensibilité, mais il est plus proche de la surabondance car une vie sans plaisirs est contre nature. Ce calcul qualitatif permet de discerner les plaisirs utiles à l'équilibre et d'atteindre le meilleur possible pour chacun[20], en évitant l'excès. Pour mettre en œuvre cette sagesse pratique, il faut l'associer au courage qui surmonte la crainte, à la modération, qui limite les pulsions, à la justice qui permet de rendre à chacun son dû.

– Mais ce « meilleur possible » me paraît être un médiocre substitut au bonheur, et puisque tout bouge, tout change, la plénitude n'est pas à l'horizon.

– Hélas ! ce meilleur possible est la seule espérance raisonnable pour l'activité pratique, la praxis. Il faut tenter d'être heureux « autant qu'il est possible[21] », dit Aristote et « comme des hommes peuvent l'être[22] », c'est-à-dire sous la menace du changement sans fin, portés par l'énergie changeante qui est partout dans le monde[23]. Et quand bien même le hasard nous serait favorable, le bonheur reste improbable, car outre une bonne naissance, il nécessite des biens extérieurs et la santé. Songez à Priam, le célèbre roi de Troie, il se croit heureux, mais soudain entre la mort des siens et la destruction de sa ville, tout s'écroule et, précise Aristote, « quand on a éprouvé des infortunes pareilles aux siennes et qu'on a fini misérablement, personne ne vous qualifie d'heureux[24] ». Outre le meilleur possible, il est aussi possible de jouir de cette noblesse d'âme qui permet d'éviter les actions odieuses et viles[25].

– Voilà une condamnation au malheur…

– Non, car il y a un autre chemin dont nous avons parlé tout à l'heure, qui ne dépend pas de l'activité pratique mais de l'activité théorique, celui qu'Aristote nomme la « pleine félicité ». Nous avons la capacité de nous détacher du corps et du monde pour nous tourner vers des biens spirituels qui ne dépendent pas du changement, en particulier vers l'intelligence qui ordonne le monde, que certains appellent « Dieu » ou « Premier Moteur immobile ». Donc nous possédons dans notre intellect une partie supérieure, le « noûs » (νους) dit Aristote[26], capable de se hisser au-dessus du désir pour se livrer à la contemplation. Chacun peut alors expérimenter que ce *noûs* est comme happé par son objet divin, stable et durable, immobile et agréable, parfait et autosuffisant. Ainsi s'ouvre le chemin de ce qu'il nomme « souverain bien », « souverain » car il ne dépend de rien d'extérieur à lui[27], et c'est la félicité[28].

– C'est le bonheur ?

– Non, car cette vie contemplative s'élève au-dessus du moi dont elle ne concerne qu'une partie. Elle est, dit Aristote, « trop élevée pour la condition humaine : car ce n'est pas en tant qu'homme qu'on vivra de cette façon, mais en tant que quelque élément divin est présent en nous ». Elle est pourtant formidable car elle donne un avant-goût de la félicité parfaite, celle qui adviendra après la mort, un avant-goût de la « béatitude parfaite et souveraine » que le *noûs* pourra trouver par un plaisir non plus quantitatif mais qualitatif, et un nouveau type de contemplation, non plus de Dieu mais en Dieu[29].

J'aurais bien poursuivi cette conversation si, à la suite d'un appel d'un apiculteur qui semble avoir quelques difficultés avec les abeilles, cet aristotélicien n'avait été contraint de me quitter, non sans m'informer, avec humour puisque j'aime le miel, que les hirondelles, que j'admire tant, avalent aussi les abeilles.

En chemin vers la gare, je médite sur cette formidable philosophie qui fait souffler sur l'esprit humain un vent d'optimisme et de joie en orientant le désir vers la célébration de la vie, de l'humanité et de soi. Mais pourquoi penser que changements et mouvements sont des imperfections d'une nature qui tendrait vers son équilibre, vers le stable, vers sa finalité, vers ce Premier Moteur immobile ? Car si l'énergie est la marque de l'Être, alors l'absence de mouvements signalerait la mort, pas la perfection.

Et si la vie contemplative est une activité de l'esprit, alors elle est aussi mouvement, tension, par raisonnements, prières ou méditations. Contempler est donc l'activité d'une énergie tournée vers l'énergie du monde, ou bien, ce n'est qu'une illusion.

Et si le contenu concret de la « perfection » du Dieu d'Aristote est l'indifférence, la fermeture sur soi, l'insouciance aux malheurs humains, alors lui ressembler ce serait devenir soi-même indifférent à soi, n'avoir plus le souci des autres, ni même de soi. Alors l'activité humaine disparaîtrait, emportant dans le vide abyssal, avec le « je » et le « moi », la contemplation aussi.

Oui, Aristote ne peut comprendre qu'une hirondelle puisse faire le printemps en nous prévenant qu'après l'hiver revient la vie, qu'après la pluie revient le soleil, qu'après le malheur, le bonheur peut à nouveau sourire. Et je crains qu'il ne prouve ainsi l'impossibilité de distinguer avec sa philosophie le bonheur et la félicité, la fontaine de miel des humains et l'ambroisie des dieux.

Avançant vers la gare d'Athènes, je mets dans la poche arrière de ma besace que le bonheur n'est pas la félicité, ni la béatitude. Et je récolte dans la poche avant la célébration du « moi » qui n'est pas le tombeau de l'âme, avec son corps animé, sa liberté, son espérance d'en finir avec les tyrannies et toutes les aliénations, en particulier du travail. J'y ajoute la célébration des activités pratiques et théoriques de l'intellect tournées vers le bien-être et la réalisation de soi, avec ce *noûs* qui révèle une transcendance en nous, apte à agir par le « moi » dans l'Être. Formidable découverte, dont j'ai du mal à cet instant où je retrouve la gare, à appréhender les conséquences.

Où je récolte suspension et doute pour libérer le « moi » et pourquoi l'incohérence relativiste me laisse absolument sceptique

À nouveau embarqué dans l'*Occident Express*, direction Rome dit mon itinéraire touristique, et alors que défilent devant mes yeux les champs d'oliviers, je sympathise avec un autre voyageur, subrepticement monté à Athènes. Il sort de son sac des gâteaux nappés de miel aux senteurs de lavande, de thym et d'origan, fabriqués dans sa ville, à Élis, dans l'ouest du Péloponnèse. Le même qui était donné aux athlètes à Olympie, me dit-il. Et meilleurs que ceux des Turcs, « seule chose dont je sois sûr », ajoute-t-il dans un éclat de rire.

Je les trouve, en vérité, fort semblables, mais je me garde de le vexer. J'apprends qu'il a pris la correspondance à Athènes pour aller lui aussi à Rome. J'évoque avec lui ma quête difficile de l'antidote à la culpabilité humaine et à la condamnation des plaisirs du corps.

– Peut-être devriez-vous connaître cette philosophie sceptique qui permet à chacun d'avoir en lui un antidote aux pensées destructrices de soi.

– Dites-m'en plus.

– Figurez-vous, que ma ville est aussi celle du philosophe Pyrrhon qui a trouvé l'antidote au dogmatisme et aux idéologies, après avoir suivi Alexandre le Grand en Inde, en 334 avant J-.C. Il a là-bas fréquenté une école spirituelle religieuse, le jaïnisme, qui professe la transmigration des âmes, une vie ascétique et, surtout, qui refuse l'obéissance aux brahmanes et à tout Maître de Vérité. Sur leur modèle, il a d'abord fait vœu de non-violence, de sincérité et de tolérance, de dépouillement et de chasteté. Il a plus particulièrement étudié avec eux un texte sacré écrit en sanskrit, *La Vraie nature des Réalités* qui démontre la relativité des objets et de la vie dans ce monde et l'indétermination des points de vue à la manière de cette fable des aveugles et des éléphants[1]. Chaque aveugle palpant une partie de la bête lui attribue une nature différente, un arbre, un mur, une lance, un serpent… Autant d'humains autant de points de vue. L'histoire des idées le démontre : nul ne s'accorde sur l'essentiel. La seule urgence est donc de suspendre son jugement pour éviter l'infection spirituelle par l'intolérance, les dogmatismes et les idéologies.

– Certes, mais voilà qui laisse aussi chacun dans l'ignorance…

– Au contraire, c'est un moment essentiel de la connaissance. Grâce au scepticisme, la pensée se libère du dogmatisme en utilisant l'*art de l'enquête*, cette méthode qui utilise l'opposition et la relativité, ce qui consiste à envisager les différents côtés par lesquels on peut étudier une chose et à opposer à tout argument un argument contraire d'égale force.

Ce qui permet de relativiser toute réponse en le rapportant à la subjectivité de celui qui l'énonce au lieu de croire que c'est la vérité et, ainsi de suspendre son jugement[2].

– Donc plus rien n'est vrai ?

– Ce serait encore une vérité dit-il en riant. Dire qu'il n'y a aucune vérité, que les dieux n'existent pas, que le Bien est une chimère n'est pas plus certain. D'ailleurs dire que Dieu n'existe pas est incohérent, car si Dieu n'existe pas de quoi parle-t-on quand on dit qu'il n'existe pas et si l'on parle de quelque chose alors c'est qu'il existe. Cette suspension du jugement a été parfaitement décrite par Sextus Empiricus, chef de l'école sceptique dans l'Empire romain. Il disait vouloir atteindre « un état de l'âme par lequel nous n'établissons ni ne renversons rien, n'affirmant et ne niant quoi que ce soit », et comme il le précise « un sceptique n'établit rien pas même son doute[3] ». Il en concluait que l'on peut dire que « toutes choses sont fausses, ce qui signifie que cette proposition elle-même est fausse, aussi bien que toutes les autres ».

– Et qu'en est-il de l'existence des phénomènes ?

– Nul ne la nie. Sextus prend l'exemple du miel. Certes, le miel existe et il est en relation avec une saveur douce en nous, mais cette saveur vient-elle de nous ou du miel[4] ? Ce relativisme vaut pour tout, des propositions scientifiques à la théologie[5]. Ainsi, nous savons que les institutions, comme les États, sont des artifices de l'imagination et non des productions naturelles, donc nous ne les idolâtrons pas, mais d'un autre côté, au nom de quelle vérité, faudrait-il les combattre ?

– Comment le sceptique compte-t-il alors atteindre le bonheur ?

– On peut seulement l'approcher. L'objectif à notre portée est d'atteindre la tranquillité de l'âme, l'ataraxie[6]. Mais même ainsi, contrairement à ce que disent les épicuriens, il est impossible d'éviter les maux, donc d'éviter le malheur. Au moins, savons-nous que ce ne sont pas de vrais maux puisqu'aucune des choses qui nous incommodent ne sont des maux en eux-mêmes mais seulement pour nous. Ainsi l'éclair ne veut pas détruire, pas plus que le fauve affamé ou l'homme emporté par ses passions. Donc nous souffrons. Mais avec plus de modération que les autres et d'accord sur ce point avec Épicure, c'est ce que nous appelons l'état de « métriopathie », cette façon de mettre à distance les maux.

– Êtes-vous un sceptique ?

– Non, dit-il en riant, une sorte de cousin plutôt. Je suis un relativiste, disciple de la Nouvelle Académie, dont le grand philosophe grec Carnéade, né à Cyrène en 213 av. J.-C, fut l'architecte. C'est pourquoi d'ailleurs je m'arrête à Rome. Cette école est née bien après que les rois dégénérés étrusques ont été balayés en 509 av. J.-C., le dernier étant Lucius Tarquin, sanguinaire et cynique qui avait même violé Lucrèce, la femme d'un général qui était aussi son parent. La république s'est alors imposée mais, avec elle, l'individualisme fut poussé à son paroxysme, sous l'influence des mœurs libres de la Grèce d'alors. Peu à peu, les citoyens oublièrent la vertu civique et privilégièrent leur intérêt propre, les honneurs, les plaisirs et les richesses. Un parti conservateur se dressa alors contre ces mœurs avec Caton l'Ancien à sa tête. Celui-ci tenta même, en 215 avant J.-C. d'imposer une loi interdisant aux femmes de porter des vêtements de couleur, avec des bijoux visibles et il voulut interdire les bacchanales, développées sur le modèle des fêtes libertines en Grèce. Or, Carnéade prend le parti des désirs populaires. Il applaudit les distributions du pain et les jeux, « panem et circenses », dit-on en latin. Comme l'écrit le poète Juvénal : « Du pain et les jeux du cirque, voilà l'objet unique de leurs désirs inquiets[7]. » Et Carnéade se rend célèbre à Rome en prononçant devant le Sénat un discours sur la justice fort apprécié, avant de tenir le lendemain un discours exactement contraire et tout aussi convaincant, dit en riant mon compagnon. Son influence fut ensuite extrême.

– D'où vient cette influence ?

– Carnéade a justifié les moyens utiles à la puissance de Rome. Si comme les sceptiques il pensait que nul ne peut affirmer rien de rien avec certitude, il ajoutait qu'il faut accepter ce qui est vraisemblable. Ce probabilisme permet de ne pas s'embarrasser de chercher la vérité, le Bien, le Beau ou je ne sais quelle idée abstraite pour juger de ce qui est et de ce qu'il faut faire. Ainsi, il démontrait qu'aucune justice ne pouvait être juste, chacun cherchant toujours à argumenter avec une extrême mauvaise foi pour que son intérêt l'emporte, de la même manière que Rome justifiait d'attaquer ses voisins sans se préoccuper de la vérité. Comme le disait Carnéade, « s'il faut choisir trois situations, soit commettre l'injustice sans la subir, soit de commettre et subir l'injustice, soit ne faire ni l'un ni l'autre, la meilleure des trois est de commettre l'injustice, si possible impunément[8] ». Ce ne fut donc pas un scepticisme mou comme le prétendit le philosophe Hegel qui n'avait pas saisi ce qui se jouait, celui du « ou bien, ou bien » mais l'individualisme conquérant, « ou moi, ou moi », compatible avec l'individualisme romain.

Le train arrivant à Rome, nous nous quittons.

Descendu sur le quai, je songe que si le scepticisme est séduisant par bien des aspects, il ne manque pourtant pas d'incohérences. Il prétend douter de tout, mais il ne doute pourtant pas de son scepticisme. D'où vient que nous pourrions croire qu'il existe une bonne méthode, comme celle de l'opposition de deux arguments et la suspension du jugement, si je doute de tout ? Logiquement, le scepticisme ne peut pas même dire « je sais que je ne sais rien », car il ne peut énoncer aucun jugement. Et, finalement, il devrait logiquement se taire, puisque toute phrase est l'affirmation d'une signification qu'il devrait suspendre. Son compère relativiste est encore plus mal loti. Si tout est relatif, le relativisme l'est aussi. Ainsi, il laisse place aussi bien au retour du dogmatisme qu'au cynisme qui fait de sa propre puissance le critère absolu de son jugement. D'où son succès dans la Rome impériale.

Je récolte dans la poche avant de ma besace qu'il faut commencer par mettre en doute ce qui se dit pour le mesurer et se garder du dogmatisme, et dans la poche arrière que le scepticisme n'est qu'une phase de transition, comme un train entre deux villes, prêt à dérailler dans le virage relativiste si on ne sort pas du doute.

Où je récolte que le détachement de soi conduit à l'émerveillement d'être soi et pourquoi l'acropole du stoïcisme me laisse de marbre

Descendu sur le quai de la gare de Rome, après avoir longtemps déambulé au milieu de la foule, je me rends dans une buvette austère qui se trouve à côté d'une colonne de marbre blanc, au centre de la gare, la Citadelle du Portique. Je remarque un adage inscrit au-dessus de la porte d'entrée, « supporte et abstiens-toi ». Je m'assois et je commande le seul plat disponible, un poulpe avec un verre de vin blanc, et pour dessert un gâteau au fromage et au miel de fleurs sauvages, un savillum, l'ancêtre du cheese-cake. Près de moi, un homme semble ingurgiter le plat du jour sans plaisir. Un habitué ? Nous sympathisons.

J'apprends que Marc, c'est son prénom, est romain et qu'il poursuit une carrière politique. Oui, Marc, comme l'empereur Marc Aurèle[1] né à Rome, en 121 après J.-C, dit-il en souriant. De mon côté, je lui raconte ma quête et ma difficulté de trouver l'antidote aux malheurs qui viennent de soi.

– C'est le destin qui vous a guidé, vagabond, car vous êtes dans l'antre du stoïcisme où l'on démontre que tout malheur vient de soi et que la clef du bonheur s'y trouve aussi. Le nom de ce café a d'ailleurs été donné en hommage aux fondateurs du stoïcisme qui se réunissaient près du portique de la place principale d'Athènes, car « stoa » en grec signifie « portique ». Il reste ici quelques traces des anciennes buvettes stoïciennes construites à Athènes par trois architectes originaires d'Asie mineure, Zénon de Kition, Chrysippe et Cléanthe. Vous pouvez voir leur influence dans la décoration du plafond, avec les références au cosmos, à l'astrologie et à l'alchimie et, sur les côtés, avec les dessins qui rappellent que la philosophie est comme un verger avec la logique représentée par le mur d'enclos, la physique par les arbres et la morale par les fruits. Mais, cette buvette est de style romain, elle n'a conservé du stoïcisme ancien, pour l'essentiel, que la morale et la rhétorique.

– Il ne reste rien de la logique et de la physique des anciens stoïciens ?

– Globalement, la philosophie intéresse peu de gens ici, car la vie de plaisirs l'a emporté sur la recherche de la vérité. C'est pourquoi depuis Épictète, qui a vécu de 50 à 125 après J.-C., nous privilégions la morale pour affronter le dérèglement romain des mœurs. Il voyait notre conscience comme une acropole intérieure qui pouvait dire oui ou non aux plaisirs, comme ce plaisir sexuel avec les femmes qui sont de « monstrueuses libertines » qui ont « galvaudé, à force de vices, le privilège de leur sexe », disait de son côté Sénèque[2]. Ainsi, parmi les choses extérieures, certaines sont préférables à d'autres, comme la santé l'est à la maladie[3] mais toutes sont dangereuses car elles sont changeantes et nous font sans cesse passer du plaisir à la peine, du désir momentanément comblé à la crainte de manquer. Ce pourquoi Sénèque dit que « le plaisir est une chose basse, futile et qui doit être prisée moins que rien, qui nous est commune avec les bêtes brutes[4] ». Dans ce cycle, nul ne peut trouver le bonheur.

– Peut-on y échapper ?

Cela dépend de nous-mêmes. Vous voyez votre poulpe, eh bien l'homme est comme un poulpe, avec un corps dont la partie directrice rationnelle, appelée *hêgemonikon*, domine la bête et se déploie dans le corps jusqu'à l'ouïe, la vue, le toucher, le goût, l'odorat, ce qui lui permet de recevoir les impressions, et il faut y ajouter la partie reproductrice et la voix. Ces huit parties ne sont pas séparées, car tout est lié[5] dans une totalité unique. Mais notre esprit n'est pas une feuille blanche sur lequel viendraient s'imprimer des sensations, il est actif. Ainsi, les sens envoient l'image du poulpe, par le souffle des yeux, à la partie directrice de l'esprit, mais l'esprit juge cette impression, il peut refuser son assentiment à cette impression, par exemple juger qu'il s'agit d'un poulpe mal préparé et ne pas l'ingurgiter. La conscience est donc toujours responsable, dans son acropole intérieure, de ses assentiments et de ses actions, et les phénomènes extérieurs ne sont mauvais ou bons que pour nous qui les jugeons tels[6]. Ce pourquoi, le bonheur ne dépend pas des choses extérieures mais de nous-mêmes.

– Comment peut-on échapper au malheur avec un tel esprit ?

– Par la raison. Nous avons une âme corporelle qui est un souffle, un mélange de feu et d'air, sur le modèle du souffle du cosmos auquel elle appartient et nous sommes doués de raison. Or, il est facile de constater qu'il y a des choses qui dépendent de nous et d'autres qui n'en dépendent pas. La seule façon de ne pas éprouver de tristesse, est de se consacrer à ce qui dépend de nous, notre assentiment, nos jugements de valeur et les impulsions à agir. Pour ce qui est extérieur à notre acropole intérieure, nous voyons que tout phénomène a une cause, et que chaque cause a une cause et finalement que tout est déterminé, que tout est rationnel, qu'il y a des lois universelles du monde que nous pouvons même découvrir[7]. Logiquement, il y a une cause première, la Raison qui gouverne la Nature. Ainsi, le malheur est seulement le mot mis par notre âme ignorante sur des phénomènes nécessaires, il n'existe pas à la différence du bonheur qui naît quand nous acceptons ce qui est, puisque c'est nécessaire, et que nous découvrons la parenté de notre raison intérieure avec la Raison du cosmos.

– Si le bonheur consiste à accepter le destin, je vois le bonheur à visage de poulpe, heureux d'être grillé, mais où est le choix d'une vie heureuse ?

– Je vous sens un peu sarcastique. Nous ne choisissons pas notre vie puisque tout est déterminé, seulement la manière de la vivre. Ainsi, contre la vie de plaisir, qui conduit au malheur, et contre la vie ascétique, qui conduit à refuser la vie donnée par la nature, nous vivons joyeusement selon la nature qui nous porte à aimer notre corps mais qui nous en a aussi donné la tutelle[8]. Je dîne pour calmer ma faim, je bois pour étancher ma soif, j'ai la joie de maîtriser ce corps, ce qui me permet d'être toujours de bonne humeur et joyeux. J'abolis le désir pour le remplacer par l'« aspiration », cette énergie rationnelle qui me conduit à l'attachement et à la bienveillance envers les autres mais sans m'attacher à eux au point de souffrir des malheurs d'autrui, ce qui serait une dépendance. S'ils souffrent, je les plains, je veux bien les aider à en chercher les raisons, mais pourquoi faudrait-il que cela me rende malheureux ? Nous éprouvons des émotions mais la raison se tient à l'écart, elle reste indifférente pour ne dépendre que de soi. Épictète le dit : « Ne demande pas que ce qui arrive arrive comme tu désires ; mais désire que les choses arrivent comme elles arrivent, et tu seras heureux[9]. » C'est cela la vertu, celle qui permet à la conscience de trouver l'apathie envers les passions, et la tranquillité de l'âme envers nos représentations, l'ataraxie. Le bonheur est donc la vertu elle-même.

– Une vertu fataliste si j'en juge par la devise « supporte et abstiens-toi ».

– Attention, il ne s'agit pas de s'abstenir d'agir mais de s'abstenir de croire que le bonheur dépend d'autre chose que de soi ou, erreur tout aussi funeste, de croire que nous pourrions par notre libre arbitre aller contre le cours des choses. L'action est possible par le corps sur ce lieu, dans le temps. Mais ce n'est pas l'action d'un libre arbitre. Il faut savoir que nous avons dans notre esprit des idées incorporelles, que Marc Aurèle appelle des « lekton ». Elles permettent de communiquer, de penser et d'agir. Lorsque ces idées sont conformes à la Raison, elles coïncident avec le réel, avec la mission confiée par la Nature, par exemple la fonction d'empereur alors elles peuvent se réaliser, sinon, elles échouent. Quand nous réussissons notre action, c'est donc parce que nous sommes portés par une sorte d'aspiration de la Raison, donc de la Nature[10]. Ainsi Marc Aurèle agit par aspiration quand il combat aux frontières ou quand il fait torturer et massacrer les chrétiens qui troublaient l'ordre impérial voulu par la Raison[11]. Certains pourraient trouver cela cruel, mais il s'agit du respect de l'ordre cosmique, et s'il n'avait pas suivi la Raison, il aurait échoué dans sa mission d'empereur qui était d'assurer l'ordre impérial et sa puissance. La même vision stoïcienne guida Musonius Rufus lorsqu'il soutint son ami l'empereur Vespasien réprimant la révolte des juifs à Jérusalem et expulsant tous les philosophes de Rome[12] ! Lucidité que partagea Sénèque, tuteur de Néron, avant de se suicider par souci d'ordre politique, écho de l'ordre cosmique voulu par la Raison.

– Faudrait-il donc sourire à la mort au nom de la Raison ?

– La mort est seulement ce moment fatal où le corps se dissout tandis que le souffle qui nous anime, l'âme, disparaît pour se fondre dans le souffle divin qui ensemence le monde. Épictète disait : « Ne l'oublie pas, ce corps n'est pas à toi ; ce n'est que de la boue artistement arrangée[13]. » Et le souffle participe au cycle de l'éternel retour de la vie et de la mort qui n'est pas un malheur, mais la bonne nouvelle du retour au bercail, dit-il en riant. Cela dit, il est bien possible, comme le craignait Sénèque, qu'il n'y ait jamais eu de vrai stoïcien : « Montrez-le-moi malade et heureux, en danger et heureux, mourant et heureux, exilé et heureux, méprisé et heureux. » Il avoue n'en avoir « jamais vu[14] ».

Ayant bu le vin et terminé le poulpe qui n'avait pas connu son bonheur d'être grillé faute de posséder la parcelle d'esprit divin qui lui aurait permis d'adhérer à la poêle, je salue Marc et je quitte le café.

Sur le chemin de la gare, je m'amuse de cette incohérence des stoïciens qui croient que tout est déterminé. Car d'où vient alors que certains suivent la Raison, version stoïcienne, et d'autres non ? La Nature serait-elle bonne ou mauvaise conseillère des humains selon son humeur ? Et comment peuvent-ils croire par des arguments nous faire changer d'idées, puisque tout serait déterminé, nos idées aussi ? Je ne vois guère l'intérêt de diffuser une telle philosophie à moins d'imaginer des êtres doués de libre arbitre qui pourraient être convaincus et, ainsi, changer d'idées. Au moins, en ne publiant pas ses pensées Marc Aurèle a-t-il montré une plus grande cohérence que ceux qui s'en réclament à coups d'écrits, et en massacrant ses opposants aussi.

Et quelle incohérence encore quand ils nous disent que tout serait matière, tout serait corps, tout serait Un, comme la Raison dans le monde, car le dualisme est partout avec deux principes en chaque être humain : un principe actif, l'âme, et un principe passif, le corps. Une image, au niveau de l'univers, de la séparation entre un principe actif, Dieu, et un principe passif, la matière. Et je passe sur les fameux « incorporels » qui seraient du côté de la Raison, car comment, incorporels, agiraient-ils sur les corps humains ? Le principe logique de non-contradiction étant ainsi jeté par-dessus bord, ce prétendu matérialisme révèle un idéalisme absurde qui me plonge dans des abîmes de perplexité…

Je récolte dans la poche de derrière le dualisme incohérent propre au matérialisme stoïcien, cette indifférence au malheur du « moi » et cet antihumanisme qui réduit les humains aux rameaux d'une Nature plus grande. Dans la poche de devant de ma besace, je mets cette puissance de la conscience à l'intérieur du « moi » qui peut maîtriser ses pulsions au lieu de les subir et qui peut examiner les causes de son malheur pour les détruire.

Où, chez Augustin, je récolte le « je » avec la distinction du « moi » et de ses manières d'être, mais non la confusion du bonheur et de la béatitude

Alors que je monte dans le train pour continuer mon voyage avec l'*Occident Express* en direction de Milan, je trébuche malgré ma canne. Est-ce la fatigue ou une besace trop lourde ? Immédiatement, un bonhomme vient à mon secours. Celui-là n'est pas un stoïcien, me dis-je. Il en profite pour monter et nous nous asseyons ensemble dans le compartiment. Pour me réconforter, il m'offre des gâteaux au miel d'eucalyptus de la région d'Annaba, en Algérie. J'apprends qu'il est berbère, né dans une ville entourée de montagnes et traversée par un oued, celle de Souk Arras, comme saint Augustin, né en 354 et disparu en 430, précise-t-il. D'ailleurs, il vit à Annaba, qui s'appelait Hippone à l'époque romaine. À l'évocation de mon voyage et de l'extrême difficulté de trouver la troisième clef du bonheur, l'antidote au malheur dû à soi, il me rassure.

– S'attaquer au malheur dû à soi, aux idéologies de la désespérance et de la culpabilité qui minent la conscience pour penser le bonheur est légitime. Saint Augustin prit le même chemin. Il fut ainsi le premier à écrire des confessions[1].

– De vraies confessions ?

– Oui. Il y raconte sa jeunesse en mettant son intériorité à nu, ses émotions, ses sentiments, ses passions. C'est l'histoire d'un « moi » incarné dans un corps, qui doute, qui souffre, qui se perd. Jeune, au christianisme de sa mère, il préfère le paganisme de son père. Plutôt que d'aller à l'école, il préfère s'amuser. Un jour, il chaparde même des fruits pour le plaisir de voler. Étudiant à la faculté de droit de Carthage il sort, boit, s'adonne aux plaisirs sexuels. Il abandonne ses études sans le dire à ses parents, il s'intéresse à l'astrologie, enseigne le manichéisme à Milan. Que d'errances avant de rencontrer Ambroise et de devenir chrétien ! Mais il découvre ainsi que le « moi » vit selon une durée subjective et non selon le temps mesuré par le mouvement de la Terre. Et si le passé n'est plus, si le futur n'est pas encore, si ce maintenant est insaisissable, il constate que la mémoire raccorde le « moi » à son histoire, à son esprit[2] qui fait que je suis toujours « moi » dans cette durée, tandis que l'intelligence tend vers l'Intelligence de l'univers, et que la volonté, orientée vers le futur, donne du sens à la vie et peut orienter vers le souverain bien.

– Ce « moi » et le corps seraient compatibles avec le bonheur ?

– Saint Augustin se méfiait de la confusion entre le bonheur et la vie de plaisirs, ce qui l'a rendu assez austère, jusqu'à se méfier de la musique dans les églises. Mais, il n'y a pas pour lui de matière mauvaise ou de corps « tombeau de l'âme ». D'ailleurs, Jésus Christ n'a-t-il pas un corps ? Ne soigne-t-il pas d'autres corps ? Ne partage-t-il pas le pain et le vin ? Saint Augustin s'est opposé à la philosophie du puritain Eusèbe de Césarée et à celle, mystique, du philosophe Origène, qui avait décidé de se castrer pour éviter toute prétendue souillure du corps. Il ne croit pas plus, contrairement à Plotin[3], que de Dieu-Un aurait dérivé tout le reste, dans une chute de perfection, des anges jusqu'au dernier degré, le monde sensible, le monde du malheur, ce qui nécessiterait d'abandonner ce « moi » pour remonter par une conversion et l'extase à ce Dieu-Un. Et il a rompu avec le manichéisme, cette spiritualité venue de Perse par Manès, un théologien du IIIe siècle, qui prétendait que le monde était gouverné par deux principes, le Bien et le Mal, Dieu et Satan, d'où il s'ensuivrait que le mal aurait perverti le « moi » au point qu'il faudrait attendre la mort du corps pour espérer le bonheur, à condition de suivre une vie dénuée de plaisirs. Saint Augustin, lui, célèbre la vie.

– Il est devenu sophiste ?

– Non. Mais puisque Dieu est créateur de ce monde, alors ce monde est fait à sa gloire et nous sommes des êtres faits à sa gloire aussi[4]. Le mal et le malheur ont leur cause non dans le corps et le « moi » mais, dit Augustin, dans la « manière d'agir[5] » du « moi », incapable d'affronter ses pulsions, son péché, dans l'ignorance du vrai chemin du bonheur[6]. Mais rien n'est perdu puisque, précise-t-il, « Dieu nous révèle clairement que l'homme est doué du libre arbitre de sa volonté[7] ». Donc, on peut avoir un bon usage de la volonté.

– Grâce à l'intelligence qui éclaire la volonté ?

– Non, on peut seulement être « presque » heureux avec l'intelligence mais pas totalement[8]. La raison permet de découvrir les lois de la nature, d'admirer la beauté du monde[9] et le droit de l'utiliser est inaliénable puisque Dieu a créé l'humanité ainsi[10]. « C'est par la parole qu'on devait agir, par la discussion qu'on devait combattre, par la raison qu'on devait vaincre[11] », dit saint Augustin. Cette liberté est même utile dans la foi, car si certains connaissent Dieu par illumination, pour la plupart des autres, l'intelligence aide à saisir le sens d'une Bible dont la compréhension est rendue difficile à cause des images et des allégories[12]. Mais la seule intelligence ne suffit pas pour accoster sur la terre bienheureuse[13]. L'orgueilleux Pélage, né en 350 et disparu en 420, qui croyait le contraire, ignorait la faiblesse du « moi » qui pousse à préférer l'amour-propre à l'amour des autres et à se perdre dans la recherche de biens illusoires[14], une dérive qui touche même ceux qui ont de fortes connaissances, et parfois même plus encore.

– Quel est alors le chemin du bonheur ?

– Celui de l'amour que chacun a au fond de lui, qui est reçu à la naissance comme une grâce. Je ne parle pas d'une loi d'amour que nous devrions respecter car elle serait un commandement divin, mais de l'amour qui existe dans l'intériorité du « moi ». Saint Augustin fait écho à l'enseignement de Jésus Christ : « Tu aimeras le Seigneur, ton Dieu, de tout ton cœur, de toute ton âme, et de toute ta pensée. C'est le premier et le plus grand commandement. Et voici le second, qui lui est semblable : tu aimeras ton prochain comme toi-même[15]. » Pour saint Augustin, Dieu est le nom que l'on donne à l'amour, sans exigence de sacrifice ou d'innombrables commandements. Il est l'amour que chacun peut retrouver en lui quand il se laisse aller à son sentiment d'humanité. Mais il est aussi le chemin vers l'amour d'autrui, vers son « moi », avec ses faiblesses aussi quand bien même nul ne doit s'en satisfaire si elles conduisent au mal. Et, la faiblesse humaine étant réelle, c'est le chemin ouvert par la foi, ce savoir de l'amour donné par la grâce, quand nous sentons que la Cité de Dieu n'est pas dans l'au-delà de la vie mais ici et maintenant, comme un guide en nous, dans la Cité des hommes.

– Votre bonheur est ce que d'autres appellent la félicité ?

– Ce mot « bonheur » prête, en effet, à confusion. Il ne s'agit pas de félicité non plus, car l'objectif n'est pas de contempler Dieu et de posséder tous les plaisirs spirituels. Il s'agit de vivre dans la béatitude, de communier avec ce Dieu-amour, en suivant, comme on le peut, le modèle christique, sans avoir l'orgueil de le reproduire et sans culpabiliser de ne le pas pouvoir car le Christ sait les imperfections de notre être. Ainsi, quand nous regardons le monde, nous découvrons par notre « moi » que l'Amour le gouverne[16], que la charité qui consiste à aimer Dieu et son prochain est la finalité de tous les préceptes[17], et que nous pouvons nous élever vers l'Amour universel. Mais, quand nous regardons notre intériorité, nous y découvrons une autre intériorité : la présence de Dieu. Ainsi, notre « moi » découvre qu'il a en lui cette lumière divine qui l'éclaire sur lui-même et sur la présence de Dieu. Et puisque cette découverte est bien la sienne, il découvre sa présence en Dieu. Comme le montre le *Sermon sur la Montagne*, heureux ceux les pauvres en esprit, les affligés, ceux qui ont faim et soif, les doux, les miséricordieux, les cœurs purs, les pacifiques, les persécutés, s'ils aiment l'amour, car ils découvrent alors en eux ce chemin symboliquement gardé par les chérubins, ces anges de l'amour, ce chemin vers la béatitude, ce qui les prépare à retrouver, après la mort, les bienheureux qui ont le « cœur pur[18] ».

– Vous évitez ce mot de « bonheur » car il n'est pas possible de l'obtenir dans ce monde ?

– Est-ce dû à l'histoire de Rome qui sombrait dans la décadence ? Saint Augustin a finalement considéré le bonheur impossible dans ce monde. Seule la béatitude reste accessible. L'état de « bienheureux » ne pouvant, disait-il, être atteint qu'après la mort, car seule « mérite d'être appelée bienheureuse, la vie future, en laquelle se trouve la vraie connaissance de Dieu[19] ». Oui, seule la béatitude est possible, propre à celui « qui possède une joie intérieure incapable d'être affectée par les circonstances qui l'entourent », dit saint Augustin. Une béatitude qui peut mettre entre parenthèses le monde et ses malheurs dès maintenant, par l'espérance qu'après la mort ceux qui croient en l'amour vivront auprès de Dieu dans la vie éternelle, sans trouble, avec l'assurance de jouir du bonheur pour toujours[20].

Alors que le train approche de sa destination, la discussion devient plus badine, il me parle du miel.

– Savez-vous, dit-il en riant, qu'il relie l'Ancien et le Nouveau Testament ? Je l'ai trouvé trois fois chez Jérémie, six fois chez Ézéchiel et autant chez Néhémie, douze fois dans les livres poétiques, vingt-six fois dans l'ensemble de la Torah et j'en passe… On le trouve au début de la vie du Christ, puisque Jean le Baptiste s'en nourrit[21], et jusqu'après sa mort puisque, lors de sa résurrection, ses disciples lui présentèrent, emportés par la joie, « un poisson rôti et un rayon de miel[22] ». Saint Augustin l'appréciait et bien des monastères en fabriquent.

Nous sourions à cette évocation qui, curieusement, nous donne du baume au cœur.

Arrivé à Milan, alors que je suis à nouveau seul dans le train, regrettant de n'être pas le moins du monde théologien, je médite sur cette merveilleuse philosophie qui a écarté la condamnation du « moi », distinguant la nature humaine qui n'est pas condamnable et les manières d'agir qui peuvent l'être. Une philosophie qui a mis la subjectivité au centre du « moi », avec sa durée, et au centre de la subjectivité l'amour qui n'est plus un commandement, une règle extérieure à soi. Et au pied de chacun, elle a mis la volonté individuelle libre qui peut agir ou non selon l'amour.

Alors que le train repart, je récolte dans la poche arrière de ma besace qu'il faut distinguer la félicité, la béatitude et le bonheur, et aussi le « je » et le « moi » et, dans la poche de devant, un humanisme véritable qui dit que la nature du « moi » n'est pas coupable, qu'il est bon d'exister comme « moi » dans sa durée et sa subjectivité, et que si le bonheur dans le rapport à soi est possible, il dépend de la libre volonté qui doit orienter les manières d'agir vers l'amour de l'humanité.

Où, contre le fatalisme, je récolte d'Averroès la nécessité du djihad spirituel mais non l'intellectualisme qui dénie le malheur du « moi »

Le train a quitté les villages du nord de l'Italie et je sommeille, seul dans le wagon à présent. Soudain, monté à Nîmes, un curieux voyageur à la barbe fournie s'assoit auprès de moi. Il étale sur la tablette des pâtisseries au miel de romarin et au miel de tilleul légèrement mentholé venues d'Espagne et du monde arabe. Il m'en offre généreusement et nous sympathisons illico. Nous partageons le miel et le thé comme d'autres le pain et le vin. Après quelques civilités d'usage, il me dit qu'il est un disciple d'Ibn Rochd, philosophe du XIIe siècle, aussi appelé Averroès. Il vient du Maroc et après avoir traversé l'Espagne il a pris la correspondance à Nîmes pour rejoindre la Sorbonne, à Paris, afin de confronter les thèses d'Ibn Rochd à celles de Thomas d'Aquin.

– Étonnante coïncidence, lui dis-je, car d'après ma carte, je dois y aller aussi.

Je lui dis l'objet de mon voyage, cette quête du bonheur, en particulier la recherche de cette troisième clef qui m'a conduit dernièrement à distinguer le « moi » de ses manières d'agir.

– Bravo, me dit-il, car le malheur qui vient de nous est le pire qui soit. Il empêche l'amour universel et l'alliance humaine pour résister au malheur dû à la nature. C'est pourquoi, il faut mener en soi une guerre spirituelle contre les idolâtries et la haine. Et c'est cela le vrai djihad, que les ignorants prennent parfois pour un appel à la guerre sainte contre son prochain. Il est l'expression de la « sunna » formée des deux textes fondamentaux de l'islam : du Coran, les paroles d'Allah révélées à Mahomet et des Hadiths, un recueil des témoignages sur les paroles et actes de Mahomet et de ses compagnons. Tous disent que Dieu est « pardonneur et miséricordieux[1] », qu'il n'est « nulle contrainte en religion[2] » et qu'il faut la « paix[3] ». Ainsi, Ibn Rochd a dit que le malheur venait non pas des textes de l'islam, si souvent mal interprétés par des gens qui veulent justifier leurs pulsions morbides, comme d'autres le font avec des textes sacrés juifs ou chrétiens, mais de soi et que « la bonté ne consiste pas à tourner vos visages vers le levant ou le couchant » mais à se tourner vers son prochain, vers les orphelins, les nécessiteux, les voyageurs indigents, les étrangers « car Allah aime les bienfaisants[4] » et leur accorde son amour[5].

– Et ce vrai djihad, cette guerre spirituelle en nous, serait la clef du bonheur ?

– Oui. Il y a trois grandes écoles juridiques de l'islam, et même une quatrième si on évoque celle qui essaye de les concilier. La première est la vision puritaine et fataliste des traditionalistes, influente dans la péninsule arabique. Pour elle, le bonheur se trouverait dans la lecture littérale du Coran et des Hadiths, le culte quotidien et le respect de la loi coranique divine. Sur le modèle de la religion juive orthodoxe : le bonheur passerait par le salut et celui-ci par le respect des commandements divins. C'est l'islam de l'« atharisme » ou « hanbalisme », du nom du théoricien Ahmed ibn Hanbal né en 780, disparu en 855, qui a influencé le courant fondamentaliste fondé par Mohammed ben Abd al-Wahhab au XVIIIe siècle, qui s'est allié avec Mohammed Ibn Saoud en Arabie saoudite[6], d'où le nom de « wahhabisme ». Allah déterminant tout, il faudrait accepter joyeusement sa volonté, jusque dans les malheurs qui frappent notre existence corporelle. Notez que ce courant n'a rien à voir avec le prétendu djihadisme des terroristes ou les Frères musulmans, pour eux, le grand djihad reste intérieur et leur fatalisme exige le respect du droit des États où vivent les musulmans, sauf atteinte à leur liberté religieuse.

– Le bonheur par acceptation du malheur du « moi », ici et maintenant, c'est curieux…

– Oui, Ibn Rochd s'est opposé à cette école mais aussi à la seconde école, l'école « acharite », principale école du sunnisme dans le monde, créée par Abou Hassan al-Achari, né en 873, disparu en 935, à laquelle se rattache le célèbre Abu Hamid Al-Ghazali qui a vécu de 1058 à 1111. Pour ce dernier, seule compte la vie spirituelle intérieure et non le respect des rites. Il admet la discussion rationnelle, le « kalam » mais seulement, hélas, pour comprendre le sens des textes coraniques[7]. Lui-même, après une crise d'aphasie, a trouvé Allah par la voie du cœur. Le cœur serait composé de deux éléments, le « moi », avec ses sentiments, ses émotions, ses pensées, et l'esprit, lumière de Dieu en nous. Par l'esprit, on pourrait accéder à la vraie science, à la connaissance des voies de l'au-delà[8], en s'arrachant au « moi », à l'ego, aux trois tempéraments, bestiaux, prédateurs ou diaboliques de l'humanité ignorante. Le bonheur aurait différents degrés : le bonheur parfait des prophètes, des califes et des rois puis, en dessous, celui des prêcheurs qui éclairent l'humanité qui a besoin de règles pour accéder au bonheur par le salut[9]. Des bonheurs qui ne doivent rien à une sorte de libre arbitre car si un homme devient prophète ou roi, ou si une feuille d'arbre tombe, c'est que Dieu l'a voulu.

– Je vois le fatalisme, le respect du droit coranique et le rejet du « moi », pas le bonheur…

– C'est pourquoi Ibn Rochd préférait une troisième école juridique musulmane, dominante dans les anciens territoires turcs, l'Égypte, l'Asie centrale, l'Inde et la Chine, celle qui croit à une liberté relative et en l'intellect. Cette doctrine fondée par un Ouzbek de Samarcande, Abul Mansûr Al Mâturîdi, né en 852 et mort en 944, parfois aussi appelée hanafisme, du nom d'Abû Hanifâ qui a vécu au siècle précédent, montre que par sa seule intelligence – car Dieu est lui-même intelligence –, chacun peut trouver ce que sont le bien et le mal, chercher les lois du monde et interpréter les règles doctrinales et sociales issues de la révélation. Les limites étant logiquement fixées par le Coran et les Hadiths, puisqu'ils expriment la voix de l'intelligence divine. Néanmoins, cette liberté est relative puisque toutes nos actions restent l'effet d'un dessein de Dieu. Par ce biais intellectuel, nous sommes donc heureux d'un bonheur secondaire, car quoi qu'il arrive nous savons que le sentiment de malheur ou de bonheur que nous pouvons éprouver n'est qu'une vision partielle des desseins de Dieu qui nous échappent. Quant au vrai bonheur, si Dieu le veut, il se situe après la mort, dans la vie éternelle.

– Certes, je vois une plus grande autonomie laissée à l'humanité, mais voilà encore du fatalisme qui laisse l'individu avec pour seule joie assurée la célébration de la gloire de Dieu.

– Ibn Rochd a eu la même réserve. Et il a voulu aller plus loin, et mettre au centre de la pensée la partie supérieure de l'âme, l'intellect actif, le *noûs* d'Aristote, cette partie supérieure à l'âme végétative et sensitive liées au corps. Il n'hésite pas à dénoncer l'immoralité de ceux qui prétendent la museler[10] au nom des 6 236 versets du Coran, car à moins d'admettre un Dieu incohérent, s'il nous a donné l'intelligence en partage c'est pour l'utiliser. Il voit même en l'intelligence humaine la preuve de la présence de l'artisan divin, ce qui explique qu'il puisse atteindre des vérités éternelles, comme celles des mathématiques et même aussi le sens du Coran[11,12]. Al-Fârâbî, né en 872 et mort en 950, disait d'ailleurs déjà cela avant lui[13]. Ibn Rochd défend ainsi la convergence de la raison philosophique, la *falsafa*, et de l'illumination divine[14]. Puisqu'il est de la même étoffe, l'intellect humain permet la contemplation de

Dieu. Il prétend même que sous l'influence de cet intellect humain le droit des cités peut évoluer pour devenir plus rationnel, donc plus compatible avec les textes sacrés[15].

– Et c'est la voie du bonheur, ici et maintenant ?

– Pas vraiment. Disons que nous pouvons atteindre une sorte de petit bonheur qui ne concerne pas le « moi » tout entier, et, si on y réfléchit, pas le « moi » du tout. C'est plutôt la voie de la sagesse qui permet à l'intellect universel présent en chaque humain de contempler la « divine loi religieuse » qui, ici et maintenant, au lieu d'imaginer le bonheur pour le « moi », avec ce corps, dans ce monde, nous « convie à ce bonheur, d'avoir la connaissance de Dieu, Grand et Puissant, et de ses créatures », dit Ibn Rochd[16]. D'où l'opposition avec Ibn Sina, dit Avicenne, qui ne croit pas en ce petit bonheur dû à la sagesse, car il refuse l'autonomie de l'intellect agent[17]. Il imagine que le bonheur de la contemplation de Dieu, la félicité, ne peut se trouver qu'après la mort, quand notre âme aura quitté le corps et cette partie « basse » du « moi », mémoire comprise[18]. À l'inverse, pour Ibn Rochd, puisque la partie haute de l'âme, l'intellect, est naturellement tournée vers l'esprit divin, celui-ci peut être contemplé maintenant, ce qu'il appelle donc un « petit bonheur ». C'est aussi l'idée d'Al-Fârâbî qui voit dans la contemplation la marque d'une vie noble, celle que suivrait le roi-prophète dans les cités[19]. Mais ce petit bonheur n'est rien par rapport au grand bonheur qui ne peut survenir qu'après la mort, quand l'intellect agent, débarrassé du corps et de l'existence terrestre, se fond dans l'intelligence divine infinie, avec l'abolition du « moi », de son identité et de sa mémoire. Cela peut vous paraître étonnant, mais puisque cet intellect actif supérieur est capable de produire des idées universelles, c'est qu'il n'est pas lui-même attaché à cette existence passagère dans le temps et sur la terre, c'est qu'il y a en nous une puissance qui n'appartient pas à l'espace-temps du monde. Ainsi, il n'est pas l'expression d'une âme individuelle en nous. Et puisque tous les humains ont en eux un tel intellect, et puisque nous constatons, par exemple à travers les mathématiques, que tous nous pouvons accéder et partager la même vérité, alors il est clair que cet intellect en nous est le même que celui qui est en autrui. Ainsi, cet intellect supérieur en nous est commun aux autres, il est une partie de l'intellect commune à tous les humains. Les hommes n'ont donc pas d'âme spirituelle personnelle mais commune. Celle-ci n'appartenant pas au temps et à l'espace, elle est éternelle. Mais rien ne prouve qu'après la mort nous conservions notre identité, et même la raison nous conduit à penser qu'il n'en est rien. L'éternité n'est pas l'immortalité. Seule la foi permet d'espérer non seulement l'éternité mais l'immortalité.

Alors que le train arrive à l'aube à Paris, il évoque le miel que Mahomet aimait et qu'il conseillait pour soigner le corps. Et, sur le quai, nous nous quittons amis, lui partant en direction de la Sorbonne, moi des quais de la Seine.

En chemin, je médite sur Ibn Rochd qui appelle à mener une guerre spirituelle pour combattre les idolâtries et l'obscurantisme, à célébrer la raison, à connaître les lois de l'univers, à discuter librement de tout, y compris des questions de foi. Hélas ! si sa pensée se libère du fatalisme et de la soumission à une interprétation dogmatique et littérale de la Loi, le bonheur n'existe pas non plus pour lui. Il le confond avec la contemplation de Dieu, dans l'attente du grand bonheur qui passe par la destruction du « moi » après la mort. Une disparition programmée puisque seul l'intellect – impersonnel – permet d'échapper au malheur tandis que le « moi » personnel est réduit à la partie « basse », végétative et animale de l'esprit. D'où ce tour de passe-passe : il proclame, au nom de la foi, une immortalité que rien ne justifie selon la raison, puisqu'il prétend que la mémoire, associée à la partie basse de l'esprit, disparaît avec la mort.

Et je mets dans la poche arrière de ma besace ce fatalisme incompatible avec la recherche du bonheur et cet intellectualisme qui ne peut penser la libre volonté humaine, faute de penser le corps animé et qui ne peut penser le bonheur du « moi » qu'après la mort, confondant « petit bonheur » et contemplation. Et, dans la poche de devant, la nécessité de ce combat spirituel pour libérer le « moi » du malheur dû à son ignorance et ses pulsions, ce qui pourrait être la voie de la communion avec l'intelligence qui gouverne le monde.

Où, Café de la Sorbonne, je récolte de Thomas la joie de vivre avec le « moi » tout entier sans écarter le bonheur pour la félicité

Après avoir traversé la Seine, je m'installe dans un café, place de la Sorbonne, en attendant Thomas qui doit être en rendez-vous avec mon compagnon de Cordoue. Ce faisant, je déguste un gâteau au miel de Paris, récolté en haut de la cathédrale Notre-Dame me dit le serveur. Thomas arrive et s'assoit. Après quelques échanges de civilité, il se présente comme un disciple de Thomas d'Aquin, un philosophe et théologien né en 1225, et disparu en 1274. Un Italien de naissance, fils du comte d'Aquino, élève d'Albert le Grand, étudiant à la Sorbonne puis en Italie qui revint à Paris en 1268, au milieu des violents conflits spirituels qui allaient bouleverser l'Europe, précise mon compagnon.

Mon périple l'intéresse au plus haut point et il est curieux de tout, en particulier de ce miel que je trouve partout.

– Thomas d'Aquin l'aimait aussi, me dit-il. Grand voyageur, il avait découvert, comme Aristote, que tous les humains cherchent le bonheur et qu'il est possible de l'approcher sans bouder les plaisirs terrestres, s'ils ne sont pas excessifs.

– Était-il un gai luron ?

Thomas rit.

– Il aimait la vie. Il suivait la voie de Dominique de Guzmán, appelé saint Dominique, fondateur de l'Ordre des prêcheurs, connu sous le nom d'Ordre dominicain. D'ailleurs, vous qui aimez le miel, sachez qu'en produire est une tradition dominicaine, symbole du message d'amour christique qui a la douceur du miel. Cette manière de célébrer la vie vient de ce que Dieu a créé l'univers, et, dans l'Être, il a créé l'humanité avec une forme organisée, ce corps animé d'une âme qui lui donne son individualité. Mépriser le corps serait donc mépriser l'œuvre de Dieu. En chacun, on constate une âme végétative, à la manière des végétaux, ce qui permet de se nourrir et de croître, une âme sensible, à la manière des animaux ce qui permet de sentir, d'avoir des émotions, mais aussi une âme intellective, avec cet intellect actif qui vise la recherche de la vérité et produit des idées générales, et un intellect pratique, qui permet de mettre en œuvre les connaissances acquises, ce qui est une caractéristique propre et admirable de l'humanité. Ainsi, chaque être humain est une réalité singulière, exceptionnelle, qui peut agir par soi grâce à sa volonté, selon sa nature raisonnable, ce pour quoi on peut l'appeler une personne[1].

– Il ne faut donc pas se résigner au destin ?

– Le fatalisme est contredit par l'expérience en chaque homme d'une volonté libre que la raison peut éclairer et elle montre aussi que les humains cherchent naturellement à connaître le monde. D'où ce goût pour les sciences qui confirment, en découvrant des lois universelles, qu'une intelligence œuvre dans ce monde. D'où aussi ces illusions obscurantistes produites par la pensée magico-religieuse qui imagine des esprits gérant tout, jusqu'à croire en l'astrologie. D'où finalement ce mal que nous faisons faute d'avoir l'intelligence du monde.

– Vous voulez dire que le mal est lié à l'ignorance ?

– Oui, le mal n'est rien dans l'Être, il est une privation de connaissance dans le « moi », liée à notre ignorance. Tout pécheur cherche le bonheur. Ce qui le différencie des vertueux, c'est qu'il se trompe de chemin. Cela le conduit dans les pièges de la course au pouvoir, des biens insatiables, des plaisirs vains. Et il est souvent pris dans les rets des prophètes de malheur, entraîné à la culpabilisation jusque dans les abysses du mal. Hélas ! cette errance vient de ce que nous n'avons pas en nous l'intelligence, seul Dieu l'a. Nous avons seulement la raison, à son image, terme qui désigne la façon dont l'intellect spéculatif humain avance vers la vérité par raisonnements, tâtonnements, essais et erreurs. Je ne nie pas que certains puissent avoir un accès direct à l'intelligence divine par illumination, mais pour la plupart des humains la voie est indirecte. Elle part de l'examen du monde créé pour remonter jusqu'à la source, à l'intelligence divine. Et si la parenté de la raison avec l'intelligence qui a créé le monde se constate par l'adéquation des idées que nous formons avec le réel, ce qui permet de les dire « vraies », force est de constater que nous n'avons pas la Vérité. Il s'agit, à chaque fois, d'une connaissance seulement probable, appelée à être dépassée[2] comme le prouve l'histoire des sciences. Ainsi, nous ne pouvons accéder qu'à une infime partie de cette intelligence divine. Ce qui laisse à l'ignorance du jeu pour attiser les peurs et accroître le malheur.

– Est-ce l'intellect spéculatif qui permet d'aller vers le bonheur ?

– En tout cas, il ne faut pas l'attendre des institutions. Certes, des chefs d'État peuvent le favoriser en défendant le bien public avec tempérance, pour éviter les excès, avec justice, pour rendre à chacun selon son dû, et avec prudence, pour permettre à chacun d'aller librement chercher le souverain bien. Mais le meilleur régime possible[3] ne peut produire le bonheur qui n'est pas une affaire sociale ou politique. L'intellect actif en ouvre l'accès par la joie qui naît de l'émerveillement devant la découverte de la beauté de l'univers, avec des lois au lieu d'un chaos d'atomes, avec de la vie au lieu de mécaniques sans esprit, avec des êtres libres au lieu de vivants programmés par l'instinct. Et, finalement, il tend vers l'intelligence divine et sa création. C'est pourquoi nul ne peut opposer la raison à la foi[4], ni encore moins prétendre interdire son usage au nom d'une institution religieuse[5]. Et Thomas d'Aquin défendra toujours ce droit d'user de la raison, y compris lorsque ses thèses seront condamnées par Rome, avant qu'il ne soit réhabilité. Il était en cela fidèle aux dominicains et à Albert le Grand qui, malgré les interdits du Pape d'alors, lui enseignèrent au monastère du mont Cassin la logique, la physique, les mathématiques, la grammaire, la philosophie grecque et musulmane et la théologie. La raison ne s'oppose pas à la foi et elle permet la joie qui naît de la satisfaction du désir de connaître un peu l'intelligence qui gouverne le monde.

– Mais la joie n'est pas le bonheur…

– J'y viens, répond-il amusé. Si la joie nous satisfait, elle ne satisfait pas pleinement, elle nous révèle dans cette insatisfaction qu'elle n'est pas la plénitude que nous cherchons. Elle nous révèle aussi qu'il est vain de vouloir être heureux en cueillant le jour comme si nous pouvions trouver le bonheur en nous réalisant par et dans ce monde changeant. À l'image du petit chêne qui veut atteindre sa finalité, devenir un chêne adulte, l'humain, créé à l'image de Dieu, doué d'un intellect, de la liberté et de la volonté, comme le dit Jean Damascène[6], veut atteindre sa perfection. Or, qu'est-ce qu'une intelligence parfaite et une volonté qui peut ce qu'elle veut ? C'est ce qu'on appelle Dieu. Ainsi chacun tend, même s'il n'en a pas conscience, à ressembler à sa cause divine. Et puisque nous sommes union d'un corps et d'une âme, il ne s'agit pas de maudire le corps, ni de tenir pour nulles ces petites joies qui sont une reconnaissance de la beauté du monde, mais d'aller au-delà, de s'élever, par paliers, en mettant les plaisirs du corps sous ceux de l'esprit, jusqu'aux idées, qui sont une approche de l'intelligence divine, que nous pouvons contempler par la raison. Mais à ce point ultime où arrive la raison, au bord de la félicité, pour aller au-delà, il faut l'aide de Dieu.

– Nous ne pouvons pas, sans Dieu, accéder à la félicité ?

– Comment la volonté humaine pourrait-elle se mouvoir d'elle-même vers une perfection qui la dépasse ? Il ne peut pas y avoir plus dans l'effet que dans sa cause, la raison imparfaite ne peut faire la perfection. Il faut que la volonté soit mue par la perfection elle-même, que le cœur reçoive cette aide comme une grâce efficace. C'est par cette aide que, purifié des phantasmes et des erreurs[7], allant au-delà de la joie jusqu'à l'Intelligence, il est possible à l'être humain d'écarter le mal et de se réaliser comme être complet, pour vivre dans la contemplation de Dieu et, ainsi, trouver la félicité. C'est pourquoi dans la félicité on trouve le silence, l'au-delà de la raison, l'au-delà des mots, l'au-delà des vanités du monde. D'ailleurs, la première lettre de l'alphabet hébreu est « aleph », qui ne se prononce pas, qui commence le nom de Dieu en hébreu. La première lettre est donc le silence. Mais la félicité ne devient complète qu'après la mort, en passant de la vision de Dieu à la vision en Dieu. Elle devient alors une participation à la béatitude complète car, à proprement parler, seul Dieu est béatitude par son essence, seul il peut permettre une totale plénitude annonçant même un « moi » et un corps nouveau, avec la résurrection, mais c'est une autre histoire qui, je le sais, ne concerne pas votre quête[8].

Je remercie chaleureusement Thomas, puis je retourne à la gare où m'attend l'*Occident Express*, méditant sur cette formidable philosophie qui distingue l'Être et l'énergie créatrice qui l'a créé, qui conjugue la raison et la foi, qui met l'humanité au centre avec son « moi » tout entier, de la sensibilité à l'esprit spéculatif, célébrant la libre volonté et la raison et qui attribue le mal à l'ignorance et non à la nature du « moi ».

Mais le bonheur, je ne le vois pas. Certes, n'étant pas théologien, je ne saurais disputer cette idée que par l'activité de l'intellect[9], par l'espérance, la foi et la charité, certains puissent avoir le sentiment de parvenir à la félicité divine, et même, à un commencement de béatitude. Mais la joie paraît être le seul bien accessible pour le « moi », la félicité et la béatitude étant réservées à l'intellect spéculatif dans son activité de contemplation. Et ce que l'on devrait aimer, c'est ce « moi » en tant qu'il se dépasse dans un ailleurs du temps et de l'espace et non ce « moi » tel qu'il existe avec ce corps ici et maintenant.

Je mets dans la poche arrière de ma besace cet intellectualisme qui n'aime vraiment le « moi » que dans le dépassement de celui-ci et qui confond bonheur, félicité et béatitude – confusion héritée de Pierre Lombard[10] –, et dans la poche avant, avec la joie de vivre, cette découverte que rien dans la nature du « moi » n'est haïssable, et cet optimisme fondé sur le bon sens, confirmé par les errances du désir qui conduit les humains depuis la naissance de l'humanité, que le mal dans le moi n'est pas une puissance négative mais une privation de connaissance.

Où je récolte le rasoir d'Ockham qui coupe les ronces du malheur mais non son volontarisme qui ne parvient à aimer le « moi » que par la foi

Je reprends le boulevard Saint-Michel pour rejoindre l'île de la Cité, puis je longe la cathédrale Notre-Dame avant de rejoindre l'île Saint-Louis où je m'attable dans une taverne pour un déjeuner léger. Et tandis que le serveur me propose une entrecôte pommes Pont-Neuf suivie d'un gâteau couvert d'un miel venu du Temple de l'étoile, je sympathise avec un Italien qui se restaure près de moi.

Umberto, c'est son nom, originaire de Milan, évoque la *commedia dell'arte* italienne avec beaucoup d'humour. J'évoque ma quête et la difficulté de trouver cette troisième clef du bonheur malgré ma formidable rencontre avec Thomas qui m'a appris à aimer le « moi » tout entier.

– Peut-être devriez-vous vous intéresser à Guillaume d'Ockham, né en 1285. Ce personnage dont s'est inspiré Umberto Eco dans son livre *Le Nom de la rose* est l'inventeur de la modernité, de la « via moderna ». Il a appris à ses disciples à couper au rasoir toutes ces notions vides par lesquelles les prophètes de malheur tentent de culpabiliser et terroriser les individus, ce qui permet de dégager le « moi » de ses idolâtries. Ce qui a conduit certains à appeler « nominalisme » sa philosophie qui se méfie des mots. Il pense que la réalité est composée d'individus, ces substances créées avec leurs qualités singulières, et que la connaissance commence, en conséquence, par les intuitions produites par la rencontre avec les choses, ce que célébreront les empiristes.

– C'est une sorte de sceptique ?

– Il pose seulement que l'existence de ce qui est doit être démontrée par l'expérience et la raison, en particulier scientifique, ainsi que par la Bible. Tout le reste se réduit à n'être que des noms. Et toute notion qui est inutile doit être tenue pour inexistante, voire pour la marque d'une fantasmagorie. Il s'attaque ainsi aux « Idées » de Platon et de bien d'autres idéologues. Par exemple, par intuition, nous appréhendons une série d'échanges, et voilà le nom « Marché », une série d'organisations politiques centralisées avec une bureaucratie et voilà le nom « État », une série d'institutions religieuses et voilà le nom « Église », une série de phénomènes physiques et voilà le nom « Nature » et ainsi de suite. Il s'agit seulement de noms et non d'êtres[1]. L'errance idolâtre commence quand on substantifie ces noms, le simulacre se termine quand certains prétendent parler en leur nom. Ainsi, couper au rasoir le mot « État » revient à montrer que derrière la majuscule, il y a seulement des individus qui ont des fonctions, qui peuvent être limitées, repensées, annulées, tout comme les bureaucrates peuvent être remplacés ou remerciés. Ce que retiendront les libéraux. Toutes les idolâtries sont ainsi extirpées de l'esprit humain par le rasoir.

– Comment avance-t-on vers le bonheur ?

– Ockham pose la question du bonheur en termes nouveaux. Certes, les humains possèdent, par la création à l'image de Dieu qui est un être, une libre volonté et un entendement. Mais en raison de la distance incommensurable du Dieu créateur infini et de l'humanité finie, il existe une distance entre la foi et la raison, la théologie et la philosophie, le point de vue de la Cité de Dieu, où se trouve la source de la béatitude, et celui de la Cité des hommes, où la volonté éclairée par la raison permet d'avancer vers un certain bonheur par le bien-être.

– Le bonheur est donc possible sur cette Terre ?

– Il faut s'entendre sur les mots. Si vous voulez parler de la béatitude, le chemin est simple. Guillaume d'Ockham déduit de l'expérience, de la Bible et des pères de l'Église que les humains sont des personnes créées sur le modèle de Dieu[2]. Il commence par constater que Dieu a une volonté libre qui peut tout, à l'exception d'être contradictoire, et si sa volonté était limitée par son intelligence[3], il ne serait ni infini, ni omnipotent, donc il ne serait pas Dieu. Guillaume d'Ockham invente pour les humains, sur ce modèle, le concept de « libre arbitre[4] », c'est-à-dire d'une liberté qui s'arbitre elle-même, qui se donne sa loi, qui est autonome. Ainsi il montre que tous les humains peuvent s'ouvrir la voie de la béatitude, inaccessible à la raison mais obtenue par la volonté, par la décision d'obéir aux commandements. Cette décision d'obéir est elle-même issue d'une grâce divine. Ce qui permet de recevoir les vérités théologiques que sont la création, la rédemption, la gloire des élus et, pour ce qui concerne votre quête, la promesse de béatitude, car « toutes les vérités nécessaires au voyageur pour atteindre le bonheur éternel sont des vérités théologiques », dit Ockham[5].

– N'est-ce pas le signe d'un immense orgueil ?

– Martin Luther à la Renaissance lui reprochera de survaloriser le rôle de la liberté et de minimiser le rôle de la grâce et il dénoncera l'orgueil de celui qui « veut lui-même être Dieu et qui ne veut pas que Dieu soit Dieu[6] ». En vérité, Martin Luther doit beaucoup plus à Ockham qu'il ne l'avoue. Et pour Ockham, l'orgueil est de mêler la foi au savoir, le monde sacré au monde profane et de s'opposer au don divin que sont les libertés concédées aux mortels par Dieu et par la nature[7]. De cette liberté découlent des droits subjectifs inaliénables que nous pouvons utiliser – ou non, puisque ce sont des droits et non des devoirs. Ainsi, chacun a la liberté naturelle de parole mais il peut décider de garder le silence, il a le droit de propriété mais il peut aussi ne pas l'exercer, et même vivre dans la pauvreté comme Jésus Christ ou le saint patron de l'Italie, saint François d'Assise. Ce sera à l'origine d'un conflit entre Ockham et le Pape. Et c'est parce que la volonté peut décider ou non d'utiliser sa liberté pour faire le bien ou le mal, y compris contre les choix de l'intellect, que la morale est possible. Un jugement qui s'opère selon l'intention de la volonté. Une intention bonne si l'intention est orientée par la raison ou par l'obéissance à Dieu, mauvaise si elle s'y oppose.

– Où est le bonheur dans tout cela ?

– Méfiez-vous du mot « bonheur », voilà un nom confus. Soit c'est la vie ordonnée vers la recherche de la béatitude obtenue par l'obéissance à Dieu, alors appelons cela « béatitude ». Soit nous désignons ainsi le mouvement de la volonté qui suit la raison pour dominer ce monde, le transformer, l'humaniser et vivre le mieux possible en permettant de rechercher ce qui lui est utile[8] ainsi que le bien de la Cité[9]. Alors il s'agit d'une course vers le « bien-être » et le maximum de plaisirs. Soit il s'agit de se donner les moyens de célébrer la vie et de s'épanouir soi-même, appelons cela « joie ». Mais seul le volontarisme moral et théologique qui consiste à aller vers Dieu permet d'aimer le « moi » créé par Dieu et d'arriver au mystère de la béatitude.

Nous échangeons encore quelques mots tandis que la taverne se vide de ses consommateurs pour devenir une boîte de jazz où Umberto s'apprête à jouer de la flûte à bec avec le jazz-band, non sans m'avoir préalablement indiqué un café qui pourrait m'intéresser, de l'autre côté de la Seine, la Taverne des Humanistes.

Alors que je quitte l'île Saint-Louis en direction du pont Marie, je pense à ce formidable hymne à la libre volonté humaine et à ce rasoir destructeur des idoles qui encombrent nos esprits. Moins optimiste sur la nature humaine que Thomas d'Aquin, c'est bien à l'assaut des racines du malheur en nous que nous convie Guillaume d'Ockham. Mais ce volontarisme qui a succédé à l'intellectualisme de Thomas d'Aquin ne permet pas non plus de trouver la troisième clef. De bonheur ici et maintenant, il ne peut en être question, seulement de béatitude, hors de ce « moi », ou hors de ce qui est utile et peut apporter la joie. Or, la joie n'est pas le bonheur. Ce volontarisme pourrait même ouvrir la voie à la destruction des autres si Ockham n'était arrêté par sa croyance en Dieu et sa décision volontaire d'obéir aux commandements d'amour divins. Mais si la foi n'est plus, puisque la volonté libre est, en elle-même, indifférente au bien et au mal, puisqu'elle peut désobéir à la raison, comment le « moi » pourrait-il ne pas redevenir, par ses comportements, haïssable ?

Je mets dans la poche arrière de ma besace ce volontarisme qui renonce à la recherche du bonheur, pour lui préférer celle du bien-être et de la béatitude et qui est incapable d'arrêter les pulsions destructrices sinon par la foi. Et je récolte dans la poche de devant, ce rasoir destructeur des idées fausses et des idéologies, avec cet hymne à la liberté du « moi ».

Où, Taverne des Humanistes, je récolte le Carpe Diem nouveau et la troisième clef du bonheur : aimez-vous et cueillez le jour

Après avoir traversé le pont Marie, je musarde sur les quais des bouquinistes où un libraire m'apprend qu'il célèbre chaque jour Johannes Gutenberg, inventeur de l'imprimerie, sans laquelle il n'y aurait eu ni Renaissance, ni modernité. Un peu plus loin, j'achète le miel de tilleul du Marais qui ravissait les humanistes, me dit le vendeur. Continuant par la rue Ave Maria, j'arrive rue des Jardins-Saint-Paul, où je découvre une plaque dédiée à l'humaniste Rabelais, né en 1483, disparu en 1553, qui aurait vécu là, en protégé de la cour de François Ier.

Me voyant arrêté et songeur, un passant au visage rougeaud s'adresse à moi fort gentiment :

– Oui, François Ier, était amoureux de l'Italie. Il fit venir Léonard de Vinci et le sculpteur Benvenuto Cellini à Paris, ainsi que des œuvres majeures de Raphaël, Michel-Ange et du Titien, et par les châteaux de Chambord et de Fontainebleau il assura la victoire définitive de la Renaissance. Son goût des arts fut extrême, son cynisme plus encore. Ce qui le fit s'allier, lui, catholique, aux princes protestants et au sultan de l'Empire ottoman, Soliman le Magnifique, pour combattre le très catholique Charles Quint. Tout cela au nom de Dieu, évidemment.

Nous sympathisons, et il me convie à le suivre à la Taverne des Humanistes, pour y commander vin et victuailles.

– Vous ne serez pas déçu. C'est dans cette taverne, il en existait alors plus de deux cents à Paris, que Rabelais a inventé les aventures truculentes du gentil géant Gargantua et de son fils Pantagruel, parti en quête de la Dive Bouteille pour célébrer le « moi » et la vie. Il s'y attablait avec ses amis Guillaume Budé et Étienne Dolet, tous admirateurs d'Érasme qui portait sur sa bague le portrait de Bacchus, le dieu romain de l'ivresse. Mais, ajoute-t-il en riant, il évitait pour sa part l'ivresse qui perdit le poète François Villon, bien connu pour ses frasques qui le firent condamner à la pendaison, à 31 ans, une peine commuée en bannissement et qu'on ne revit jamais. J'aime cet endroit où j'imagine qu'à cette table le joyeux Rabelais venait célébrer les voluptés de la vie, tandis que d'autres humanistes préféraient s'encanailler à la taverne de la Pomme de Pin, sur l'île de la Cité ou à la fameuse Image de Notre-Dame, où l'on se moquait des sorbonnards et des curés corrompus en jouant aux dés, bien que cela fût interdit depuis que le roi Charles V avait décidé que la vertu excluait les jeux de hasard.

Assis à une table en bois sur laquelle des pichets sont déjà servis, j'apprends qu'il s'appelle Michel et qu'il est originaire du village de Saint-Michel-de-Montaigne, en Dordogne, là où, me dit-il fièrement, Eyquem de Montaigne vivait. Je lui résume ma quête.

Il reste un temps songeur puis me dit :

– Remerciez le hasard qui vous a porté jusqu'à cette taverne. Car la troisième clef se trouve ici, chez les humanistes.

– On me l'a souvent promise, lui dis-je...

– Vous ne serez pas déçu, ami des abeilles et de la Dive bouteille. Car, ils ont bel et bien extirpé les racines du malheur qui sont en nous, jusqu'à la culpabilité et la croyance distillée par les prophètes de malheur que le bonheur ici et maintenant ne serait pas possible. Ils se sont dressés contre les quatre idolâtries modernes, résurgences de l'esprit magico-religieux ancestral, qui conduisent l'esprit au malheur dans les Temps modernes. Précédé par les poètes Dante, né en 1265, disparu en 1321, et Pétrarque, né en 1304 et disparu en 1374, si Érasme écrit son *Éloge de la folie*, c'est pour dénoncer celle de la modernité naissante. Folie de l'idolâtrie de l'État avec son quadrillage des vies et l'usage cynique de la religion pour justifier les crimes et les guerres de conquête[1]. Folie de l'idolâtrie du marché avec la soif de l'or et des richesses. Folie de l'idolâtrie scientiste avec ces « pédants » et ces « rhéteurs » qui prétendent connaître la vérité et enfermer la recherche. Folie de l'idolâtrie de la volonté qui transforme l'amour de soi en égoïsme. Et son ami Montaigne le suit. Contre les adorateurs de l'État, il dénonce un prétendu bien public qui « requiert qu'on trahisse, qu'on mente et qu'on massacre » et il ironise déjà sur les utopistes révolutionnaires qui veulent « guérir la maladie par la mort », pressentant l'horreur des charniers et des camps. Contre l'idolâtrie de la science et les sociétés fermées, il rappelle qu'il n'est pas de vérité absolue car la science est une recherche permanente qui avance par essais et erreurs[2]. Contre l'idolâtrie des richesses, il dénonce l'avarice et l'égoïsme qui conduit à confondre amour-propre et amour de soi. Contre « la corruption du siècle », il célèbre l'essence humaine « universelle et commune » qu'il découvre dans la réalité et dans la Bible, et il défend l'« honnête homme » qui sait que « chaque homme porte la forme entière de l'humaine condition[3] ».

– Si j'aime cette dénonciation des idolâtries de l'État, du Marché, de la Science, car de mon voyage j'ai appris à me méfier de toutes les idolâtries, je crains néanmoins que ce ne soit qu'une dénonciation bien abstraite de poète…

– Rien de plus concret que l'humanisme, dit-il, vidant le reste du pichet de vin dans mon verre et le sien. Il s'agit de réformer le monde, ici et maintenant, en commençant par le commencement : la guerre spirituelle pour célébrer le « moi » et son corps animé. D'où, la riposte des idolâtres modernes qui n'hésitent pas à détourner leur ode à la vie. On a même vu certains prétendre que Rabelais était hédoniste, mécréant, matérialiste même ! Jusqu'à feindre de croire que sa formule célèbre « science sans conscience n'est que ruine de l'âme » serait une critique du christianisme, alors qu'il écrit ceci : « Mais parce que (…) science sans conscience n'est que ruine de l'âme, tu dois servir, aimer et craindre Dieu, et mettre en lui toutes tes pensées et tout ton espoir ; et par une foi nourrie de charité, tu dois être uni à lui, en sorte que tu n'en sois jamais séparé par le péché. » Peut-on être plus clair ? Et Rabelais prône un programme éducatif de combat, exposé dans son *Pantagruel*, avec latin, grec, hébreu, pour mieux lire la Bible, géométrie, arithmétique, astronomie, physique, médecine, car tous savent, au-delà de leurs oppositions religieuses, comme le dit Érasme à Charles Quint[4] ou Jean Calvin à Édouard VI d'Angleterre[5], qu'un être sans instruction est une créature qui devient la proie des idolâtres, ce qui le condamne au malheur.

– Certes, dis-je en regardant le pichet vide, mais nous ne sommes pas que des intellects, or c'est le bonheur que je cherche pour le « moi »...

C'est alors que le patron nous rejoint en criant un tonitruant « Carpe Diem ! », « Cueille le jour maintenant ! » et en nous offrant une bouteille de beaujolais sortie de sa cave.

– « Carpe diem », je veux bien, s'amuse mon voisin de table qui remplit mon verre, et merci patron pour le litron, mais je crains que cette formule du poète latin Horace ne soit source de confusions et puisque notre ami s'inquiète du bonheur réel, avec ce corps, disons tout de go qu'elle est humaniste à condition d'en changer le sens. Horace écrit « Carpe Diem credula quam minimum postero », ce qui signifie « cueille le jour présent, et apporte le minimum de croyance possible à ce qui arrivera plus tard ». Bref, il ne faudrait pas se soucier du lendemain et accepter ce qui arrive. Car il est fataliste et croit tout déterminé par les dieux, il lui paraît donc « préférable de supporter tout ce qui sera, quoi qu'il arrive[6] ». Or, nous refusons le fatalisme et aussi ces philosophes aux « yeux chassieux et troubles » qui condamnent les plaisirs de ce corps pourtant voulus par Dieu[7]. La recherche des plaisirs comme des vifs plaisirs, ce qu'on appelle la volupté, artificiels et excessifs sont la marque d'une vie authentique. Les passions sont source de joie et d'innovations[8] et signalent l'amour de la vie. Ulrich Zwingli[9], un théologien suisse né en 1484, disparu en 1531, le dit à sa façon : « Si tu veux jeûner, fais-le ! Si tu veux renoncer à manger de la viande, n'en mange pas ! Mais laisse le choix au chrétien ! » Cueillez les moments de vie quand vous le pouvez, « cueillez vostre jeunesse », dit le poète catholique Ronsard à la femme aimée. Tous les humanistes pensent avec Montaigne que de toutes les maladies, « la plus sauvage, c'est (de) mépriser notre être » et que c'est « une perfection absolue et pour ainsi dire divine que de savoir jouir loyalement de son être[10] ».

– Voilà qui me semble proche de la vie de plaisirs défendue par les hédonistes…

– Vous n'y êtes pas : jouir de la vie avec ce corps, oui, mais « loyalement ». Érasme appelle justement « folies », ces voluptés aveugles, comme celle « qui trouve son bonheur suprême aux beuveries[11] ». Une folie que l'on retrouve chez le cynique Panurge de la fable de Rabelais, qui finit par se perdre lui-même[12]. Pour cueillir le jour, il faut distinguer les voluptés et les passions positives de celles qui sont négatives et incontrôlables. Néanmoins, dans cette union de l'esprit et du corps, la principale cause du malheur intérieur n'est pas due au corps mais à l'esprit. C'est en lui que sont les passions les plus mauvaises comme l'avarice, la vengeance, la haine, l'addiction au vin ou au jeu[13]…

– Comment en débarrasser l'esprit ?

– Par l'imagination. Car la volonté et l'entendement ne suffisent pas mais l'imagination permet d'associer le désir mauvais à l'image des effets néfastes. Ensuite, la raison peut mettre en place une éducation qui permet d'orienter la volonté comme le souhaitent tous les humanistes depuis Pic de la Mirandole. Rabelais a inventé le mot « progrès[14] » mais c'est pour invoquer un progrès moral. D'où, dans *Gargantua*, son utopie humaniste, l'abbaye de Thélème peuplée, je cite de mémoire, de « gens libres, bien nés, bien éduqués, vivant en bonne société (qui) ont naturellement un instinct, un aiguillon, qu'ils appellent honneur et qui les pousse toujours à agir vertueusement et les éloigne du vice[15] ». Ainsi, par l'imagination, chacun va choisir le chemin de s'aimer soi-même et, pour l'avenir, celui de la félicité éternelle à laquelle accédera le bienheureux après la mort[16]. Montaigne utilise, lui, une autre méthode, en offrant sa propre vie en modèle. Il conseille de piller son écrit, les *Essais*, pour en « faire un ouvrage tout à lui », dit-il, comme le font les abeilles qui pillent les fleurs pour en faire un miel qui leur est propre, avec le même objectif : s'aimer soi-même.

– Je crains qu'en partant de soi, au lieu du bonheur on ne trouve que le narcissisme.

– Faudrait-il détester cette vie ? Montaigne précise avec humour « si le monde se plaint que je ne parle que de moi, je me plains (...) qu'il ne pense pas à soi[17] ». À condition d'aller vers soi « loyalement », alors s'ouvre plus que le chemin vers son propre moi. Ne voyons-nous pas, en étant honnête avec soi-même, que nous avons en nous des imperfections, des pulsions, des faiblesses, une méchanceté parfois, que certains appellent le « péché » ? Aller vers soi, c'est ouvrir le chemin de la générosité qui évite de culpabiliser son prochain en voyant la paille dans son œil et non la poutre dans le sien. D'ailleurs, comment aimer les autres, si on ne s'aime pas d'abord soi-même ?

– La mort n'interdit-elle pas le vrai bonheur d'être soi ?

– La mort n'est pas le but de la vie, elle est son bout, dit Montaigne qui se serait moqué d'un Heidegger. Or, y penser, est un formidable stimulant du bonheur car il nous aide à apprécier comme un délice divin, l'émoi heureux quand il survient. Il est la preuve qu'il faut chercher le bonheur autant qu'on le peut, avec nos faiblesses, en s'aimant soi-même avec ce corps, et laisser là ces prophètes de malheur qui prétendent le bonheur seulement accessible après la mort si on le suit dans la culpabilité et la dénégation de soi. Non, le bonheur ne dure pas, et c'est pourquoi il faut l'apprécier quand il survient. « Quand je danse, je danse ; quand je dors, je dors », dit Montaigne[18], et quand il se promène dans un verger, il vit dans la douceur de la solitude choisie.

– Et la crainte des lendemains ?

– Souvenez-vous de ce conseil christique, « ne vous inquiétez donc pas du lendemain ; car le lendemain aura soin de lui-même. À chaque jour suffit sa peine[19] ». La troisième clef du bonheur, c'est cette façon de profiter de chaque heureux hasard pour vivre un « carpe diem » nouveau qui affirme « aime-toi » et cueille le présent quand tu le peux, quand cet « ici » et ce « maintenant » est favorable. « Aime-toi », la nature le dit, le Dieu d'amour même le veut. Car, ajoute-t-il malicieux, je sais que vous n'êtes pas théologien mais je crois en héritier de Montaigne que si ce Dieu qui a créé l'univers est un Dieu d'amour, il doit nécessairement nous aimer dans notre imperfection même et être satisfait de ce que nous aimions ce moi qu'il a créé. « Aime-toi » n'est finalement qu'une déclinaison du « Aie confiance » en Dieu.

Nous chantons, nous buvons, puis nous nous quittons, amis d'un jour, amis de toujours. Et, emportant un dernier gâteau au miel venu des ruches de Notre-Dame qu'il m'offre avec émotion, je me dirige vers la gare du Nord pour y attendre le *Mondial Express*.

Dans la poche arrière de ma besace, je ne mets rien, sinon le sentiment diffus qu'il me manque quelque chose, dans la poche avant, je récolte cette troisième clef, mais un « carpe diem » nouveau, fondé sur le « aime-toi » qui appelle chacun à cueillir le jour. Oui, aime-toi en cueillant le jour, aime ton « moi » jusqu'à la fin de tes jours.

Où je constate que tout fait sens dans ce voyage de l'Occident Express et pourquoi les trois clefs ne suffisent pas

En avançant vers la Gare du Nord, je me rends compte que tout fait sens sur ce voyage dans l'*Occident Express*, depuis la découverte que l'être humain n'est pas un élément de la nature et le « connais ton moi » de l'aristocratie grecque et de Solon. En même temps que se révélait peu à peu la nécessité de s'aimer soi-même se construisait de façon souterraine la nécessité de réaliser son être dans le monde.

En cherchant à se connaître, le « moi » a découvert en lui non seulement sa capacité de penser le monde avec Pythagore et sa parenté avec l'intelligence qui le gouverne. Mais être soi, c'est vouloir être un vouloir-vivre dans ce monde changeant découvert par Héraclite. De là cette découverte qui le « moi » n'était pas haïssable et qu'il est en droit de cueillir le plaisir de vivre tout en évitant les abysses de la vie de plaisirs. De là cette ode à l'agir humain du « moi » avec Aristote et la célébration de la recherche universelle du bonheur dont il est si difficile de cerner la nature. De là la traque des pièges de la pensée magico-religieuse, des superstitions et des dogmatismes qui empêchent cet agir de cueillir le jour. De là la voie ouverte vers la magnifique intériorité stoïcienne du « moi » à partir de laquelle saint Augustin a pu dire que le « moi » et son corps animé ne sont pas coupables par nature, que seules le sont les manières d'être qui ratent la réalisation du « moi ». De là, cet appel au djihad spirituel pour les combattre. De là, cet appel formidable à vivre dans la joie en aimant ce corps animé ici et maintenant, pour communier avec l'énergie du monde, par la raison ou par la foi.

Oui, aimer son « moi » dans ce monde changeant c'est vouloir la communion de l'énergie du « moi » avec l'énergie de l'Être qui apparaît en ce jour. Voilà le sens de ce « aime-toi et cueille le jour », aime ton moi jusqu'à la fin de tes jours.

Mais je vois soudain le problème annoncé par ce sentiment diffus que j'avais éprouvé à la sortie de la Taverne des Humanistes. S'aimer soi-même, il le faut, j'en conviens, puisqu'il faut aimer les autres comme soi-même. Et pour dominer la nature, je ne vois pas de meilleur moyen que de s'y engager tous ensemble. Les deux précédentes clefs appelaient cette troisième. Aimez-vous, voilà la clef. Et cueillez-le jour, voilà le moyen. Mais comment réaliser cet amour de soi ? Comment le réaliser chaque jour dans l'Être lui-même où tout bouge et tout change à chaque instant ? D'où vient que cela se puisse même ?

Allons donc chercher la quatrième clef, le quatrième pilier du temple du bonheur, allons trouver dans les terres spirituelles labourées par l'humanité les conditions de la réalisation de soi, suivons le panache blanc des hommes de la Renaissance aussi fous qu'un Pic de la Mirandole, « afin que souverain de toi-même, tu achèves ta propre forme librement, à la façon d'un peintre ou d'un sculpteur[1] ».

Et me voilà Gare du Nord déterminé à trouver cette quatrième clef du bonheur.

4
Mondial Express

La quatrième clef du bonheur

Où, Café des Modernes, je récolte que pour réaliser le bonheur, il faut distinguer « je » et « moi » et que Descartes échoue quand même

Arrivé à la Gare du Nord, en attendant le train de nuit pour Londres, je prends place dans un confortable fauteuil du Café des Modernes, près de la statue en bronze d'un certain René Descartes, né en 1596 et disparu en 1650 d'après l'écriteau. Je commande un café, des tartines de pain grillées et un miel de bruyère blanche venu du village de La Landette, dans l'Aveyron, sur la route de Compostelle. La sculpture m'amuse : l'artiste lui a attribué un sourire mutin et un chapeau à plumes coloré. Ma proche voisine me regarde d'un air espiègle. Nous sympathisons. Je lui demande qui est ce Descartes qui semble si facétieux.

– L'artiste a bien saisi le sens de sa vie, bien loin du personnage ennuyeux et austère qu'imaginent les modernes, vivant dans une petite chambre fermée, ce qu'on appelait un « poêle », classant, étiquetant, hiérarchisant tout du simple au complexe, mettant des trombones sur des idées claires et distinctes, par une méthode digne des comptes d'apothicaire. Il n'est pas seulement le père de la modernité qui appelle les humains à devenir « comme maîtres et possesseurs de la nature[1] », comme il le dit, en 1637, ce à quoi le réduisent Hegel et quelques autres[2], mais un homme d'action qui bouffe la vie avec passion et qui sait que les humains cherchent naturellement leur bonheur. L'artiste a dû songer à son engagement dans l'armée des insurgés de Maurice de Nassau, aux Pays-Bas, en 1618, où il fut peut-être un espion de la France, et à son enrôlement en Allemagne dans les troupes du duc Maximilien de Bavière avant de revenir en France en 1622, après avoir contraint par l'épée à le libérer les marins qui voulaient l'assassiner. Fêtard, il s'est baladé en Italie, à Venise et à Rome, il se bat même en duel pour une femme. Et que dire de son amour pour Hélène et de sa tristesse quand sa fille Francine meurt à 5 ans, lui laissant, comme il le dit, « le plus grand regret qu'il eût jamais senti de sa vie ». Paris, Amsterdam, Utrecht, Stockholm, partout où il vit, Descartes, met au centre de sa philosophie le « moi » et ses émois jusqu'à écrire au seuil de sa mort, un ballet pour danser la vie.

– Vouloir devenir « maîtres et possesseurs de la nature » n'est-ce pas l'orgueil d'une volonté qui se prend pour Dieu et confond bien-être et bonheur ?

– Il s'agit seulement d'être « comme » maîtres et possesseurs de la nature, car le seul vrai possesseur est Dieu. En héritier des humanistes et du jésuite Luis de Molina, il refuse d'accepter les malheurs et il croit au libre arbitre.

Il ne se contente pas de proclamer qu'il faut cueillir le jour, il cherche les conditions de réalisation concrète du bonheur. C'est pourquoi il célèbre l'infinité d'artifices qui traquent le malheur dû à la nature et il va « chercher la vérité dans les sciences », sous-titre de son *Discours de la méthode*. Il dit rêver, comme Aristote, d'un jour où le savoir et les techniques aboliraient le travail, où l'« on jouirait, sans aucune peine, des fruits de la terre et de toutes les commodités qui s'y trouvent ». Contre le malheur dû au corps, il célèbre la médecine ; lui-même étudie la physiologie et pratique des dissections. Et contre le malheur dû à autrui, il célèbre la coopération et dit que « c'est proprement ne valoir rien que d'être utile à personne[3] ».

– Je vois l'utile sous ses différentes facettes, mais pas le bonheur...

– Ne soyez pas trop impatient, il faut distinguer le *Discours de la méthode* de ses écrits postérieurs. Dans celui-là, il veut parvenir à une vérité solide pour fonder les savoirs, légitimer l'esprit de conquête des Temps modernes et aider l'humanité. D'où son épreuve du doute qui part du constat que ses sens parfois le trompent et que les sciences elles-mêmes ne sont pas certaines. Mais il arrive alors à cette certitude que s'il doute, il ne peut nier qu'il doute. Réfléchissant sur ce fait qu'en doutant il pense, et qu'il ne peut en douter, il obtient une première vérité « je pense, donc je suis », en latin « ego cogito, ergo sum ». Il se découvre substance pensante.

Tartine de miel en main, je l'interromps :

– Diantre, déduire son existence du « je » qui pense est plus que cavalier. Penser une chimère, ne la fait pas être. Et se croire substance pensante, comme si nous n'étions que des intellects, rapproche de l'ange mais éloigne du bon sens. Certes, il m'est possible de dire « je pense » et aussi « je déjeune », mais je ne suis réductible ni à une pensée ni à un déjeuner, sauf peut-être pour un cannibale.

– N'ayez crainte, répond-elle en riant, Descartes sait bien que l'être humain ne se réduit pas à ses représentations, à sa pensée, il aimait trop s'amuser. Et, à la différence de beaucoup de ses interprètes, il connaissait le latin. Dans « ego cogito, ergo sum », « ego » n'a jamais désigné « je et moi », jamais « moi » non plus, seulement « je ». « Moi » se dit « me » en latin, comme dans cette expression : « je prends soin de moi », en latin « ego cura me ». Quant au « cogito », il désigne seulement une activité de l'esprit. Jamais Descartes n'évoque un « cogito », ou un « déjeune » ou un « ris » comme s'il était un être, un sujet, une substance. « Ego cogito », dit Descartes : le « je », l'ego accompagne l'activité de penser, qui révèle certes la nature intelligente de l'humanité, mais ce qui n'exclut pas les autres activités. D'ailleurs, pressentant les confusions, il abandonne cette formule en 1641. Dans les *Méditations*, où il ne cherche plus à fonder les sciences mais à affronter la question de l'existence, il reprend les épreuves du doute de façon plus radicale, inventant un génie pervers qui le tromperait avec les mathématiques et la logique même, il en arrive à ce constat qu'il ne peut douter qu'il doute, et il dit : « je suis, j'existe », « ego sum, ego existo ».

– N'est-ce pas le même constat ?

– Non, tous les termes sont mesurés. Cela signifie que le « je suis » n'est pas le « j'existe ». Il y a d'abord le « je suis » accroché à l'être, et ensuite le « j'existe » qui est le « je » incarné dans l'existence, dans le monde, dans le « moi ». Imaginez que vous regardiez dans une glace. Voilà le « je » qui regarde, il voit dans la glace un « moi » avec ses particularités, habillé en vagabond par exemple, il peut dire « je me vois ». S'il change d'habits, c'est toujours le même « je » qui voit, mais il se voit sous une apparence différente. Il y a « je » qui est, il y a « moi » qui existe. Ainsi dans les *Méditations*, Descartes examinant comme dans un miroir son activité de penseur et non de noceur se voit comme « substance pensante » avec les multiples attributs de la pensée comme « une chose qui doute, qui conçoit, qui affirme, qui veut, qui ne veut pas, qui imagine aussi, et qui sent[4] ». S'il était fou, contrairement à ce que pense un Michel Foucault qui n'a pas saisi la différence entre le « je suis » et le « j'existe[5] », cela ne changerait rien, car la folie est une forme d'existence du « moi » parmi d'autres. « Je suis » se réfère au sujet, à l'âme, à l'ego transcendant, « j'existe » au « moi », lié aussi au corps. Ainsi, plaisante-t-elle, le « je » de la sorcière demande tous les jours à son miroir si par ce « moi » elle est la plus belle, ce pour quoi elle se met à détester le « moi » de Blanche Neige plus séduisant que le sien.

– Comment, sans union préalable, ce corps matériel de la sorcière peut-il agir sur la « chose pensante » immatérielle de son « moi » et produire du malheur ?

– Descartes va tenter de l'expliquer après avoir fait la preuve de l'existence de Dieu. Car si Dieu existe, il est une pure intelligence et n'est pas trompeur, sinon il serait un diable. Il en conclut que les idées « claires et distinctes » sont vraies, des idées mathématiques à l'union d'un corps et de l'esprit[6]. Ainsi, par cette union, chacun peut recevoir mais aussi gouverner les pulsions mauvaises et aller vers le bonheur.

– Comment peut se réaliser le bonheur ?

– Plus Descartes vieillit, plus il voit que la matière n'est pas nécessairement une étendue passive, comme le démontre l'activité du corps, en particulier les mouvements involontaires constatés dans le sommeil. Contre une « philosophie cruelle » qui mépriserait les plaisirs et les passions au nom d'une condamnation du corps, il imagine alors, logée dans une partie du cerveau, entre le corps et l'âme, la « glande pinéale », de minuscules esprits, les « esprits animaux », qui permettraient une interaction. Par les sens, nous serions ainsi informés de l'existence des choses et « en quoi elles nous sont utiles ou nuisibles[7] », comme la douleur informe l'esprit sur ce qu'il faut éviter. De même, par ces esprits animaux, l'âme pourrait chercher ce qui est utile, aidée par l'imagination qui peut écarter les mauvaises passions ou favoriser les bonnes, par des images effrayantes ou, au contraire, réjouissantes. Certes, l'action par ces esprits animaux est un « mystère » admet Descartes, mais c'est celui du Dieu insondable qui fait communiquer l'âme et le corps[8]. Et il croit que, par l'alliance de la volonté, de la raison et de l'imagination, on obtient la sagesse, qui est le statut de celui qui a, je le cite de mémoire, la « parfaite connaissance de toutes les choses que l'homme peut savoir, tant pour la conduite de sa vie que pour la conservation de sa santé et l'invention de tous les arts[9] ». Une sagesse qui permet de chercher ce qui nous est utile dans la vie.

– Je vois encore l'utile mais toujours pas la réalisation du bonheur.

– Le bonheur suit logiquement. Descartes est un optimiste, il n'annonce pas Pascal qui pense, comme lui, que « tous les hommes désirent être heureux. Et cela sans exception, quelques différents moyens qu'ils emploient[10] » mais qui conclut de la condition humaine que nous ne pouvons être heureux, en raison de ce « moi » haïssable qui court après les honneurs, les richesses, la volupté, les sciences même[11], et qui imagine que seul peut être accessible le véritable bonheur, qui serait la félicité, réservée à ceux « qui servent Dieu l'ayant trouvé[12] », comme le pensent aussi Malebranche[13], Antoine Arnauld et tant d'autres. Descartes croit possible deux types de bonheur, celui des petites âmes et celui des grandes âmes. Les premières comprennent qu'il dépend en partie du hasard[14], et qu'il faut éviter de rechercher des biens inaccessibles[15]. Elles changent donc ses désirs plutôt que l'ordre du monde et elle regarde les évènements défavorables « par quelque biais qui fera qu'ils lui paraîtront favorables », dit-il[16]. Ainsi, leur moi est satisfait de cette vision modeste, et il éprouve de la joie.

– La joie n'est pas non plus le bonheur…

– Certes, mais Descartes pense aussi au bonheur des grandes âmes tournées vers la contemplation de l'intelligence qui règne dans le monde. Elles parviennent alors, dit-il, à « la plus grande félicité », à un « parfait contentement d'esprit et une satisfaction intérieure[17] », une « satisfaction si puissante pour le rendre heureux que les plus violents efforts des passions n'ont jamais assez de pouvoir pour troubler la tranquillité de son âme[18] ». Tournées vers le Dieu-Amour, elles peuvent même ressentir un bonheur plus grand encore, ce qu'il appelle la « béatitude naturelle[19] », cet état où le « je » ne s'inquiète plus de la douleur, des disgrâces, de la mort, comme le font ceux qui ignorent qu'il y a un Dieu, de qui toutes choses dépendent. Alors, il dit que l'âme éprouve des plaisirs qui « peuvent être immortels, comme l'âme même », comme ceux de respecter le commandement divin d'aimer les humains ou de défendre la paix, pour laquelle Descartes écrit un ballet, ce qui est la préparation à ce qu'il appelle « la béatitude éternelle », ce bonheur suprême d'après la mort.

J'aimerais continuer cette discussion mais le *Mondial Express* arrive. Je quitte cette charmante cartésienne pour aller rejoindre le quai.

En chemin, je récolte dans la poche arrière de ma besace la séparation de l'âme et du corps et les tours de magie cartésiens avec ce mystère des esprits animaux, cette « substance pensante », ni substance, ni pensante, ce « petit bonheur », mot inconsistant qui recouvre des zestes de contentement et d'utile, et ce « grand bonheur » qui est en vérité la félicité. Et dans la poche de devant de ma besace, je mets cette ode au libre arbitre avec la tentative de penser la transcendance de l'ego et l'existence du « moi » avec ces trois conséquences : la volonté du « moi » éclairée par la raison et soutenue par l'imagination pour affronter le malheur dû à la nature en appelant à en devenir comme maître et possesseur ; la volonté d'affronter le malheur dû à autrui par la défense de la paix et la reconnaissance de notre commune humanité ; la volonté de s'aimer soi-même en célébrant la joie de vivre.

Formidable, mais je n'ai pas encore trouvé la dernière clef du bonheur, celle qui, au-delà des antidotes au malheur, permet sa réalisation par la réalisation de soi.

Et, toujours insatisfait, je monte dans le *Mondial Express* qui n'a curieusement, tout comme l'*Orient Express* et l'*Occident Express*, qu'un wagon et où je suis à nouveau le seul voyageur. Pourquoi ? Mystère.

Où, à Londres, au premier étage du Café des Libéraux, je récolte le droit naturel de chercher le bonheur du « moi »

Alors que je descends à la station Saint-Pancras de Londres, dont une plaque rapporte qu'elle fut construite à l'apogée de la révolution industrielle anglaise, en 1868, alors que je me promène dans les rues avoisinantes comme me le conseille mon itinéraire touristique, un établissement attire plus particulièrement mon attention : le Café des Libéraux, construit sur trois étages, bondé et bruyant. Je m'y assois et, sur les conseils du garçon de café, je commande une bière et des muffins sur lesquels il me recommande de mettre un peu de miel venu des ruches royales de Buckingham Palace, onéreux mais aux exceptionnelles notes aristocratiques de tilleul, de bruyère et de lavande.

Une fois servi, j'écoute, curieux, la discussion de mes trois voisins de table à l'humour déroutant – humour anglais peut-être ? –, chacun se moquant de soi-même comme si le « je » qui se moque et le « moi » qui est moqué étaient imparfaitement soudés. L'un des trois clients, visage émacié et cheveux mi-longs ondulés, devinant que je suis un étranger, me demande d'où je viens et, après quelques échanges de politesse où je lui dis ma quête, nous sympathisons. J'en profite pour demander à John, c'est son prénom, d'où leur vient cet humour étonnant.

– En Angleterre, et particulièrement dans ce café, il est bienséant de se moquer de soi à la manière des héros des comédies de Ben Johnson, le pote de Shakespeare, qui tournait tout en dérision, le roi, la reine et le petit mitron. Une façon de rappeler que le « je » est toujours en retrait du monde, fort de sa liberté naturelle, donc aussi en retrait du « moi » où il s'incarne avec son corps dans ce monde. C'est John Locke, appelé « le philosophe de l'Amérique », qui fonda cette buvette du libéralisme – un mot qui vient du latin « liber », qui signifie libre. Elle a trois étages qui valent le détour. Au premier, on célèbre l'être humain, avec sa liberté native et ses droits naturels inaliénables qui précèdent l'existence, dont le droit de rechercher son bonheur qui est au centre de votre quête. On l'appelle l'étage du « libéralisme ontologique ». Le second, plus bruyant, est l'étage du « libéralisme politique », à l'origine des démocraties libérales. Le dernier étage est celui du « libéralisme économique », à l'origine du marché libre.

– Ce John Locke a donc célébré l'arbitraire d'une liberté qui a le droit de tout faire ?

– Au contraire, il a combattu l'arbitraire. Né en 1632, il suit l'exemple de son père, partisan du parlementarisme, du parti des Whigs, qui durant la guerre civile de 1642 à 1649, combattit le roi Charles Ier, les armes à la main, comme capitaine. Ce roi, qui se prétendait de droit divin et rêvait d'absolutisme sur le modèle de ses cousins français, avait dissous le Parlement élu et multiplié les arrestations arbitraires. Mais alors qu'en France les frondes sont écrasées, en Angleterre, les troupes républicaines commandées par Oliver Cromwell l'emportent et Charles Ier est exécuté. Hélas ! Cromwell ouvre une ère liberticide comme le fera plus tard Robespierre en France. Le jeune John Locke, qui étudie alors la philosophie, le grec, le latin, l'hébreu, l'arabe, la médecine et la physique expérimentale comprend que pour garantir la liberté, il faut des limites aux pouvoirs. Cela d'autant qu'après la mort de Cromwell, le Parlement croit pouvoir se sortir du guêpier en choisissant le retour à la monarchie : il appelle Charles II. Le même goût pour l'absolutisme resurgit. John Locke doit se réfugier en France en 1675, tandis que son ami Lord Ashley, au gouvernement duquel il avait participé, est emprisonné dans la Tour de Londres. Il étudie alors Descartes et se lie d'amitié avec Jean de La Fontaine, Racine, peut-être Molière et il rencontre des partisans du dominicain Francisco de Vitoria qui pense que la volonté éclairée par la raison peut fonder un ordre juridique juste à partir des droits naturels, ce qui influencera les philosophes protestants Hugo Grotius et Samuel von Pufendorf[1]. Il étudie aussi les écrits du jésuite Francisco Suárez qui pense que les droits à la vie, à la liberté et à la recherche du bonheur sont à la source de toutes les lois légitimes et du droit de résister à l'arbitraire[2]. Vous voyez, il est à mille lieues du cynisme quand il revient à Londres, en 1679.

– Et ce droit de résistance au nom du bonheur, il l'exerce ?

– Exactement. Dès son retour, il soutient Lord Ashley qui a été libéré et qui impose au roi que tout mandat d'arrêt doit être motivé, que tout détenu doit être présenté devant un juge sous trois jours et que le lieu de détention ne peut être changé, ce qu'on appelle l'*Habeas corpus*[3]. Mais Charles II profite d'une faiblesse du camp de la liberté pour abolir l'*Habeas corpus*, suspendre les libertés et dissoudre le parlement. Lord Ashley fuit aux Pays-Bas tandis que John Locke mobilise l'opposition et se lie au groupe Whig qui, en 1683, tente d'assassiner le roi. Après cet échec, il fuit à son tour aux Pays-Bas et il est mis sur la liste de proscrits par Jacques II, le fils et successeur de Charles II, qui exige de son cousin Guillaume d'Orange, qui gouverne les Pays-Bas, de le rapatrier pour lui couper la tête. John Locke devient clandestin. Mais les événements se précipitent. En raison des persécutions des protestants français, après l'abrogation de l'édit de Nantes, en 1685, Guillaume d'Orange, lui-même protestant, non seulement n'accepte pas la requête de Jacques II mais il s'engage dans la Glorieuse révolution, de 1688 à 1689, pour rétablir les libertés et éviter que le catholicisme ne devienne religion d'État à Londres. Jacques II fuit en France, John Locke revient en Angleterre où il devient le théoricien du droit naturel inaliénable de chercher son bonheur.

– Belle histoire, mais d'où lui vient cette certitude qu'il existe un tel droit ?

– Il sait, même s'il ne l'énonce pas clairement comme nous le faisons dans ce café, la distinction du « je » et de ce « moi » qui varie et qui est son incarnation dans l'existence, ce que chacun constate puisque le « je » nous accompagne partout et se sait toujours le même malgré les changements corporels[4]. Pour prouver le droit inaliénable de rechercher son bonheur, il imagine deux voies. Celle de la foi en Dieu, qui nous a créés libres et égaux et celle qu'il préfère suivre, en partant de la raison, en imaginant l'être humain à l'état de nature. Attention, il ne s'agit pas du paléolithique. Il appelle « état de nature » la situation où se trouve notre « moi » quand il n'est pas soumis à des lois ou quand nous n'avons pas de juge ou de supérieur[5]. Ainsi, notre groupe d'amis dans ce café se trouve dans un état de nature puisqu'il n'existe pas de rapports de sujétion entre nous. Nous expérimentons cet état de nature dans l'amitié, l'amour, la plupart des échanges même car on constate qu'il n'est pas besoin de supérieur, policier au juge, pour que le client paye le miel à l'apiculteur. Dans cet état de nature, chacun est libre et a des droits naturels : la préservation de sa vie, l'égalité des droits, la garantie de la possession des biens et la recherche de son propre bonheur. Il appelle aussi cela l'« état de liberté[6] ». Et puisque c'est notre état naturel, toute société doit le respecter.

– Le droit de rechercher le bonheur est donc un droit naturel ?

– Oui, il est la cerise au miel sur le gâteau de la liberté. Car puisque nous sommes nés libres, tous les individus « peuvent ordonner leurs actions, disposer de leurs biens et de leurs personnes comme ils pensent que c'est bon pour eux », dit-il[7]. Or, parmi ce qui est bon, couronnant le droit de « propriété », le bonheur est ce qui est le meilleur, c'est pourquoi « tous les hommes désirent le bonheur » et ont une aversion au malheur[8].

– Mais, pourquoi associer le droit de propriété à la recherche du bonheur ?

– La confusion vient des mots. Dans l'état de nature, il n'existe pas de propriété mais des possessions, puisqu'il n'y a pas de règles juridiques. Et le premier des biens naturels, source de tous les autres, est la possession de soi-même dont découle le droit de croire, d'émettre et d'échanger des pensées, de se déplacer. Ainsi, l'individu qui ramasse un bout de bois dans une forêt qui n'appartient à personne et qui le transforme en canne a une possession légitime de la canne, tout comme il possède ses idées. Quand on sort des relations naturelles en constituant une société fondée sur le droit, ces possessions deviennent des propriétés. Ce que John Locke appelle la « property[9] » se réfère donc à la propriété de son corps et aux biens liés substantiellement à elle, du droit de croire à ses autres pensées, à la propriété de ses autres biens, à se déplacer et communiquer. Tous ces droits convergeant vers leur finalité, le droit de se réaliser soi-même, d'aller chercher la cerise sur le gâteau de la liberté : le bonheur. Notez qu'à la différence de John Locke, nous mettons le droit de propriété du corps et sa sécurité en premier, puisque tous les droits sont substantiellement liés à l'existence du moi et de son corps, mais le droit de croire est premier selon l'ordre ontologique car il se rapporte à Dieu. Qu'importe. D'où le combat de John Locke pour l'*Habeas corpus*, la tolérance religieuse, le respect du droit de propriété privée et de se déplacer, qui convergent vers leur finalité, le droit de chercher son bonheur dans le monde.

– Si ces droits sont naturels et non des produits artificiels de l'imagination, lui dis-je ironiquement, pourquoi a-t-il fallu 2,8 millions d'années pour les voir apparaître ?

– L'ami de John Locke, Isaac Newton, découvre la gravitation vers 1665[10], faut-il en conclure qu'avant 1665 il n'y avait pas de gravitation et que la Terre batifolait à sa façon ? Il fallait d'abord découvrir que nous étions des individus et non des ombres, puis que nous formions une humanité, avant de mettre à nu l'existence de droits naturels. Ce qui commença avec la *Charte des libertés* de 1100 qui imposait de traiter dignement les nobles et les membres de l'église, puis s'est poursuivi avec la *Magna Carta* de 1215 qui proclamait l'égalité universelle devant la loi et le droit pour tous à un procès équitable, avant la proclamation, en 1628, de la *Pétition des Droits* qui reconnaissait le vote des impôts par le Parlement, l'interdiction des arrestations arbitraires et le droit de propriété puis, en 1679, l'*Habeas corpus*. C'est pourquoi, les droits naturels se présentent toujours comme une *Déclaration*, préalable à la constitution, car eux ne sont pas construits et constitués mais découverts et déclarés.

– Mais comment empêcher un individu d'utiliser ses droits, s'ils sont seulement individuels, au détriment du voisin ? Car c'est le bonheur que je cherche, pas le règne du loup dans la bergerie.

– Ami étranger, répond John, songez que le loup qui attaquerait les agneaux violerait leur droit à la propriété de leur corps. Mais prenez votre bâton et votre besace et montons ensemble au second étage où vous aurez, peut-être, la réponse définitive à votre question.

Prenant les escaliers, appuyé sur ma canne, je mets dans la poche arrière de ma besace que la proclamation des droits individuels ne suffit pas pour assurer le droit de chercher son bonheur et, dans celle de devant, que le droit de rechercher le bonheur est un droit inaliénable qui est la finalité des autres droits naturels.

Où, au deuxième étage, je récolte que le droit de chercher à réaliser son bonheur exige le libéralisme politique et son « État variable »

Alors que nous nous installons au second étage, au milieu du brouhaha, les trois compères m'offrent, avec une grande tartine de miel venu des ruches du jardin botanique de l'université de Cambridge, un « Liberal Martini », fait de Bourbon, de Vermouth, et de Picon produit à partir d'oranges macérées dans de l'alcool, comme, disent-ils, l'aimait William Ewart Gladstone, quatre fois Premier ministre britannique au XIXe siècle et admirateur de John Locke. Et pour répondre à ma crainte de voir le loup bouffer les agneaux au nom de son droit au bonheur, la compagne de John, Clementine, intervient.

– La réponse à votre question, dit-elle avec humour, se trouve peut-être dans mon prénom. Il me fut donné en hommage à Clementine Hozier, l'épouse de Winston Churchill, une libérale qui a nourri les ouvriers durant la Première Guerre mondiale en s'occupant des cantines et qui, au péril de sa vie, sous les bombes, lors de la Seconde

Guerre mondiale, a œuvré jour et nuit pour la Croix Rouge. Vous voyez que le libéralisme véritable ne permet pas aux loups de régner dans les bergeries. L'erreur serait de se jeter tel le Petit chaperon rouge nigaud dans la gueule du grand méchant loup bureaucrate qui se déguise en Mère-Grand protectrice, comme le conseillent les étatistes depuis Thomas Hobbes. Ce philosophe du XVIIe siècle voyait en tout humain un être de passion, poussé par l'amour-propre, qui appelle « bien » ce qui lui semble agréable[1], et qui court après d'insatiables désirs de biens pour s'assurer un bonheur illusoire[2]. Il imaginait une rivalité sans règles où chacun, porté par son orgueil, utiliserait sa force pour se rendre maître de la personne d'autres hommes, de leurs femmes, de leurs enfants, de leurs biens. Il en concluait que sans État quadrillant nos vies, nous serions condamnés à vivre dans l'insécurité totale[3], ce qu'il appelait une « guerre de tous contre tous » où « l'homme est un loup pour l'homme[4] », avec le « risque continuel d'une mort violente », puisque nul ne peut être certain d'être toujours le plus fort, de n'être pas empoisonné, poignardé, comme le furent tant de rois ou de chefs de gang.

– Les libéraux nient-ils la réalité des menaces humaines ?

– Ils nient que pour assurer la sécurité la raison doive construire un État fort, absolu, au pouvoir monstrueux qui rassemblerait en lui toutes les forces des individus et aurait le monopole de la violence légitime. Ils refusent ce cynisme qui consiste à faire croire à la population que ce qu'on appelle « État » serait un être, et qui plus est un être qu'il faudrait craindre et sanctifier[5]. Le sens de ce simulacre est révélé par ce nom de « Léviathan » donné à l'État par Hobbes, du nom de ce monstre marin de la Bible qui tue ceux qui le regardent en face. Car ce philosophe reconnaissait que l'idolâtrie de l'État a pour but de terroriser l'imagination populaire pour obtenir l'obéissance à la force déguisée en droit[6]. Il la justifiait par la raison, prétendant qu'en échange de sa servitude, chacun est supposé recevoir la sécurité, la reconnaissance de soi comme personne, et la liberté de s'enrichir, puisque la paix aidant, la production de biens, les sciences et même le luxe sont favorisés[7]. Notez que Thomas Hobbes a vécu en vrai philosophe, selon ses idées. Il a soutenu Charles Ier et ses atrocités, mais il a fui avant sa défaite, se vantant même d'être « le premier à fuir » dans son *Autobiographie*, puisque chacun doit d'abord penser à sa sécurité. Puis, le roi décapité, il vit en exil onze ans à Paris. En 1650, il revint en Angleterre où il soutint la volonté absolutiste de Charles II, dont il avait été l'un des mentors en exil. Mais, face aux accusations d'athéisme des conservateurs, le roi lui conseille d'éviter de publier des livres philosophiques ou religieux. Ce qu'il fit, le courage étant, selon lui, une vertu illusoire, et l'obéissance le chemin de sa sécurité.

– Nieriez-vous, chez les libéraux, la nécessité d'un État ?

– Elle éclate de rire. Qu'appelez-vous « État » ? John Locke a lu Guillaume d'Ockham, il se méfie des mots transformés en êtres. Il constate que l'étatisme ne permet pas de vivre en paix : les guerres civiles et interétatiques en Europe sont alors la règle. Et si la sécurité dépendait des détenteurs de l'autorité, alors elle dépendrait de leur humeur et de leurs calculs d'intérêt : au lieu de la sécurité, on s'assure donc une menace perpétuelle d'embastillement et de mise à mort. Au lieu de penser la vie sociale à partir de ce mot « État », John Locke part de ce qui est : les individus. Or, il constate que si les droits des individus n'étaient pas menacés ou violés par d'autres individus, nul n'aurait besoin d'« État », terme qui désigne des individus chargés de la mission de garantir les premiers droits, dont la vie, via la sécurité des corps, les biens et la paix. Ces individus désignés par ce mot « État », les policiers par exemple, ont ainsi un périmètre d'intervention qui varie en fonction des besoins exprimés par les individus qui forment la société.

– Voilà une bergerie bien faible face aux loups...

– Au contraire, les cités libérales sont féroces et leurs pièges à loups cruels. Songez à Winston Churchill ou Ronald Reagan, les trouvez-vous faibles ? Les démocraties libérales donnent la force au droit au lieu de soumettre le droit à la force. En utilisant le droit de propriété de son corps pour voler un individu, l'assassin viole le droit individuel, il est donc durement sanctionné. Et pour que le glaive frappe les loups, les droits naturels sont transformés en droits subjectifs concrets, insaisissables, incessibles et imprescriptibles, en les mettant dans un bloc de constitutionnalité. Et, pour ne pas en faire des vœux pieux, la Cité libérale associe ces droits à la force juridique des juges, au sabre de l'exécutif et, surtout, à la force morale vigilante des citoyens, la vertu civique, nourrie par l'éducation et exprimée dans les démocraties libérales par le suffrage universel.

– Je crains que vous ne fantasmiez sur les bienfaits de cette souveraineté populaire.

– Nous nous gardons de toute idolâtrie, celle du « peuple » en est une. Ce mot de « peuple » désigne de façon floue des individus. L'usage d'une procédure démocratique avec le choix majoritaire est seulement destiné à éviter la tyrannie d'un individu, d'un groupe social ou d'une force étrangère[8], voire l'anarchie même, puisqu'ainsi le consentement de tous est plus aisément obtenu. Mais, les libéraux se méfient du suffrage universel et de ceux auxquels la population a délégué des missions et qui pourraient abuser de leur pouvoir, comme le montrait le mythe de l'anneau de Gygès chez Platon qui rendit invisible un gentil berger, ce dont il profita pour agir en assassin. C'est pourquoi, nous aimons la démocratie mais seulement « libérale », celle qui limite l'arbitraire populaire. Représentative, elle permet aux élus de se mettre à distance des mouvements passionnels des foules. Avec l'équilibre des pouvoirs exécutifs, judiciaires et législatifs, elle permet de neutraliser leurs excès, comme le dit cet admirateur de John Locke, Montesquieu. Et, surtout, elle met au-dessus de cette volonté populaire, les droits naturels liés au « je », que John Locke, à la suite de Grotius[9], attribue à Dieu, seul vrai souverain, créateur de la nature humaine, ce qui a l'avantage d'en assurer l'inviolabilité.

– N'est-ce pas une nouvelle utopie ?

– Au contraire, c'est le présent vers lequel tendent les démocraties libérales. Ainsi, on voit la patte de John Locke chez son disciple Thomas Jefferson, auteur de la majeure partie de la Déclaration d'indépendance américaine de 1776 qui dit : « Nous tenons pour évidentes pour elles-mêmes les vérités suivantes : tous les hommes sont créés égaux ; ils sont dotés par le Créateur de certains droits inaliénables ; parmi ces droits se trouvent la vie, la liberté et la recherche du bonheur. » Il suivait John Locke qui disait que le but des êtres libres « c'est de s'accorder avec d'autres pour se joindre et s'unir dans une même communauté de manière à vivre ensemble dans le bien-être, la sécurité et la paix, dans la jouissance assurée de leurs biens et mieux protégés contre ceux qui ne sont pas des leurs[10] ». Ainsi, tout ce qui n'est pas interdit est autorisé, et ce qui est interdit ne l'est que pour servir la recherche par chacun de son propre bonheur, pour essayer de se réaliser sans crainte de son prochain.

– Voilà qui est fort louable, je vois le rôle négatif de l'État qui préserve les libertés en réprimant les loups, mais comment empêcher les jeux de l'égoïsme de produire de l'indifférence à la souffrance ou d'en créer au nom de leur intérêt individuel ?

– Allons au dernier étage, me dit-elle, nous y serons assis plus confortablement pour en parler.

Tout en montant les escaliers, appuyé sur mon bâton, je mets dans la poche arrière de ma besace les idolâtries de l'État et du peuple, et, dans la poche de devant, cet État des démocraties libérales que je décide d'appeler « État variable », indispensable pour protéger les droits naturels et permettre l'exercice du droit de rechercher son bonheur.

Où, au troisième étage, je récolte le libéralisme économique et le bien-être sans l'idolâtrie du marché et son « doigt divin »

Arrivés au troisième étage, nous nous asseyons dans de larges fauteuils. Clementine, allume un cigare et commande un scotch des Highlands avec une tartine de miel venu des ruches situées sur le Stock Exchange. C'est au tour du troisième compère de répondre, Adam, « comme le premier homme ou comme l'économiste Adam Smith, philosophe libéral anglais du XIXe siècle et inventeur de l'économie », dit-il amusé.

– Vous savez, poursuit-il, puisque vous avez connu le véritable état de nature, celui du paléolithique, que l'humanité vit dans la crainte des maux naturels et de la pénurie. Face au malheur dû à la nature, une seule solution : libérer les énergies individuelles. Ce qui permet de « promouvoir le grand dessein de Dieu, qui est de croître et de se multiplier », disait John Locke[1], en particulier par le travail « car c'est bien le travail qui donne à toute chose sa valeur propre[2] ». Ainsi, nous développons une puissance supérieure à celle de la nature à l'image de celui qui, travaillant dix acres de terre, produit des biens supérieurs à cent acres laissées en friche[3]. Et l'histoire le démontre : plus on parie sur la liberté, plus il y a de croissance et de bien-être. Dans sa *Fable des abeilles*, Bernard Mandeville le dit à sa façon, chacun cherchant son intérêt personnel enrichit la ruche tout entière, car même le pire des égoïstes « donne du travail à des tailleurs, des serviteurs, des parfumeurs, des cuisiniers et des femmes de mauvaise vie, qui à leur tour emploient des boulangers, des charpentiers », ce qui contribue à faire « la prospérité de votre nation et le bonheur de vos concitoyens[4] ». Cela d'autant qu'en raison de la jalousie ou du mimétisme humain évoqués par Adam Smith, la population a souvent envie d'acquérir les biens que d'autres ont[5].

– Mais je vois aussi le malheur de ceux qui travaillent...

– Hélas ! l'humanité doit travailler pour survivre et la division du travail ne va pas sans conséquences malheureuses. Adam Smith sait les malheurs dus à la répartition entre profits, rentes et salaires et il évoque, avant les socialistes, l'aliénation de ceux dont l'activité est essentiellement manuelle[6]. Il remarque même que les détenteurs de la rente sont poussés à la fainéantise et au parasitage et que les détenteurs du capital industriel et financier, pour s'assurer le maximum de profits, sont parfois conduits aux pires méfaits. Il critique plus globalement la corruption des sentiments moraux qui conduit à mépriser ou maltraiter les personnes pauvres et à vivre dans la morgue d'avoir ce que les autres n'ont pas[7]. Mais on a tort de confondre inégalité et injustice et, comme le dira Friedrich Hayek en 1944, plus tort encore de croire que les problèmes économiques justifieraient l'État pour résoudre les problèmes sociaux[8]. Comme le montre l'échec des communismes, refuser le jeu des désirs d'enrichissement humains est néfaste pour la prospérité et engage sur une route de la servitude dangereuse. Ayn Rand, qui influença Ronald Reagan, a bien vu que l'égoïsme raisonnable, à condition d'être fondé sur les droits individuels et le refus de tout sacrifice social, assure le ruissellement des richesses[9]. Car plus la recherche de son intérêt est libre[10], plus il y a de richesses et, à l'arrivée, les plus démunis profitent eux aussi des richesses recherchées par intérêt personnel, des médicaments aux technologies. Tout se passe comme si, sans même le vouloir[11], nous étions conduits par ce que John Locke nomme « le doigt de dieu[12] », ce qu'Adam Smith appellera une « main invisible ».

– Je vois la course au bien-être général mais pas le bonheur…

– Le bien-être a ceci de formidable qu'il attaque la cause qui interdit la recherche du bonheur : l'inquiétude. L'inquiétude de la misère et de la maladie. Celui qui a faim veut d'abord assouvir sa faim et l'alcoolique veut retrouver ses amis de débauche qui écartent son inquiétude d'être seul ou assoiffé. À cet égard, David Hume a eu tort de croire la raison condamnée à l'impuissance face aux passions, réduite à la recherche de la vérité probable, à traquer la superstition, l'absurdité et l'erreur[13], à n'obtenir que des plaisirs agréables, sans jamais parvenir au bonheur[14]. En vérité, par le progrès, les inquiétudes s'effacent et le désir d'un plaisir plus grand, total, rassasiant grandit. Et alors notre raison peut examiner tous les désirs et orienter le moi vers des plaisirs qui dureront toujours et, ainsi, nous engager sur la voie de la recherche du bonheur[15].

– Et, on parvient au bonheur ?

– Non, David Hume n'a pas totalement tort, les humains restent insatisfaits. Mais il ne saisit pas que le désir de bonheur, bien qu'inatteignable, est une volonté du « doigt divin », une ruse de la « main invisible » qui n'a pas pour but de remplir les caddies mais d'alimenter l'insatisfaction face aux biens matériels afin que le désir de vrai bonheur, spirituel, apparaisse. Car n'oubliez pas que le libéralisme économique n'est que le troisième étage du libéralisme. Il vient après le libéralisme ontologique qui proclame les droits individuels sacrés et après le libéralisme politique qui interdit de les violer. Le « marché » est seulement le nom donné pour essayer de penser les relations économiques sur un espace de liberté mais non une finalité humaine.

– Vous voulez dire qu'il n'y a pas d'idolâtrie du marché ?

– Aucune idolâtrie n'est acceptable et le droit de propriété ne peut tout justifier, quand bien même il ne serait pas issu d'un acte de violence, contrairement à ce que pense Murray Rothbard, théoricien de l'anarcho-capitalisme, par ailleurs formidable dans sa dénonciation des dérives étatistes[16]. Adam Smith invente la science économique mais cette science ne peut se substituer à la morale humaniste qu'il expose dans sa *Théorie des sentiments moraux* où il démontre que le souverain bien n'est pas l'utile, l'agréable ou la possession des biens. Jamais, il n'a oublié l'enseignement d'Hugo Grotius qui appelait à rechercher, au-dessus de l'utilité, « le commerce de nos semblables, même si nous n'y avons pas intérêt[17] ». D'accord avec son ami David Hume, il a constaté que nous expérimentons en nous, aussi égoïste soit-on, quand nous nous plaçons en position de spectateur impartial, c'est-à-dire débarrassé de nos intérêts immédiats, un sentiment naturel et universel qu'il appelle la « sympathie ». Mot qui vient du grec « sumpatheia » (Συμπάθεια) qui signifie « participation à la souffrance d'autrui ». Par l'imagination, nous ressentons alors d'une manière « très vive[18] » la souffrance d'autrui. Ce qui conduit à éveiller en nous la générosité, la gentillesse et l'amitié qui sont des formes de l'amour[19]. Voilà pourquoi, pour Adam Smith, le libéralisme politique ne se contente pas d'être une sorte de « veilleur de nuit » restreint à des fonctions régaliennes pour protéger les droits ou combler les défaillances du marché comme le pense Robert Nozick[20], mais il doit respecter le droit naturel à la vie, à la sécurité du corps des plus démunis, et même favoriser leur droit à la recherche du bonheur par les activités de la sympathie, des dons individuels aux initiatives compassionnelles.

– Et la sympathie procure du bonheur ?

– Elle nous permet d'éprouver de la joie en aidant et aimant notre prochain et elle conduit à la découverte en nous de cet amour universel, accroché par notre « je » transcendant à notre « moi » existant, d'où naît une espérance raisonnable de bonheur après la vie. Un bonheur vrai et réalisé qui dépend de Dieu sur lequel, puisqu'il est « sagesse » et amour de l'humanité, dit John Locke, on peut compter[21].

C'est alors qu'intervient la compagne d'Adam, Emily, appelée ainsi, me dit-elle, en hommage à la poétesse Emily Dickinson. Me voyant sans doute un peu déçu de voir que la métaphysique libérale aboutit finalement à confondre bonheur et félicité et à renvoyer le bonheur au royaume des morts, *ad-patres*.

– Oui, dit-elle à ses compagnons, trinquons au droit de rechercher son bonheur, à la démocratie libérale et à la course au bien-être.

Mais, un tantinet espiègle, elle ajoute :

– Si le travail rendait heureux, cela se saurait. Ceux qui travaillent le plus dur ne me paraissent pas être les mieux lotis, tant s'en faut.

Puis, après avoir bu son verre, elle se lève et me dit :

– Prenez votre canne et votre besace, et suivez-moi au Club Saint-James, celui des utilitaristes qui se trouve de l'autre côté de la rue et où nul libéral ici présent ne veut s'aventurer. Vous y trouverez peut-être la clef du bonheur pour tous, celle qui permet de se réaliser sans souci de genre, d'origine ou de classe sociale, et peut-être, prendrez-vous la carte du club.

Après avoir mis dans la poche arrière de ma besace cette idolâtrie du marché et l'échec de la métaphysique libérale à assurer le bonheur ici et maintenant et, dans la poche avant, que la libération des énergies apaise l'inquiétude, diminue le malheur, permet toujours plus de croissance et de bien-être et développe la sympathie avec l'amour de son prochain, je la suis.

Où, Club Saint-James, je récolte qu'il faut lutter contre le malheur social mais fuir l'utilitarisme qui veut le bonheur par le sacrifice humain

À peine entré dans le Club Saint-James, je constate que le brouhaha est aussi intense qu'au Café des Libéraux.

– Regardez ces portraits accrochés aux murs, me dit Emily alors que nous visitons les lieux. Ici ceux de Jeremy Bentham, qui a vécu de 1748 à 1832, et de James Mill, né en 1773, disparu en 1836, qui a donné son nom à ce club, car c'est lui qui, jugeant que « le bonheur de chaque homme [...] est sa seule fin réelle » imposa l'idée d'un gouvernement démocratiquement élu, dont l'unique tâche serait d'augmenter au maximum les plaisirs et de diminuer au minimum les peines pour le bonheur de tous[1]. Là, vous voyez la peinture de son fils John Stuart Mill, et là-bas, plus discret, celui de leur précurseur, le philosophe français des Lumières, Claude-Adrien Helvétius[2], né en 1715, mort en 1771, et au-dessus de la porte d'entrée celui, immense, d'Alexander Hamilton, né en 1757, mort en 1804, secrétaire d'État au Trésor, qui a défendu la relation entre le bonheur individuel et celui de la société[3]. On doit à leur vision utilitariste du monde l'affirmation du rôle social de l'État et les impôts progressifs, créés en 1909 en Angleterre par le Président utilitariste Lloyd George, pour lutter contre l'inégalité sociale par la redistribution des richesses.

Nous nous asseyons tandis que le garçon, sans que nous ne lui ayons rien demandé, pose devant nous deux verres de bière, « comme d'habitude, bio sans alcool... pour votre bien », précise-t-il en me regardant. Il ajoute un pot de miel, « urbain et bio » dit-il, venu des tilleuls de Hyde Park et des scones. Emily paraît ravie :

– Ici, au Club Saint-James, on interdit les boissons qui pourraient générer des maux car on se préoccupe de la santé de tous et du coût que le comportement égoïste et irrationnel de quelques-uns pourrait avoir pour les autres. C'est ici, que l'économiste John Maynard Keynes a trouvé les ingrédients des politiques qui ont dominé les démocraties durant la majeure partie du XXe siècle en exigeant l'intervention de l'État pour réguler l'anarchie des marchés et établir plus de justice sociale. Ici aussi que sont nées les politiques de quotas qui permettent de réguler l'égalité des chances en favorisant les pauvres, les femmes et les minorités. Nous avons encore inventé les principes de précaution et de prévention jusque dans le domaine de l'environnement, et chacun milite ici pour des politiques d'assurances sociales et d'accès général aux soins comme l'ont fait Bill Clinton, Barack Obama ou Joe Biden.

– Formidable philosophie, dis-je malicieusement à Emily, un garçon de café que je ne connais pas, qui ne me connaît pas, mais expert en ce qui me convient et des experts en bonheur social à la tête du gouvernement…

– Je comprends votre étonnement, surtout après avoir fréquenté le Café des Libéraux, mais si l'État ne se préoccupe pas du bien général et d'éclairer chacun sur ce qui permet de limiter la peine, qui le fera ? Nieriez-vous que consommer des breuvages mauvais qui engendrent finalement de la souffrance soit un malheur pour celui qui les prend et que le soigner, quand il est malade, a un coût pour la société ? Faudrait-il aussi ne pas limiter les vitesses, rouler sans ceinture de sécurité, donner à l'industrie toute licence ? Nous voulons, à la suite de Bentham, le règne de la raison incarnée par nos experts qui calculent les conséquences sociales des actes, afin d'« édifier la fabrique du bonheur au moyen de la raison et de la loi », selon le principe qu'il faut maximiser les plaisirs et minimiser la souffrance pour le plus grand nombre[4]. C'est cela le bonheur, et non cette vaine recherche d'un souverain bien[5]. Nous nous méfions de ces libéraux qui ignorent l'injustice au nom du droit de rechercher son propre bonheur et imaginent un ruissellement du haut vers le bas, lequel relève largement du mythe. Il suffit de voir le sort des classes populaires, des malchanceux, pour saisir que le travail ne rend pas heureux ceux qui travaillent le plus, il rend seulement les riches plus riches.

– Vous êtes des égalitaristes ?

– Non, nous voulons seulement la justice sociale. Car comment l'homme riche aurait-il pu devenir riche s'il n'avait profité de l'ensemble des bienfaits apportés par d'autres humains ? Chacun a une « dette sociale » envers la société[6], disait le solidariste Léon Bourgeois. Pas seulement parce que nous sommes frères comme le pensent certains socialistes chrétiens, avec Lamennais, mais parce que sommes solidaires dans la production des richesses. Il faut donc que nous le soyons aussi dans leur répartition.

– Voilà qui me paraît proche des socialistes dénoncés au Café des Libéraux.

– Comme les socialistes, nous avons l'objectif de soulager la souffrance humaine. John Stuart Mill a d'ailleurs apprécié leurs réflexions sur la misère humaine après la révolution de 1848. Mais l'utilitarisme n'a jamais sombré dans le socialisme étatiste jacobin. Nous partageons l'angoisse du conservateur Edmund Burke[7] qui, au XVIIIe siècle, a vu les dérives de la Révolution française avec la Terreur, sans même évoquer depuis le communisme et le national-socialisme. Nous sommes pour la réforme mais pas pour la révolution et nos experts ne sont pas au service d'une classe, seulement de l'intérêt général.

– Que reste-t-il de la liberté individuelle de chercher son bonheur ?

– Seul nous intéresse ce qui a des effets sur la société[8]. Ce qui n'intéresse pas le bien social nous indiffère. Ainsi, nous ne touchons pas à la liberté individuelle de penser, utile au progrès du savoir[9]. Certaines activités, le jeu, la boisson, l'oisiveté ou la saleté sont, selon nous, un obstacle au bonheur individuel mais nous ne nous en préoccupons pas. Chacun a le droit de se tromper ou de refuser les conseils avisés car « sur lui-même, sur son corps et son esprit, l'individu est souverain », disait John Stuart Mill[10].

À l'inverse, un policier ivre alors qu'il est en fonction doit être sanctionné car il menace la vie d'autrui. Et si nous défendons la libre entreprise parce qu'elle permet la croissance, nous mettons des limites à l'accumulation du profit en imposant la redistribution sociale pour le bien-être de tous.

– Mais cette justice sociale conduit concrètement à sacrifier certains au bénéfice d'autres…

– Quand il y a conflit entre les désirs sociaux et les désirs individuels, ces derniers doivent céder. Ainsi, l'abolition de l'esclavage n'a pas fait plaisir aux propriétaires d'esclaves mais c'était utile, tout comme le droit de vote des femmes. La recherche de l'utilité sociale pour le plus grand nombre[11] conduit à favoriser des quotas selon le genre, la couleur de la peau, l'origine sociale. Ce que vous appelez sacrifice est la justice maximale possible. En 1971, John Rawls a ainsi pu justifier les politiques de discrimination dite « positive » contre les dominants en imaginant une situation où, chacun serait placé devant ce choix tout en ignorant sa condition sociale future. Il en a conclu que chacun accepterait les discriminations si elles permettent d'obtenir le plus grand bénéfice possible pour les plus défavorisés, puisque nous pourrions être ces plus défavorisés. Ce qui a réjoui les partisans de la justice sociale.

– Ce club semble confondre le bonheur avec des plaisirs bien matériels.

– Oui, c'était un défaut du premier utilitarisme, celui de Jeremy Bentham en particulier qui avait vu que le manque spirituel naît, pour beaucoup, d'une peur matérielle, celle de manquer. Il croyait qu'en réduisant l'inquiétude matérielle, en procurant des biens, on réduirait le manque spirituel[12]. John Stuart Mill a changé la donne. Non seulement en économie, car il croyait à la baisse tendancielle du taux de profit dont Karl Marx héritera, mais aussi au niveau moral en exigeant, au nom du principe de non-nuisance, que l'État puisse intervenir contre des individus qui causent à eux-mêmes, à leurs biens ou à la société, des dommages nuisibles, et surtout il appelle les experts à calculer pour offrir par des lois et des règlements l'accès à des plaisirs supérieurs, les plaisirs issus des sciences et de la philosophie, les plaisirs esthétiques liés à la connaissance de l'art, les plaisirs moraux produits par la compassion, la générosité, l'amitié et l'amour qui apportent une satisfaction intense qui n'est pas mesurable. Tout cela convergeant vers une religion de l'humanité qui remplace les spiritualités théistes, notamment en inculquant la croyance au progrès. Ainsi, le bonheur n'est-il pas seulement l'absence de souffrance mais l'ensemble des plaisirs matériels et, surtout, intellectuels.

Hélas ! mon train ne va pas tarder à repartir, il me faut retourner à la gare. Je remercie Emily et je récolte dans la poche arrière cette illusion que le bonheur collectif aurait un sens sans le bonheur individuel, qu'il pourrait justifier une technocratie étatiste organisatrice du sacrifice social, et cette confusion du plaisir, de l'utile et du bonheur. Dans la poche avant de ma besace, je dépose ce souci de générosité sociale qui met la considération des plus défavorisés au cœur de toute recherche authentique du bonheur pour tous, ici et maintenant.

Où, Café de la République, je récolte que si Gavroche est tombé à terre, c'est la faute à Voltaire et au manque de Lumières

À nouveau seul dans le train, je m'assoupis tandis qu'il m'amène à Paris, Gare de l'Est, d'où le *Mondial Express* doit repartir pour l'Allemagne. Mais, à peine arrivé, alors que je m'attends à ce que le train reparte après un bref arrêt, j'entends soudain un haut-parleur annoncer l'annulation de tous les départs jusqu'à nouvel ordre. Je descends sur le quai où j'aperçois, dans le hall, entre fumées de gaz lacrymogènes et cocktails Molotov, des manifestants porteurs de pancartes qui exigent du gouvernement qu'il leur donne le bonheur. Si je ne peux poursuivre mon périple, ni rester dans ce hall, que faire ? Un manifestant, me prenant en pitié, peut-être à cause de mon aspect de vagabond, me fait traverser la foule et m'entraîne dehors.

– Allons au Café de la République, à côté du boulevard Voltaire, me dit-il, en attendant la fin des heurts.

En chemin, je dis à Victor, c'est son prénom, être déjà passé à Paris, et n'avoir pas le souvenir d'un tel embrasement des passions. Il s'amuse à cette évocation.

– Ce sont deux Paris différents, deux visions du monde.

Arrivés au Café de la République, il commande foie gras, poularde, deux grives et une bouteille de vin de Champagne, ce qui fut, me dit-il, le repas courant des membres du Tribunal révolutionnaire, en 1793. Il y ajoute une tartine de miel venue du château de Versailles. Après quelques verres de vin, un peu éméché, il entonne le chant de Gavroche, qu'il me dit être un personnage des *Misérable*s de Victor Hugo, enfant abandonné, vivant dans la rue au milieu des violences, des rats et de la puanteur mais mort sur les barricades de la révolution de 1832, pour avoir voulu le bonheur avec un « cœur gros comme ça ».

Je rapporte sur ce carnet, à tout hasard, le refrain de sa chanson :

> Je suis tombé par terre, c'est la faute à Voltaire
> Le nez dans le ruisseau, c'est la faute à Rousseau
> Je ne suis pas notaire, c'est la faute à Voltaire
> Je suis petit oiseau, c'est la faute à Rousseau.

Une fois le chant terminé, sous les ovations d'une partie du café, je lui demande pourquoi Gavroche doit à Voltaire d'être tombé à terre.

– À cause d'un quiproquo, dit-il en riant. Gavroche ne sait pas que la seule liberté qui importe pour Voltaire est la liberté de conscience et le droit d'utiliser sa raison. De son *Traité sur la tolérance* à son *Dictionnaire philosophique portatif*, sur les pas de John Locke qu'il admirait[1], Voltaire a d'ailleurs défendu la liberté au risque de sa vie, jusqu'à être enfermé 11 mois à la Bastille et à devoir s'exiler. Il a réhabilité la mémoire de Jean Calas, ce commerçant protestant, torturé et brûlé en 1762 par des fanatiques religieux pour un meurtre, celui de son fils, qu'il n'avait pas commis, et aussi celle du chevalier de La Barre, 19 ans, qui avait eu la langue coupée, avant d'être décapité sous prétexte d'avoir détruit un crucifix en bois, ce qui était faux.

– Voltaire n'évoque pas le bonheur ?

– Si, mais cela ajoute au quiproquo. Il dénonce le bonheur dans l'au-delà promis par l'Église, ce qui maintiendrait les misérables dans l'acceptation du malheur présent et il appelle « fantasme » la croyance philosophique au souverain bien. Contre l'idée, je le cite, que « le bonheur est pour les riches, la félicité pour les sages, la béatitude pour les pauvres d'esprit », il ironise en disant que le bonheur n'est pas « pour » les riches mais qu'il est accaparé « par » les riches. Et il ajoute que « la grande affaire et la seule qu'on doive avoir, c'est de vivre heureux[2] », ce qui pourrait conduire à croire qu'il justifie révolte ou révolution au nom du bonheur. Mais il n'en est rien. Il s'inscrit dans le projet des Lumières qui rassemble, entre 1751 et 1772, autour de Jean Le Rond d'Alembert et de Denis Diderot, tous les savoirs disponibles dans une gigantesque *Encyclopédie* de 17 volumes et 60 000 articles. L'objectif est, par l'accès au savoir, de « travailler utilement à son bonheur », dit le baron d'Holbach[3] qui ne le différencie pas des améliorations utiles au bien-être[4]. Et même de trouver la félicité, précise Voltaire qui en écrit l'article dans l'*Encyclopédie*, ce qui ajoute au quiproquo.

– Quiproquo ?

– Vous allez comprendre. Le bonheur comprendrait plusieurs niveaux. À la base, se trouverait le plaisir, sentiment agréable et passager, ensuite arriverait le premier état du bonheur, une suite de plaisirs plus durables avec des biens satisfaisants durant un temps court, accessible à tous, misérables compris, ce qui est aussi l'avis de Diderot[5]. Au-dessus, il y aurait le bonheur par la prospérité : une suite de bonheurs qui durent plus longtemps. Au sommet, la félicité. Mais celle-ci n'est pas la contemplation de Dieu ou je ne sais quoi, mais une jouissance longue et intellectuelle de la prospérité. Vous voyez, encore des biens matériels. Cette félicité par les biens matériels grâce aux progrès du savoir serait, dit Voltaire, un « état permanent, du moins pour quelque temps, d'une âme contente », un « bien rare[6] », avec plein de plaisirs, aidé d'un zeste de hasard, comme le dit aussi Fontenelle[7]. C'est pourquoi, dans *Candide*, au lieu de la révolte, Voltaire défend l'idée qu'il faut se satisfaire de cultiver son jardin, comme il le fit dans son château de Ferney. Il restera toujours fidèle à ce poème écrit en 1736, *Le Mondain* : « Le paradis terrestre est où je suis », chacun doit se contenter de ce qu'il a où il est, jouissant de ses biens et de l'accès au savoir.

– Un Gavroche doit accepter son malheur ?

– Oui, il peut seulement espérer profiter des retombées du savoir grâce à l'élite qui le détient. Contre toute idée de révolution, tous les encyclopédistes s'accordent pour dire avec d'Holbach que « l'erreur est la vraie source des malheurs de notre espèce » et qu'il est vain de croire que l'on pourrait, par la volonté, échapper au malheur social[8]. D'ailleurs, ils sont tous étatistes, car écrit Diderot, « l'État est un corps politique composé de différentes parties unies entre elles par un intérêt commun qui ne leur permet pas de se détacher, sans se préjudicier à elles-mêmes[9] ». S'ils évoquent parfois « les droits de l'humanité[10] », ce sont ceux de l'accès au savoir et leur idée de progrès se réduit à celui des sciences et des techniques[11]. Tous sont persuadés que l'humain naît ignorant et qu'en vieillissant cela va de mal en pis, car les sens nourrissent l'erreur tandis que l'obscurantisme égare la raison[12]. Pour briser les « chaînes » dont parle Diderot, qui ne sont pas sociales mais celles de l'ignorance, une seule solution : l'État, pas le gouvernement des experts en savoir.

– Ce n'est pas « ose savoir ! » mais « suis ceux qui savent » ?

– Oui, car jamais les Lumières ne proclamèrent « Ose savoir ! » contrairement à ce que dit Emmanuel Kant. Si « l'esprit de lumière est la sorte d'esprit qui rend nos idées visibles au commun des lecteurs[13] », dit Helvétius, c'est que seuls les experts peuvent « élever de proche en proche les esprits médiocres jusqu'aux plus hautes idées », indiquant au législateur les lois qui assurent la diffusion du savoir à la population[14], car « la science de l'homme fait partie de la science du gouvernement » et un bon gouvernement serait celui qui possèderait « la science de la morale » qui se réduirait à diffuser les connaissances et qui permettrait alors, par la croissance des biens, « le bonheur général[15] ».

– Ne sont-ils pas néanmoins soucieux des droits individuels ?

– Pas le moins du monde. Leur idéal est celui du « monarque éclairé », représenté par Catherine II de Russie qui les finance et les héberge même parfois à Moscou, comme Diderot. Voltaire sacralise même cette reine et lui dit son amour platonique dans près de deux cents lettres. Elle écrit pourtant dans la Constitution russe « le pouvoir émane du souverain, et il n'y a d'autre souverain que le monarque », elle engage des guerres impérialistes, les moujiks sont écrasés de charges, elle impose le servage en Ukraine et fait assassiner son mari... Qu'importe puisqu'elle crée une académie, diffuse les techniques modernes et croit en la Raison. Ce culte du monarque éclairé est tel que d'Alembert, en 1759, abandonne le projet de l'*Encyclopédie* pour ne pas déplaire à Louis XV. Voltaire, par ailleurs actionnaire de la compagnie des Indes qui organise le commerce des esclaves, préfère quant à lui le despote Frédéric II de Prusse qui l'accueille, oubliant ses guerres pour s'emparer de l'Autriche et de la Pologne, sa persécution des juifs, le contrôle de la vie économique par l'État.

Profitant de la discussion entre Victor et un habitué du café, tout en croquant ma tartine au miel du château de

Versailles, je songe à la vision du bonheur de Voltaire qui, avec ses degrés de prospérité, ressemble aux escaliers de son château à Ferney : difficiles à monter pour qui n'est pas bien né ou pas invité. Victor Hugo savait donc de quoi il retournait puisque son personnage de Gavroche tombe en affrontant une garde nationale formée par les citoyens propriétaires qui est au service d'un roi, modèle de despote éclairé, Louis-Philippe. Oui, Gavroche tombe, évidemment. Cette liberté de Voltaire le concerne seulement de loin. Elle est celle de parler, quand lui manque de pain. Elle assure par le progrès l'usage des biens, quand lui ne possède rien. Gavroche n'est pas notaire, il est donc berné. Il chante en libertaire l'air de la liberté contre l'Europe des despotes et croit aux Lumières faute d'être assez éclairé par une vraie lumière qui dit l'amour de l'humanité. Il restera l'enfant des rues, sans jardin à cultiver, condamné à tomber par terre.

Je récolte dans la poche arrière de ma besace que la réalisation heureuse de soi est impossible par le seul savoir et la fumeuse Raison, qui éclairent souvent mieux les despotes que les Gavroche, et j'y associe cette sombre illusion que la prospérité serait le chemin du bonheur ou de la félicité. Et dans la poche de devant que l'exercice de la liberté de penser et le progrès scientifique et technique contribuent à la réalisation de soi s'ils sont éclairés par la vraie lumière, celle qui met le malheur de Gavroche au centre de ses soucis.

Où je récolte que si Gavroche est tombé le nez dans le ruisseau, c'est la faute à Rousseau

Je sors de ma rêverie en entendant de nouveau Victor chanter à tue-tête le fameux refrain de Gavroche.

– Tomber dans le ruisseau, lui dis-je, est pire encore que tomber par terre. La philosophie de Rousseau est-elle donc plus encore responsable que celle de Voltaire de ne pouvoir, pour les plus humbles, se réaliser sur terre ?

– Oui, c'est le paradoxe soulevé par Victor Hugo. Car si les principaux artisans de l'*Encyclopédie* ne sont pas intéressés par le sort des misérables, ce n'est pas le cas de Jean-Jacques Rousseau qu'ils n'aiment guère. Certes, ils lui confient plus de 350 articles, mais exclusivement sur la musique et quelques termes psychologiques, comme son article sur le soupir. Et lui, qui n'admet aucune connivence avec les despotes éclairés, ne cesse de dénoncer ce qu'il appelle les « raisons spécieuses » qui conduisent certains encyclopédistes à accepter le malheur social. Il refuse même l'offre de protection royale anglaise proposée par David Hume. Contre eux, il proclame la souveraineté du peuple et, sous son influence, le Préambule de la Déclaration des droits de l'homme et du citoyen, adoptée le 26 août 1789, se donne pour objectif le bonheur de tous. Influencés par ses thèses, les jacobins de Robespierre vont dénoncer les disciples de Voltaire qui confondent le « bonheur » avec la prospérité et le bien public avec le « mieux particulier » des bourgeois[1]. Voilà ce qui séduit les Gavroche.

– Proclamer le droit pour chacun de rechercher son bonheur est formidable…

Victor éclate de rire :

– Mais il n'est pas question dans cette Déclaration d'un droit individuel de rechercher son propre bonheur. Cette Déclaration est celle des droits de l'homme et du citoyen. Oui « et du citoyen ». Et quand il est question de bonheur, le citoyen l'emporte car il s'agit du « bonheur de tous », de celui du peuple, décidé à la majorité de ses représentants, contre lequel nul ne peut revendiquer un droit individuel au nom de la nature humaine. Les autres droits individuels ont d'ailleurs subi le même sort : tous les droits sont sous le contrôle des représentants de la souveraineté populaire. Ainsi, l'article 10 proclame que « nul ne doit être inquiété pour ses opinions, même religieuses » mais il précise « pourvu que leur manifestation ne trouble pas l'ordre public établi par la loi », une loi décidée par les élus qui décidèrent ainsi, en 1790, de supprimer les monastères, de nationaliser les biens du clergé, de contrôler le clergé séculier. Les massacres, en septembre 1792, de milliers de prêtres et d'opposants, jusque dans les prisons, ont été qualifiés par Robespierre d'actes « salutaires » et « de bienfaisance[2] » car ces individus revendiquaient leur droit individuel « égoïste » au bonheur ou à la félicité, contre le bonheur déterminé par les représentants de la majorité du peuple. Reprenant Rousseau, lors du discours qui légitime la Terreur, Saint-Just dit que « le bonheur est une idée neuve en Europe[3] » qu'il est celui du peuple et qu'il est temps de le réaliser en suivant les décisions de la majorité. D'où la Terreur.

– Comment en sont-ils arrivés à refuser le droit de réaliser son propre bonheur ?

– C'est la faute à Rousseau, dit Victor en riant. Tout s'est joué en juillet 1789, lors des discussions préalables à l'adoption de la Déclaration, les plus libéraux comme Champion de Cicé, Jean-Joseph Mounier ou Stanislas Clermont-Tonnerre, ont tenté de privilégier l'homme sur le citoyen, mais sous l'influence des rousseauistes, ils furent battus. Rousseau avait inventé une fantasmagorie qui ravissait les démagogues. Il prétendait que l'idéal serait de retrouver l'état de nature qui aurait été une situation d'égalité et de paix grâce aux sentiments d'amour de soi et de pitié. Puis, sous l'effet du hasard et du progrès, l'humain étant libre et perfectible grâce à sa raison, la propriété privée serait apparue et l'inégalité avec elle. Obtenant plus que leurs besoins, certains auraient profité de ce surplus pour dominer les autres[4]. L'amour de soi se serait transformé en amour-propre avec jalousies, conflits, égoïsmes[5]. Ainsi, le résultat du progrès serait la disharmonie et la corruption. D'où ce constat énoncé par Rousseau : « L'homme est né libre, et partout il est dans les fers[6]. »

– Et je suppose qu'il donne le moyen de s'en sortir ?

– Oui, sur le modèle des sociétés privées, il imagine un contrat social où les individus s'associeraient autour de statuts, la Constitution, qui aurait pour objet social le bien public. En le signant, chacun devient alors actionnaire, « citoyen », dit-il, et il accepterait l'« aliénation totale » de son moi et de sa recherche de bonheur propre au bénéfice de la communauté et du bonheur de tous. Ainsi, serait créé un corps politique souverain, appelé « le peuple », dont chaque citoyen devient un membre, une partie indivisible[7], ce qui permettrait, en retour, de jouir des droits civils, politiques et sociaux. Lorsque les citoyens se réunissent, comme le ferait une assemblée générale d'actionnaires, pour décider des lois, ils constituent alors dans le rassemblement de leurs volontés ce qu'il appelle « la volonté générale », expression de la souveraineté populaire, que le gouvernement doit exécuter[8].

– Que reste-t-il alors des droits naturels ?

– La seule liberté qui reste est la liberté politique du citoyen[9] qui s'exerce dans le vote. Si son point de vue ne l'a pas emporté, cela prouve qu'il est trop particulier, le citoyen doit donc se soumettre. L'idée étant que, par miracle, les intérêts particuliers égoïstes s'annulent, faute de trouver l'approbation de la majorité[10]. Ainsi, les minoritaires ont toujours juridiquement tort. S'ils persistent à maintenir leur point de vue, alors, comme le dira le rousseauiste Louis Antoine de Saint-Just, ils portent la marque des « factions scélérates » qui veulent prendre « d'une main hardie, le timon de l'État[11] » contre la souveraineté populaire et ils doivent être châtiés. C'est le point de vue de la vertu.

– Ce refus des droits individuels serait la vertu ?

– Oui, car pour eux, il ne s'agit donc pas de s'opposer à tous les désirs, y compris celui d'être propriétaire[12], mais de tout contrôler à partir de la vertu civique afin d'éviter que les désirs immoraux de l'intérêt personnel, comme ceux du luxe, ne sabotent l'intérêt général. Cette prétendue vertu permettrait d'unir « l'intérêt personnel à l'intérêt général » en privilégiant toujours l'intérêt général[13]. Ainsi serait éradiquée la cause principale de nos malheurs : les possibilités limitées de chacun et ses désirs infinis attisés par le vice social[14]. Ce qui est aussi la cause majeure de l'injustice : la possibilité offerte aux plus riches de réaliser un plus grand nombre de désirs au détriment des plus pauvres. Ainsi, le vrai bonheur, le bonheur spirituel, dans la société comme en nous, serait obtenu quand on se donne des objectifs réalisables conformes au bien public.

– Finalement, le bonheur individuel existe...

– Oui, mais il est de deux types, l'un faible, l'autre fort et sublime. La république ouvre la voie du bonheur faible, accessible à tous, par une religion civile qui conforme la volonté particulière des citoyens à la volonté générale. Cette religion civile permet à la conscience de communier avec la raison qui gouverne le monde, donc avec l'Être. Robespierre l'incarna, en habit bleu, lors de la fête du 18 juin 1794 qui célébrait la liberté, l'Être suprême et l'immortalité de l'âme. Mais le bonheur sublime advient quand, dépassant la vertu, n'ayant plus besoin de trouver la force en soi de lutter contre le vice, on devient bon. Oui, « bon », dit Jean-Jacques Rousseau et plus seulement vertueux. Un don du bonheur offert par Dieu. Ainsi, il décrit le « court bonheur de sa vie » dans un « asile sauvage et retiré » dans la propriété des Charmettes, près d'Annecy : « Je me levais avec le soleil, et j'étais heureux ; je me promenais, et j'étais heureux ; je voyais maman, et j'étais heureux ; je la quittais, et j'étais heureux[15]… » Maman, c'est son amante, madame de Warens. Loin de la vie sociale et de ses vices, détaché du monde, « hors du temps », comme il le dit aussi dans *Les Rêveries du promeneur solitaire*, la conscience communie alors avec la nature divine et elle retrouve une forme de vie proche de l'état de nature qu'on croyait perdue.

Après que Victor eut parlé d'amour, de Gavroche, de Cosette, de Jean Valjean et d'un prêtre passeur d'amour, apprenant par le patron du café que les heurts ont cessé à la gare et que mon train va repartir, nous nous quittons non sans regret.

En chemin vers la Gare du Nord, je songe à Gavroche. Victor Hugo a bien senti que Gavroche, un libertaire qui veut réaliser son propre bonheur, est inadapté à cette fusion du « moi » au sein du peuple. Oui, s'il est tombé dans le ruisseau, c'est bien la faute à Rousseau. L'histoire fut le ruisseau qui balaya sa vie faute d'avoir pu s'affirmer comme « je » et d'avoir pu trouver la clef pour se réaliser comme « moi ». La faute à cette croyance qu'il y aurait un droit au bonheur qui pourrait être réalisé par l'État au lieu d'un droit à la recherche du bonheur qui se réaliserait par soi. Un droit qui dépendrait de la souveraineté populaire au lieu d'exprimer la souveraineté de soi. Oui, ce petit oiseau joyeux tombe le nez dans le ruisseau, faute d'avoir rencontré, comme Cosette, le ciel étoilé qui chante l'amour de l'humanité et une vraie lumière pour éclairer son chemin.

Je récolte dans la poche de derrière qu'ainsi vont les humains vers leur malheur, entre les balles des despotes et la guillotine de la vertu, quand ils ignorent que l'humain ne se réduit pas au citoyen parce qu'il n'est pas de citoyen qui ne soit d'abord humain. Et, dans la poche de devant, que se réaliser comme citoyen est un progrès, seulement s'il permet de mieux se réaliser comme être humain.

Je monte rapidement dans le train pour Berlin où, à peine installé, ne craignant pas le bruit des autres voyageurs, puisque je suis encore et toujours seul avec moi-même, je m'assoupis.

Où je récolte contre les Kan't et autres aigris de la vie que la vraie moralité est d'accepter la réalisation de sa nature humaine

Bien plus tard, le train s'arrête à Potsdam. J'en profite pour descendre sur le quai où, à ma surprise, une charmante femme, vêtue de blanc, vient vers moi pour m'offrir du miel de colza, crémeux, pâle, presque blanc, et une brioche tressée, du Hefezopf, pour l'accompagner. Ému par ce don, je la remercie maladroitement et je remonte dans le train. À peine ma place retrouvée, nouvel étonnement : je ne suis plus seul dans le train. Un individu en costume strict, monté à Potsdam, s'assoit en face de moi et pose sa pipe sur la tablette. Pressé de sympathiser, je lui propose de partager le Hefezopf et le miel. Il me regarde avec suspicion et refuse tout de go. J'apprends qu'il est fonctionnaire-philosophe, se prénomme Immanuel et se rend à Kaliningrad, où habitait un certain Emmanuel dont je ne comprends pas bien le nom.

– « Can't ? », lui dis-je, c'est un Anglais ?

– Non pas « Can't », répond-il vexé, mais « Kant », avec un « K », un philosophe né en 1724, mort en 1804, dont vous devriez vous inspirer…

Le quiproquo levé, tandis qu'il regarde avec mépris ma besace et mon bâton, j'apprends qu'il partagerait avec Kant le bon goût de ne jamais voyager loin de chez lui.

– Oui, Kant est né, a vécu et est mort à Königsberg, devenu Kaliningrad depuis, sans jamais s'en éloigner de plus de 60 km. Il savait tout voyage inutile car toute connaissance vient de nous, de notre sensibilité, cette faculté qui permet d'être affecté par les objets du monde extérieur, et de notre entendement, cette faculté de former des concepts et de les appliquer à ces intuitions récoltées par la sensibilité.

Je le laisse m'exposer en un long discours ennuyeux qu'il faut être modeste car, incapables d'atteindre la vérité derrière les phénomènes, nous ne pouvons connaître que ce qui nous apparaît. Je passe au lecteur ses références à la « raison pure » et au « transcendantal » qui lui permettent de dénoncer ceux qui croient en cette scandaleuse relativité générale avec son espace-temps et ses trous noirs, ou en cette physique quantique avec son principe d'indétermination, ses sauts, ses objets à la fois ondes et particules, son vide à la fois matière et antimatière, sa différence entre niveau macroscopique et microscopique…

– Toutes ces fadaises, termine-t-il, alors que Kant a dit que l'espace et le temps sont des formes distinctes de la sensibilité, que les catégories de l'entendement ne sont pas tirées de l'expérience et que toute théorie physique doit découler de principes a priori qui viennent de nous et non du réel et de l'expérimentation.

Après sa palabre, j'évoque, puisqu'il me le demande, mon voyage.

– Vous posez mal le problème du bonheur, me dit-il. S'il existait, ce serait, comme le dit Kant, l'état d'un humain « à qui, dans tout le cours de son existence, tout arrive selon son souhait et sa volonté[1] ». Or, nul ne s'accorde sur son contenu, chacun le remplit à sa façon, avec sa sensibilité. Certains désirent la richesse, d'autres la gloire, d'autres la santé, d'autres la connaissance, et que de désillusions ! L'individu obtient-il la richesse ? Alors, au lieu de la plénitude, voilà l'envie, la jalousie, les soucis. Vit-il longtemps ? Voilà la souffrance avec la vieillesse. Augmente-t-il ses connaissances ? Alors, il découvre les maux qui l'attendent. On peut seulement obtenir certains plaisirs. Finalement, la recherche du bonheur n'est qu'un effet de l'amour narcissique de soi[2], ce qui met évidemment en cause votre sot voyage, dit-il en me regardant m'empiffrer, avec plaisir, d'un morceau de brioche au miel.

– Il faudrait donc condamner cette recherche du bonheur ?

– Pas totalement. Il faut seulement condamner ceux qui font du bonheur le bien suprême. Rousseau aurait d'ailleurs dû vous être d'une plus grande aide : Kant avait son portrait dans son bureau et ses ouvrages l'ont bouleversé, en particulier *L'Émile*, qui a démontré que le bien suprême n'est pas le bonheur mais la vertu. Sans la vertu, comment mettre au pas la sensibilité et interdire les penchants mauvais de notre volonté ? Mais tout n'est pas négatif dans cette recherche illusoire du bonheur. Dans l'échec pour l'obtenir, chacun ressent sa finitude et aussi, puisqu'il l'a cherché, sa liberté. Par la liberté, nous découvrons que nous n'appartenons pas qu'au monde sensible des phénomènes étudié par les sciences, mais aussi au monde intelligible, celui qui se tient derrière les choses. Ainsi, nous pouvons diriger notre sensibilité et dire non au mal. Le bien suprême n'est donc pas l'impossible bonheur mais la vertu qui dépend de cette volonté libre quand elle s'oriente selon la raison vers le bien.

– Et comment cette belle âme s'oriente-t-elle ?

– Nous avons un moyen simple pour cela : il suffit d'universaliser le principe de nos actions. Par exemple, imaginons que vous vous accordiez le droit de mentir sous prétexte de sauver un de vos amis, si nous universalisons le principe de votre action, il faudrait admettre que tout le monde a le droit de mentir. Or, la vie sociale serait alors impossible. Donc mentir est immoral. De même, si certains s'autorisent le vol dans certaines circonstances comme la faim, universalisons : si tout le monde vole, que deviennent l'économie, le droit, la morale ? Donc, c'est immoral. La vertu est donc aisée, il suffit d'agir selon ce principe d'universalisation, que Kant appelle « impératif catégorique » qui dit « agis uniquement d'après la maxime qui fait que tu puisses vouloir en même temps qu'elle devienne une loi universelle ». Ne pas voler, ne pas tuer, aimer son prochain, voilà qui peut s'universaliser, voilà qui est moral. Et comme cela ne dépend que de nous, alors, cela se peut. Comme on doit toujours obéir au droit dans les États, dit son disciple Hans Kelsen[3], car si on s'accorde de désobéir pour une petite injustice, on voit qu'en universalisant la désobéissance, on obtient le chaos. « Raisonnez tant que vous voudrez et sur tout ce que vous voudrez mais obéissez ! » Tant pis pour le malheur subi.

– Il faut donc condamner la recherche du bonheur ?

– Non. C'est un idéal de l'imagination né du désir que « tout arrive selon son souhait et sa volonté », rappelle Kant. Or, nul ne peut le réaliser de sa propre volonté car personne ne peut tout contrôler. Mais, d'un autre côté, chacun l'espère. Et chacun peut admettre que le souverain bien serait le « bien complet et parfait[4] » qui associerait la vertu qui, elle, dépend de nous, et le bonheur, qui dépend du monde sensible[5]. Or, ne peut-on espérer un tel accord ? Devrait-on admettre, sinon, que la souffrance ressentie par ceux qui vivent en vertueux, n'a pas de sens et qu'il n'y a aucun bonheur possible ? C'était la thèse de Johann Gottlieb Fichte qui prétendait même que le bonheur est un objectif immoral, conduisant à chercher de « faux biens », des « choses finies et apparentes[6] ». Mais, Kant n'en croit rien. Il lui paraît raisonnable de penser qu'il y a un « plan caché » de Dieu qui permet l'accord de la vertu et du bonheur[7]. Cet accord indépendant de nous serait une grâce, une « récompense » donnée par Dieu aux vertueux. Il serait alors possible d'être heureux, à condition d'être « digne de l'être ».

– Être digne d'être heureux, c'est donc vivre en vertueux ?

– Oui, une telle vie est improbable, vagabond. N'étant pas des saints, il faudrait une expiation de nos péchés. Or, l'homme, né libre, « est lui-même responsable » de ses actes mauvais[8]. Quand Kant proclame : « Aie le courage de te servir de ton propre entendement ! », c'est pour rappeler que la cause de notre malheur « réside non dans un défaut de l'entendement mais dans un manque de décision et de courage de s'en servir sans la direction d'autrui » et il dénonce la « paresse et lâcheté » de ceux qui vivent dominés « parce qu'il est si commode d'être mineur ». Si l'être humain a des dispositions originelles au Bien, il a aussi un penchant au Mal[9], dont ni la sensibilité n'est responsable, puisqu'elle donne même l'occasion à la vertu de s'exercer, ni la raison, puisqu'elle contient en elle la loi morale. Le mal vient de l'amour de soi qui crée les conditions de la désobéissance à la loi morale, ce qui laisse libre cours au désir, spirituel ou sensible, qui vise toujours l'intérêt, le plaisir[10]. Ce mal en nous est si fort, qu'il n'est pas certain qu'il ait existé un jour un seul humain animé d'une intention pure, méritant le bonheur, oui, aucun qui fasse le bien selon l'esprit de la loi, pas un seul. On peut donc seulement espérer le souverain bien, en restant armé pour le combat contre le vice, et espérer ainsi obtenir ce que Kant appelle une « éternité bienheureuse », sans trop l'espérer, vu le mal en nous.

Le silence règne entre nous alors que nous arrivons à Berlin. Je songe à cette tartufferie moralisatrice. Comment le mensonge qui permettrait de sauver un enfant juif d'une horde nazie qui veut l'assassiner, pourrait-il être moralement interdit ? En vérité, la prétendue moralité pure se traduit ainsi : « Si tu veux obéir à la loi morale, accepte tous les moyens pour cela », y compris le sacrifice de ton prochain. L'humanité n'est plus qu'un moyen au service d'une fin, au service d'une Loi qui vaut plus qu'elle. Cet impératif efface l'existence individuelle au nom d'un impératif hypothétique car si je ne veux pas de cette prétendue loi morale, alors je peux accepter le mensonge. Or, ne pas l'accepter je le dois. Le seul impératif vraiment moral est celui qui pose, comme l'exige ma seconde clef du bonheur et l'histoire de la pensée, l'amour de son prochain. Quand l'impératif de Kant dit « extermine toute l'humanité s'il le faut pour faire respecter la loi », l'impératif de l'amour dit « ne respecte aucune loi qui ne met pas la nature humaine en chacun au-dessus des lois ». De cette nature humaine, je ne sais pas tout, sinon que sa faiblesse est évidente. Or, puisque l'amour de soi est une condition de réalisation du bonheur, la vraie loi morale exige que nous sachions pardonner et aimer ces humains aux connaissances limitées et à la volonté mal éclairée.

Sur un point seul, Kant a raison : il y a une autonomie de la volonté dans la vraie moralité. Car aimer chaque individu, tel qu'il est, dans sa nature humaine faillible, nous le pouvons, et l'aider à s'aimer, dans l'acceptation de soi, en cueillant le jour, nous le devons. Si le bonheur existe, il passe nécessairement par là.

Dans la poche arrière de ma besace, je mets ce moralisme qui refuse la nature humaine pour transformer tout être humain en conscience malheureuse, et dans la poche de devant que la volonté peut et doit dire l'amour d'autrui et son droit de rechercher le bonheur pour se réaliser, avec sa nature propre et ses faiblesses.

Où je récolte avec Hegel que se réaliser passe par la reconnaissance de soi mais non par l'idolâtrie de la Raison et de l'État

Alors que nous descendons à la gare centrale de Berlin, je laisse avec plaisir Immanuel continuer vers Kaliningrad. J'écoute un temps une troupe de musiciens qui, sous la baguette d'un chef d'orchestre, joue une marche militaire de Beethoven. Après avoir pris, dans une boutique qui l'offre gracieusement à tous les passants, du miel de la Forêt-Noire, sombre, boisé et acidulé, je me dirige sur les recommandations du marchand vers un vieux restaurant de la ville, Zur Letzten Instanz, où Napoléon Bonaparte aimait dîner.

À peine arrivé, je sympathise avec mon voisin de table, un élégant personnage vêtu d'un habit gris et ample. Georg, c'est son prénom, admirateur de Georg Wilhelm Friedrich Hegel dont il évoque, avec ferveur, l'influence sur tous les partisans de l'État moderne. Je résume ma quête et, en attendant ma commande, un sauté de veau Marengo, je lui propose une tartine de pain allemand au miel.

– Intéressant, dit-il en la goûtant, et il est curieux que Hegel n'en ait jamais parlé d'autant que Napoléon Bonaparte, son héros, a mis l'abeille, symbole de l'immortalité et de la résurrection, au cœur de l'imagerie impériale.

Ignorant ce mystère, je lui narre ma dernière rencontre avec un disciple de Kant qui n'aimait pas les voyages.

– Pas étonnant, dit-il en riant, derrière tout kantien, une belle âme sommeille qui ne veut pas se salir les mains en allant à la rencontre de la vie réelle. Tout le contraire de Hegel. Né à Stuttgart, en 1770, il a vécu à Tübingen, Berne, Lausanne, Francfort, Iéna, Nuremberg, Heidelberg, Berlin et il est allé aux Pays-Bas, en Autriche, à Paris, à Prague. Sa mère, une juriste, morte quand il avait 13 ans, lui avait appris que le monde était conduit par une providence divine et son père, rationaliste luthérien, haut fonctionnaire de la Cour des comptes, l'avait envoyé au séminaire de Tübingen. Il y avait appris que la nature n'avait pas d'histoire, que la physique n'avait pas à se préoccuper de l'expérimentation et que l'histoire était un fait spirituel, orienté par la divine providence. Là, il s'enthousiasme pour la Révolution française, participe à un club républicain, chante *La Marseillaise*, défend Rousseau et il lit la revue *Minerva* des francs-maçons. Accompagné du philosophe Friedrich Schelling et du poète Friedrich Hölderlin, le 14 juillet 1793, il plante même un « arbre de la liberté », un peuplier, près de Tübingen. Plus tard, il dira que la Révolution française fut « un superbe lever de soleil… l'esprit a fait frissonner le monde, comme si, à ce moment seulement, on en était arrivé à la véritable réconciliation du divin et du monde[1] ».

– L'Esprit, au lieu du bonheur promis, fit surtout frissonner d'aise sainte Guillotine...

– Vous persiflez. Hegel est affligé par la Terreur mais il y voit aussi l'œuvre de la providence. Comme il le dira plus tard, « concevoir ce qui est, est la tâche de la philosophie » car « ce qui est, c'est la raison[2] », « ce qui est rationnel est réel, ce qui est réel est rationnel[3] ». La Terreur fut une nécessité. Car, après 1789, découvrant leur liberté, beaucoup ont cherché à satisfaire leurs « besoins, inclinations, passions, opinions, fantaisies », ce qui s'appelle « le bien-être ou bonheur », sans se préoccuper du bien général[4]. La Terreur permit d'en sortir. Robespierre proclama le règne de la liberté universelle contre les égoïsmes. Chercher son intérêt fut appelé vice et le placer au-dessus de l'intérêt général, corruption. L'égalité devint le chemin de la liberté et tous les citoyens, êtres de désir, furent suspects de vice[5]. Mais la Terreur n'était qu'un moment de l'histoire. Robespierre eut la tête tranchée quand les consciences parvinrent à comprendre la nécessité de réaliser l'État rationnel qui concilie les intérêts particuliers et l'intérêt général. Une idée portée par Bonaparte que Hegel voit passer sous ses fenêtres, en 1806, à Iéna. Pour lui, c'est « la Raison à cheval[6] ». Avec l'État, la Raison achève l'histoire.

– Et pourtant, elle continue...

– Ce qui s'achève, c'est l'histoire spirituelle. Ce n'est pas la fin des évènements, sans importance pour la pensée[7].

Ainsi, après la défaite de Waterloo, en 1815, Hegel constate que la Raison abandonne Bonaparte qui a fait son temps. Lui-même en 1818, alors professeur à l'Université de Berlin, pour faire de l'Allemagne un État moderne, il soutient le roi Frédéric-Guillaume III qui pourchasse les idées libérales et contrôle les universités. Nommé recteur de l'université de Berlin, en 1829, il condamne les révolutions, l'extension du suffrage universel et la liberté de la presse. L'État d'abord ! En 1831, à son enterrement, des centaines d'étudiants brandissent des torches enveloppées dans des crêpes de deuil pour célébrer celui dont les derniers mots ont été qu'il faut rendre le monde partout conforme à la liberté portée par la Raison, l'État.

– Il a donc soutenu Terreur, guerres napoléoniennes, dictature prussienne et despotes. Gavroche aurait-il dû chanter sous les balles, « bien joué, vieille taupe » ?

– Un Gavroche désire, comme tout un chacun, la reconnaissance de soi par les autres. Cette non-reconnaissance est la cause réelle du malheur et des révoltes. Hélas ! la division du travail, un phénomène nécessaire sans lequel l'humanité n'aurait pu survivre, a aussi apporté l'aliénation de soi, donc la souffrance. Mais la solution est simple, car toutes les formes de domination ressemblent à la dialectique symbolique du maître et de l'esclave où deux consciences s'affrontent : celle du maître, qui a risqué sa vie et qui l'a emporté, celle de l'esclave qui a été battu et qui a préféré la vie à la mort. Esclave, il voit dans les yeux du maître qu'il n'est pas considéré comme une conscience mais comme un outil. Mais l'esclave travaille, il apprend à connaître le monde tandis que le maître l'ignore, profitant seulement de cette richesse. Ainsi, le maître devient dépendant de l'esclave, il devient l'esclave de son esclave et l'esclave devient le maître du maître. La contradiction se résout quand le maître voit dans l'esclave une autre conscience de soi, égale à la sienne, quand Gavroche est reconnu.

– C'est beau comme un conte pour enfants...

– N'ironisez pas, le bonheur est impossible sans la reconnaissance de soi dans les yeux de l'autre. Mais l'erreur serait de vouloir la fin de l'aliénation de soi en imposant sa propre loi à l'histoire comme le croient les révolutionnaires. Dès les années 1805-1806, Hegel sait impossible de revenir à l'idéal grec, celui de la « condition heureuse » où chacun recherche le bien général au lieu de son intérêt particulier[8]. Il comprend aussi l'erreur de Platon qui veut retrouver l'unité perdue par sa cité communiste, par la traque du désir[9], l'interdiction de la propriété privée, la dissolution de la famille, le contrôle des arts et des lettres[10]. Il découvre que le chemin du bonheur passe par l'État qui permet la reconnaissance de soi, comme personne, membre de la société privée et citoyen. Si Gavroche avait été rationnel, au lieu de croire que le droit de rechercher son bonheur l'oppose à l'État, il aurait soutenu la monarchie et applaudi sa bureaucratie, cette classe qui se place au-dessus des intérêts particuliers pour agir en vue de l'intérêt général que Hegel appelle « classe universelle[11] » et qui permet aux Gavroche de trouver le meilleur être possible et de comprendre que ce ne sont pas les citoyens qui font l'État mais l'État qui fait le citoyen et le protège.

– Il faudrait accepter ce qui est ?

– Hegel n'est pas un fataliste. Sans humains, il n'y a pas d'histoire. Et bien entendu, les humains agissent en conscience. Il arrive que cette action réussisse, ce qui prouve que celui qui agit communie avec la Raison qui gouverne le monde en comblant un manque comme le fit Bonaparte. Il crée alors l'histoire. Sinon, si elle n'a pas saisi le manque dans le réel, l'action échoue comme l'action du roi français Charles X qui, en 1824, crut pouvoir revenir à la monarchie absolue de l'Ancien régime et qui fut balayé par la révolution de 1830. Entre dans l'histoire ce qui est appelé par l'histoire. La liberté ne peut réussir que si elle coïncide avec la nécessité de l'histoire[12].

– Que devient la recherche du bonheur ?

– Il faut qu'elle soit là et, paradoxalement, qu'elle n'aboutisse pas. Chacun imagine qu'il pourrait être heureux s'il conforme son existence à son caractère, à son vouloir et à son bon plaisir particulier. D'où cette course aux richesses, aux honneurs et aux plaisirs dans la société civile, là où les intérêts particuliers tentent de se réaliser, là où s'exprime « le point de vue du bonheur et du malheur », dit Hegel[13]. Or, ce fantasme favorise la richesse des nations et donc la puissance de l'État qui, logiquement, protège le droit de propriété et les intérêts privés tout en évitant le désordre des égoïsmes trop destructeurs. Mais si cette quête du bonheur aboutissait, l'individu heureux s'arrêterait d'agir, à l'image d'Hercule victorieux, prêt à jouir d'une sérénité heureuse. Clairement, les périodes de paix et de félicité sont des pages blanches de l'histoire, des périodes de mort de l'esprit[14]. D'ailleurs, les grands hommes qui font l'histoire ne sont pas heureux[15] et ne doivent pas l'être car, rappelle Hegel, « rien de grand ne s'est accompli dans le monde sans passions[16] », sans peine et tragédie[17]. Alexandre le Grand, empoisonné, César, assassiné, Napoléon, exilé : aucun bonheur à l'horizon. Quelle différence avec la comédie où le spectateur projette sur la scène son malheur pour rire de la réalité[18]. Le grand homme ne peut fuir, il est le réel, il est l'âme d'un peuple quand celle-ci coïncide avec l'Esprit du monde[19], et il disparaît quand l'esprit du peuple n'a plus rien à dire au monde, ce qui s'appelle la décadence.

– Entre comédie et tragédie, pas d'alternative ?

– Au-dessus, il y a le Savoir de l'Esprit divin, de l'Esprit absolu. Celui qui atteint le Savoir absolu découvre l'Esprit divin qui se manifeste dans l'Histoire par le grand homme, dans l'Art par le génie[20] qui fracasse les traditions[21], dans la religion par la proclamation de la mort du faux Dieu[22], laissant place au vrai Dieu, à l'Esprit qui s'est fait chair par le Christ. Ce Dieu a réconcilié l'universel et le monde, l'Absolu et l'humain. Ainsi, la conscience s'élève vers la providence qui mène le monde, elle comprend que le réel est tel qu'il doit être, elle devient le Savoir absolu et elle ouvre alors le chemin vers ce que Hegel appelle « la suprême béatitude[23] ». Une ouverture seulement, car Dieu seul triomphe de la finitude et possède un vouloir qui coïncide avec le monde. Mais la philosophie hégélienne donne un avant-goût de la félicité future[24], proche de cette béatitude, en écartant l'illusion du « moi » qui cherche le bonheur, et en découvrant, comme Aristote cité par Hegel, que « la contemplation est ce qu'il y a de plus agréable et de meilleur[25] », ce qui permet à la raison humaine de se reconnaître dans l'Idée éternelle qui « jouit d'elle-même éternellement comme esprit absolu ».

Après quelques échanges sur les guerres, qu'il croit indispensables car chaque État serait comme un individu sur la scène du monde, qui chercherait la reconnaissance de soi mais aussi son intérêt, le repas se termine et nous nous quittons.

Avançant vers la gare, je songe à cet idéalisme absolu. Oui, j'aime cette idée qu'il n'est pas de réalisation de soi sans reconnaissance de soi et que la raison puisse saisir ce qui est. Mais que de simulacres ! Simulacre de liberté qui réduit tout individu à une conscience, et toute conscience à un pion, ne rejetant la nécessité dans l'histoire que pour la remplacer par une prédétermination qui n'ose pas dire son nom. Simulacre de Savoir qui envoie aux oubliettes l'histoire de la nature et l'expérimentation scientifique. Simulacre d'histoire qui fait de tout malheureux un ignorant du sens de l'histoire, dans l'idolâtrie de la guerre et de l'État autorisé à quadriller la société civile et la famille. Et derrière ce culte de la bureaucratie, supposée défendre le point de vue général, comme si elle n'avait ni intérêts particuliers, ni carrières, ni orgueil, je devine l'héritage culturel d'un philosophe dont la mère était juriste, dont le père était un haut fonctionnaire, devenu lui-même recteur à Berlin. Au lieu du Savoir absolu, la philosophie de Hegel révèle sa foi en sa paroisse bureaucratique.

Oui, la tragédie existe. Mais elle n'est pas le lot des grands hommes. César est assassiné à cause d'une erreur de jugement : traître aux valeurs républicaines de Rome, calculant mal le rapport de force, les républicains l'éliminent ; il aurait pu être prudent. Un Napoléon aurait pu libérer les Russes du servage. Seuls les Gavroche sont tragiques.

Cherchant à se réaliser soi-même au nom du droit de chercher son bonheur, Gavroche proteste contre le réel. S'il ne se bat pas pour sa liberté, il reste dans les fers et accepte de détruire son humanité même. S'il se bat, il tombe sous les balles. La mort spirituelle ou physique, voilà le choix de ce petit oiseau qui n'a pas de choix. Et il doit choisir pourtant. Voilà la tragédie. Et finalement, c'est lui qui est du côté de l'histoire, car il est du côté de l'humanité qui exige de pouvoir réaliser son bonheur quel que soit son genre, son rang, son savoir.

Je mets dans la poche arrière de ma besace l'idolâtrie de l'État et de la Raison avec cet idéalisme qui transforme tout malheur en signe d'ignorance. Et je récolte dans la poche avant qu'il n'est pas de réalisation de soi possible sans reconnaissance de soi et qu'il ne vit pas celui qui, opprimé, ne lutte pas pour cela.

Où je récolte que se réaliser exclut l'aliénation et où je fuis le fantasme de Marx sur l'exploitation ouvrière et le bonheur communiste

Alors que je reviens vers la Gare centrale de Berlin, en longeant la Spree, je découvre l'église Sainte-Marie et sa fresque *La danse macabre*, peinte lors de la terrible peste de 1484. Puis, tout à côté, sur une place étonnante, le « Marx-Engels Forum », je vois deux statues de philosophes du XIXe siècle, l'une de Karl Marx et l'autre de Friedrich Engels. Devant elles, un bonhomme avec un foulard rouge qui vient vers moi pour me parler de l'insupportable souffrance ouvrière. Après quelques échanges, découvrant que je cherche la clef de la réalisation de soi, il me propose de continuer la conversation dans une cantine, sur la Karl Marx Allee.

À peine assis, et après qu'il eut commandé deux bières populaires allemandes et une tartine grillée avec du miel de fleurs de printemps à l'acacia de Berlin, j'apprends qu'il s'appelle Karl, prénom donné par sa mère en mémoire de Karl Marx. Dans un long monologue que le lecteur me pardonnera de résumer, il commence par exposer les malheurs de la classe ouvrière qui se seraient amplifiés avec la révolution industrielle née de l'invention de la machine à vapeur et du machinisme. Déracinée de la terre et coupée de ses revenus, devenue « prolétariat[1] », elle aurait été condamnée, pour survivre, à vendre sa force de travail aux bourgeois contre un salaire et à accepter la misère des villes. D'où ce conflit avec les bourgeois dans la société civile.

Je l'interromps :

– Voilà qui rappelle Hegel…

– Vous n'y êtes pas. Le jeune Karl Marx a été un disciple de Hegel mais il a rompu avec ce conservateur. Petit-fils de rabbin et fils de l'avocat Herschel Levy Mordechai, sa famille avait adopté ce nom de Marx, en 1808, quand Bonaparte exigea des juifs un nom de famille fixe et un prénom chrétien, et elle était devenue luthérienne pour échapper aux persécutions après le retour du roi antisémite de Prusse Frédéric-Guillaume Ier. Après des études de droit à Trèves, à Bonn et Berlin, Karl Marx s'oppose aux disciples de Hegel qui soutiennent le régime despotique prussien, en adoptant un libéralisme matérialiste influencé par Ludwig Feuerbach – ce qui lui interdit toute carrière universitaire. En 1842, il a alors 24 ans, il devient journaliste dans une revue de libéraux protestants, interdite l'année suivante. Finalement, après s'être marié avec une noble, Jenny von Westphalen, il fuit à Paris. Il y devient l'ami de Friedrich Engels, héritier d'une famille d'industriels du textile.

– Il devient révolutionnaire ?

– Pas encore. Il veut seulement lutter contre l'aliénation : l'aliénation par le travail, qui transforme l'ouvrier en moyen de production, par la religion, un « opium du peuple », dit-il, qui rend le prolétariat passif par la promesse d'une félicité après la mort, aliénation par l'État qui dissimule l'ordre bourgeois derrière sa prétendue défense de l'intérêt général[2]. Il se rapproche des révolutionnaires, en particulier de Pierre-Joseph Proudhon qui dénonce la propriété comme un vol. Et il attaque le judaïsme à la manière de nombre de socialistes français, de l'antisémite Proudhon à Auguste Blanqui[3]. C'est après son expulsion de France, en février 1845, qu'il choisit la révolution. Il écrit que « les philosophes n'ont fait qu'interpréter le monde de diverses manières ; ce qui importe, c'est de le transformer[4] ». Il rompt même avec Proudhon[5] qui préfère le mutuellisme et le fédéralisme pour aller sans violence vers une société sans État, l'anarchie[6]. Constituant la Ligue des communistes, en 1848, il écrit le *Manifeste du parti communiste*[7] qui proclame : « L'histoire de toute société jusqu'à nos jours est l'histoire de la lutte de classes. » Et il annonce que le communisme est une nécessité de l'histoire qui adviendra par la révolution violente.

– Une nécessité de l'histoire ?

– Contre la vision d'une histoire qui avancerait selon un progrès continu des idées, il montre, c'est son matérialisme historique, que les idées sont déterminées par l'évolution des moyens de production, par l'économie. Et que l'histoire avance par des ruptures, sans conservation du passé, c'est la dialectique matérialiste. Ainsi, à l'époque capitaliste, le développement des forces productives entre en contradiction avec la propriété privée des moyens de production, ce qui se traduit par une lutte de classe entre bourgeois et ouvriers. Certes, Marx salue le rôle historique de la bourgeoisie qui a détruit les relations féodales, patriarcales et religieuses, qui a soumis la campagne à la ville et mondialisé la production par la colonisation forçant toutes les nations à adopter le capitalisme[8]. Mais, en raison du développement économique et de la baisse du taux de profit à venir, il juge la révolution inéluctable, conduite par l'arme que la bourgeoisie a elle-même créée : le prolétariat ; classe de plus en plus nombreuse et révolutionnaire car elle n'a que sa force de travail à vendre et que ses chaînes à perdre.

– Et Gavroche trouvera son bonheur dans la prise de pouvoir du parti ?

– Vous ne trouverez pas le mot « bonheur » dans le *Manifeste communiste* et certainement pas le droit de le chercher. L'homme n'existe pas, c'est une illusion qui sert la classe dominante bourgeoise en dissimulant la lutte des classes. Marx combat l'humanisme d'un Victor Hugo, qui se borne à des invectives amères et spirituelles[9] contre les bourgeois, et il pourfend le socialisme anglais qui prétend offrir un meilleur-être aux ouvriers, par des réformes et le suffrage universel. Il écrit qu'il veut l'abolition du salariat, de la famille bourgeoise, de l'héritage, « l'expropriation de la propriété foncière », la « centralisation du crédit aux mains de l'État », « la centralisation par l'État de tous les moyens de transport », le « travail obligatoire pour tous », « centraliser tous les instruments de production entre les mains de l'État, c'est-à-dire du prolétariat organisé en classe dominante » ce qui « ne pourra se faire, au début, que par une intervention despotique[10] ». Bref, la révolution pour redonner la richesse aux ouvriers qui la produisent.

– Les ouvriers seraient la source des richesses ?

– Oui, après avoir été expulsé de Paris, en 1849, à Londres, où il finira ses jours, sauvé de la misère par son ami Engels, Marx découvre la théorie de l'exploitation. Il montre que l'origine des richesses ne vient pas du travail mais de la force de travail et de son temps d'exploitation. Il faut saisir qu'une marchandise a deux aspects, deux valeurs. D'abord, une valeur d'usage. Par exemple, la chaise est faite pour s'asseoir. Ensuite, une valeur d'échange car la chaise peut être échangée contre un autre bien, dans le troc, ou contre de l'argent. C'est Aristote qui, le premier, a montré qu'une marchandise ne pouvait pas exister sans qu'au préalable une forme, par exemple la forme de la chaise, n'ait été réalisée dans la matière[11]. Mais il ne voit pas que ce qui est commun entre la valeur du lit et celle d'autres marchandises, ce qui permet de leur donner une valeur et de les échanger, c'est la quantité de temps de travail nécessaire pour les réaliser[12]. Le temps de travail ouvrier, voilà l'origine de la richesse. Et, s'il y a un profit, une valeur ajoutée, c'est que la valeur produite durant ce temps de travail est supérieure à ce qu'elle a coûté pour la produire, via les moyens de production, les taxes, les salaires. Afin d'accroître le taux de profit, l'intérêt du capitaliste est donc de payer le moins possible les ouvriers, de les exploiter le plus possible en augmentant le temps de travail ou en accroissant l'intensité de celui-ci. C'est cela que Marx expose avec plus de détails dans *Le Capital* que Friedrich Engels appelle « la Bible du prolétariat ». Et, fort de cette découverte, il participe à la Première internationale des travailleurs créée en 1864 à Londres dont il rédige même l'*Adresse inaugurale*.

– Et cette théorie justifie la violence révolutionnaire ?

– Croyez-vous que les bourgeois qui vivent de l'exploitation vont se laisser retirer les moyens de leur enrichissement ? C'est pourquoi Marx tente de prendre la tête des révolutionnaires. Après l'échec de la commune de Paris, en 1871, menée par des disciples de Proudhon et d'Auguste Blanqui, il parvient à écarter les blanquistes, les proudhoniens, les réformistes anglais, à exclure les socialistes suisses qui suivaient l'anarchiste Mikhaïl Bakounine et à isoler les sociaux-démocrates allemands[13]. Mais finalement, la Première internationale finit par disparaître. Il se consacre à l'écriture de son livre majeur *Le Capital*, sans pouvoir le terminer avant sa mort, en 1883, soit six ans avant la constitution de la Deuxième internationale socialiste que Friedrich Engels tentera de mettre sur les rails marxistes, après avoir démontré que tout est dialectique dans la nature, ce que tout scientifique doit admettre, sauf à être un fieffé contre-révolutionnaire[14].

Après une discussion un peu vive, nous nous quittons, pas très amis.

Sur le chemin vers la gare, je songe au mérite de toutes ces théories socialistes qui ont redonné aux ouvriers et, plus généralement, aux plus misérables, la fierté et la dignité. Et dans le refus de l'aliénation, elles leur disent comme le jeune Marx que ce qu'ils réalisent a du sens et que leur vie en a aussi.

Mais comment ne pas rire de cette théorie de l'exploitation ouvrière qui serait la source des richesses et du profit ? Aristote qui avait, je m'en souviens, déjà imaginé la robotique, avait vu que l'esclave, l'ouvrier, l'animal et l'outil étaient des moyens de production interchangeables. Sans moyens de production, il n'y a certes pas de richesses. Mais en utilisant dix agriculteurs pour labourer le sable du Sahara ou dix ouvriers pour fabriquer des outils de pierre taillée en silex, le bon sens me dit que je ne fabriquerai pas de valeur. Et il me dit aussi que ceux qui cherchent à produire de la valeur ajoutée ont tout intérêt à utiliser comme moyens les robots qui font mieux et plus vite que les moyens humains. Marx voit lui-même sa bévue puisqu'il reconnaît que ce qui distingue un amas de matière d'une marchandise, c'est qu'une forme a été intégrée dans la matière, comme la forme de la chaise dans le bois. Se référant à cette découverte d'Aristote, il utilise le mot « forme » pour traduire le terme grec « eidos », par crainte de le nommer « idée » et d'être accusé d'idéalisme. Oui, c'est de l'idée que vient la richesse. À condition qu'elle rencontre l'imaginaire des acheteurs. Produire des milliers de carrosses par des milliers d'heures de travail, si nul ne se sert de carrosse, ne leur donne aucune valeur. Et plus l'idée est innovante et répond au désir, plus il y a de valeur ajoutée. Non, l'origine de la valeur n'est pas l'exploitation des ouvriers, des serfs ou des esclaves. Et elle ne l'a jamais été. L'innovation, voilà la clef de la richesse des nations, pas l'asservissement des humains, forme conjoncturelle donnée dans la production, remplacée par d'autres moyens plus efficaces quand cela se peut.

Et je songe à cette vision incohérente de l'histoire. Marx dit que la lutte des classes serait le moteur de l'histoire et que les ouvriers devraient nécessairement prendre le pouvoir. Or, il admet dans le même temps que ce n'est pas le conflit entre serfs et seigneurs qui a été le moteur de la révolution bourgeoise, ni celui entre esclaves et maîtres qui aurait produit le féodalisme mais le conflit entre le développement économique et une organisation sociale. D'ailleurs, je ne vois pas que les serfs ou les esclaves aient pris le pouvoir jadis. Avec l'évolution, ils ont eux-mêmes été socialement éliminés en même temps que le mode de production esclavagiste et féodal par la puissance des novations. Et je m'amuse à cette idée encore plus absurde que n'ayant que ses chaînes à perdre, la classe ouvrière serait l'avenir de l'humanité. Karl Marx prétend, en matérialiste, que notre vision du monde dépendrait des conditions matérielles. Or quelle est la condition ouvrière ? L'aliénation aux machines, l'uniformisation des gestes, la marche au pas, l'obéissance aux ordres. Si la pensée était déterminée par les conditions économiques, alors les ouvriers ne pourraient nous offrir que leurs chaînes et l'État totalitaire. Fantasmes sociologiques qui expliqueraient peut-être cette attirance de Karl Marx pour ce type d'État…

Et le bon sens me dit que les idées sont déterminées par l'infrastructure économique, alors pourquoi utiliser la violence et imaginer un parti pour faire advenir ce qui doit advenir et ensuite réguler toute la vie, comme le veut le fameux *Manifeste communiste*, de la société civile à la famille, de l'éducation à la sexualité ? À moins de s'imaginer soi-même, comme un réceptacle de la Vérité de l'histoire, mû par de l'Esprit de l'histoire, un Maître de Vérité, ce que devait croire Marx, d'où son intolérance dans la Première internationale, d'où ce *Capital* appelé la « Bible » du prolétariat, potentiellement riche de nouveaux prêtres-rois, de petits pères du peuple et autres grands timoniers.

Alors que j'entre dans la Gare centrale de Berlin, je mets dans la poche arrière de ma besace l'absurde théorie de l'exploitation, la transition socialiste, le pouvoir ouvrier, le tout-dialectique et la menace du retour des prêtres-rois. Dans la poche de devant, je récolte, comme conditions du bonheur, la fierté ouvrière, la dignité des misérables et le refus de l'aliénation de soi.

Où je récolte que se réaliser, c'est créer, mais qu'il faut fuir la volonté de puissance de Nietzsche qui confond destruction et création

Alors que je vais monter dans le train pour Weimar, une femme en blanc me donne un pot de miel de fleurs d'été au tilleul, typique de Berlin, me dit-elle. Je trouve, cette fois, les mots pour la remercier. Arrivé à ma place, je trouve installé en face de moi un voyageur avec une moustache qui le fait ressembler à un morse. Ses yeux noirs me scrutent. Désagréable. Pour détendre l'atmosphère, je sors le miel et le pain allemand et je lui en propose. Il accepte.

– Hormis vous rendre sur la tombe de Friedrich Nietzsche ou flâner dans ce qui fut la capitale de la république allemande de 1918 à 1933, avant l'arrivée de Hitler, quelles sont vos raisons d'aller à Weimar ?

– Je suis l'itinéraire prévu par l'Office de tourisme de la Vallée de miel pour la recherche de la clef qui permet de se réaliser et d'atteindre le bonheur.

– Il est étrange de vouloir ce que veut sa carte… Je crois que vous cachez bien votre jeu vagabond. Car dans

Ainsi parlait Zarathoustra, que Nietzsche appelait son « évangile », Zarathoustra est lui aussi un solitaire, lui aussi voyage, lui aussi offre du miel.

– Curieux hasard, en effet, mais ce Nietzsche recherchait-il aussi le bonheur ?

– Je me méfie de ce mot « bonheur ». Toute la philosophie de Nietzsche tient en une phrase dont le miel donne la clef. Elle se trouve dans le chapitre qui s'appelle précisément « L'offrande du miel ». Alors que Zarathoustra est assis, regardant au loin vers la mer, ses animaux lui demandent : « Ô Zarathoustra (...) cherches-tu des yeux ton bonheur ? » « Qu'importe le bonheur, répondit-il, il y a longtemps que je n'aspire plus au bonheur, j'aspire à mon œuvre[1]. » À la fin de ce livre poétique, quand il retourne dans le monde, il dit : « Ma passion et ma compassion, qu'importent d'elles ? Est-ce que je recherche le bonheur ? Je recherche mon œuvre[2] ! » Et il appelle les humains à la rechercher aussi et donc à accepter la souffrance.

Je l'interromps :

– Se réaliser soi-même exigerait donc la souffrance ?

– Craignez-vous ces prophètes de malheur qui jouissent de terrasser la volonté ? Comment, sans souffrance, faire une œuvre ? « Afin que naisse le créateur, il faut beaucoup de douleurs et de métamorphoses[3] », dit Nietzsche qui s'oppose aux individus qui « gémissent » face au réel, comme des « âmes enfumées, renfermées, usées, moisies, aigries[4] », inaptes à saisir que faire de sa vie une œuvre, ce n'est pas seulement vouloir le plaisir de son « moi » mais aussi la peine, accepter le soleil mais aussi la glace et l'hiver.

– Lui-même vit cela ?

– Oui, la vie de Nietzsche porte témoignage de cette nécessaire souffrance. Né en Saxe, à Röcken, en 1844, il a quatre ans quand son père, pasteur, meurt à la suite d'une terrible maladie cérébrale qui l'a rendu délirant. Deux ans plus tard, son frère meurt à son tour. Et sa mère, fille de pasteur, décide de quitter la ville avec sa sœur pour s'installer à Naumburg. Mais au lieu de gémir, il joue du piano, écrit des partitions musicales et, élève brillant, il est accepté au collège de Pforza où étudièrent Fichte et Novalis. Entre violents maux de tête et troubles de la vue, il se fâche avec sa mère, car après son diplôme, en 1864, à l'université de Bonn, il abandonne la théologie et le projet de devenir pasteur. Il est tenu à l'écart par les associations d'étudiants, demeure seul pour les fêtes de Noël, il accepte sa solitude. Il accepte toujours ses malheurs quand, en 1869, malgré les douleurs, il enseigne la philologie à l'université de Bâle avant de s'engager dans l'armée allemande contre la France d'où il est renvoyé aussitôt, terrassé par une diphtérie. Et que dire du courage face aux douleurs quand, de retour à l'université, dès 1875, sa maladie produit paralysies, nausées, aveuglements et une dépression qui le contraignent à abandonner son poste quatre ans plus tard. Oui, rien ne le fait maudire le sort, pas même sa rupture d'amitié avec Wagner en 1878 ou la fin de sa relation d'amour avec Lou Andreas-Salomé (1861-1937), qui sera l'amie du poète Rainer Maria Rilke et de Sigmund Freud. Il va à Gênes, à Rome, à Venise puis à Nice où il écrit ses plus belles œuvres dans une terrible souffrance. Puis le délire s'installe, probablement dû à la syphilis, au point, en 1889 à Turin, de se jeter sur l'encolure d'un cheval pour le protéger du fouet d'un cocher et de pleurer sur son échine. Interné dans un hôpital psychiatrique, tant qu'il fut lucide, il célèbre néanmoins joyeusement son œuvre comme réalisation de soi auprès de ses rares amis.

– Cette réalisation de soi par ses œuvres, n'est-ce pas le bonheur ?

– Il ne faut pas confondre réalisation de son « moi » avec le « petit bonheur[5] » des serfs, des esclaves et des modernes qui, pour fuir la souffrance, cherchent des plaisirs et des biens utiles à leur vie médiocre, une vie à laquelle aspire le « dernier homme », cet homme moderne nihiliste qui croit que plus rien ne vaut sauf profiter de ses biens[6]. Elle n'a rien à voir avec ce tic-tac du petit bonheur[7], ce bonheur vomitif des utilitaristes, ce bien-être pour le plus grand nombre[8], une aspiration de l'homme des époques de décomposition et de métissage désordonné[9]. Ni avec cet idéal de bonheur transporté par ces philosophes qui vendent la haine de vivre, le ressentiment, l'engourdissement, le repos, la paix, le relâchement du corps, en un mot, la passivité[10], comme cette tranquillité des matérialistes épicuriens, des bouddhistes, des hindouistes, comme cette béatitude et cette contemplation qui condamnent le corps et ses pulsions, multiples symptômes de la détresse des sociétés décadentes[11]. Zarathoustra dit à ses disciples qui le déçoivent : « Pour moi vous ne souffrez pas encore assez ! »

Car s'ils détruisent les idoles à coups de marteau, ils en restent à un « je veux » destructeur, incapables de détruire en eux cette idée que le « moi » devrait être préservé de la souffrance. C'est pourquoi, il leur dit : « Ce n'est pas vous que j'attendais sur ces montagnes[12]. » Lui veut des lions rieurs qui disent « oui » à la souffrance et au chaos de la vie. Il veut des aigles qui saisissent l'abîme avec leurs serres, qui sentent que le mal est la meilleure force de l'homme. Pour arriver au surhomme, il faut affronter une épreuve : s'offrir à tous les malheurs[13].

– Le bonheur est donc impossible ?

– Le « petit bonheur » en montre paradoxalement la direction. Car il est la marque de l'attachement au « moi ». Or, qu'est-ce que notre « moi » ? Il est à la fois issu de nos pulsions, de cet inconscient, de ce « soi » qui se tient dans les profondeurs et il dépend aussi des autres, de la chape morale qui tente de briser nos pulsions, de les interdire ou de les endiguer. Pour se réaliser, il faut rompre les digues, être « soi », fidèle à ses affects irrationnels, retrouver sa volonté de puissance. Il faut accepter de devenir meilleur et plus méchant ; meilleur pour sa volonté de puissance, plus méchant aux yeux des autres. Il faut accepter d'être férocement égoïste, face à la morale du troupeau et refuser la consolation vendue aux opprimés, aux désespérés[14]. Au *Sermon sur la Montagne* du Christ, Nietzsche oppose son propre sermon : « Aimez votre prochain comme vous-même mais soyez d'abord ceux qui s'aiment eux-mêmes[15]. » Car il n'y a pas plus « prochain » que ce « soi ». Aimer son prochain, c'est donc aimer ses affects.

– Y a-t-il donc un « bonheur » qui ne soit pas « petit » ?

– Nietzsche en donne la formule, celle du poète Pindare : « Deviens ce que tu es. » Vivre en surhomme, c'est passer du point de vue du « moi » au point de vue du « soi », c'est célébrer sa volonté de puissance et réaliser son « soi » par le « bon et sain égoïsme qui jaillit d'une âme puissante unie au corps élevé, au corps beau, victorieux et réconfortant ». Il faut rompre avec Arthur Schopenhauer, ce dépressif notoire, comme son père qui s'est peut-être suicidé et ses deux oncles qui ont été internés, qui croit que le passé ne peut être changé, que tout est déterminé, que notre volonté est condamnée à l'échec si elle ne se fond pas volontairement dans la seule volonté qui existerait vraiment, celle du monde, et qu'il faudrait donc annihiler son désir, à la manière du bouddhisme, pour éteindre toute volonté, et dire le malheur de la vie[16].

– Comment devenir ce que tu es, dans ce monde changeant ?

– Le monde n'existe pas. C'est une création fantasmatique de la raison et de l'imagination portée par une volonté faible comme celle du philosophe Arthur Schopenhauer. Le réel n'est ni matériel, ni spirituel, il est un champ de volontés, désordre et pulsions, hasard, innocence, exubérance, accident, un chaos qui s'écoule dans un devenir incessant[17]. C'est pourquoi le « soi » peut construire son horizon à chaque instant. Et la joie de créer, c'est la grande délivrance de la douleur, et l'allègement de la vie. Au lieu du « tu dois » qui corsète la vie et nous transforme en chameau chargé d'obligations morales, au lieu d'un « je veux » destructeur de vérités éternelles, surgit alors le « je suis » qui trace sur le ciel la pourpre de séduisantes félicités. Alors, il est possible de jouir de la volupté, de ce bonheur champêtre de la terre, le vin des vins, la plus grande félicité, le symbole du bonheur et de l'espoir suprême[18].

– Vous voyez, poursuit-il exalté, vivre en surhomme, c'est saisir le vrai bonheur qui mêle nécessairement dans la réalisation de soi, tragique et joie, plaisir et souffrance. L'horreur et l'extrême souffrance apparaissent alors comme l'étincelle du bonheur dans un abîme de félicité[19], un bonheur qui ne surgit jamais « sans un frisson de terreur[20] », dit Nietzsche qui veut donner aux hommes ce bonheur, car « mon bonheur veut rendre heureux[21] ».

– Son égoïsme le conduirait à aller vers les autres ?

– Oui, Zarathoustra retourne dans la plaine, comme Nietzsche, malgré ses souffrances, écrit ses livres. Le miel, symbolise la façon dont il attire les humains. Il est l'amorce de celui qui vit sur les hauteurs et qui veut attraper les hommes qui vivent d'idolâtries[22]. C'est l'hameçon du pêcheur qui regarde, comme un prédateur, cette mer humaine pleine de poissons multicolores et de crabes[23]. Ce miel, c'est Nietzsche lui-même qui s'offre en modèle aux humains par son œuvre et sa vie. Symboliquement, il est son sang, ce sang qu'il veut partager sur le modèle du Christ, destiné par une sorte de transsubstantiation à transformer le dernier homme en surhomme. Le surhomme crée et il recrée sans cesse car au moment du Grand Midi, celui de la vraie lumière, il découvre qu'il n'y a pas de flèche du temps, ni non plus de finalité dans l'histoire, mais une sorte de grand cercle sans Dieu ni Raison gouvernante[24]. Et il annonce au monde que ce qui est, sera à nouveau et qu'il faut vivre sa vie avec le souci de la revivre indéfiniment. Il offre ainsi à tous la morale aristocratique de l'éternel retour qui dit « oui » à la vie, « oui » au hasard, donc « oui » au passé, « oui » au présent et à sa cruauté « oui » au devenir, à l'éternel retour, à son bonheur qui reviendra, expression la plus authentique des humains qui sont la plus jeune des créations de la nature[25]. Avec l'éternel retour, Nietzsche sonne ainsi les cloches pour proclamer venu le temps du grand égoïsme, de la grande volupté, du grand bonheur qui consiste à être ce que je suis, celui du superhomme qui dit comme l'enfant, « je suis », je suis mon œuvre pour l'éternité. Et, pour que naisse ce superhomme en chacun, Nietzsche dit qu'il lance sa « ligne dorée », dorée de miel, et se donne comme « l'offrande du miel[26] » au monde.

Nous arrivons à Weimar, station terminale du train. Nous descendons et nous nous quittons, plutôt copains.

Avançant dans le hall, je médite sur cette formidable pensée qui détruit les idoles et célèbre la créativité ici et maintenant comme mode de réalisation du vrai bonheur. Mais j'entrevois aussi l'immense confusion du bonhomme à moustache.

Il prétend que le grand bonheur consiste à réaliser la volonté de puissance de ses pulsions, or les pulsions peuvent aussi être destructrices. Et puisque la destruction est le contraire de la création, voilà Nietzsche en apôtre de la destruction. Bien entendu, voilà la destruction du troupeau et de ses valeurs. Mais comment le surhomme qui naîtrait sur son modèle pourrait-il lui-même échapper à la destruction ? Puisqu'il proclame son droit à la différence par un « je suis » nouveau qui affirme le droit de ses affects à se réaliser, soit il est le seul surhomme, et alors il va perdre la guerre contre le troupeau, soit il y a un autre surhomme et alors la guerre est nécessaire entre les deux océans d'affects.

Plus encore, son surhomme appelle la destruction de soi. Car la volonté de puissance organise l'oubli des souvenirs pour ne conserver que ce qui lui est utile. Or, ils sont les souvenirs de ce qui était la vie d'hier. Il faudrait donc nier une partie de ce que l'individu a été. Mais alors l'éternel retour du passé n'est pas possible. Et si la volonté de puissance ne choisit pas, alors elle est impuissante, donc elle est une chimère.

Ainsi, avec Nietzsche, la plupart des humains sont exclus du bonheur, le surhomme fait la guerre au surhomme et le minuit de la destruction ne se distingue plus du midi de la création parce qu'il fait toujours nuit. Et, finalement si la décadence est la fuite de sa vie, Nietzsche est le philosophe le plus décadent qui soit.

Je récolte dans la poche arrière de ma besace cette confusion entre création et destruction, cette cruauté acceptée et ce surhomme incohérent qui nie la possibilité pour toute l'humanité de trouver ici et maintenant le bonheur. Et dans la poche avant, que notre moi est une énergie créatrice et que se réaliser soi-même ne se peut sans être créateur.

Où je découvre à Weimar que la réalisation de soi exige la créativité et à Buchenwald, contre Bergson, qu'elle ne dépend pas que du « moi »

Dans une échoppe de la gare de Weimar, j'apprends qu'au sud de la ville se trouve le Musée des abeilles, le Mémorial Goethe-Schiller et la maison de Johann Wolfgang von Goethe tandis qu'au nord, il est possible d'aller voir le mémorial d'un camp de concentration, celui de Buchenwald, où se trouvait l'arbre favori de Goethe. Étonnant. Et déroutant.

Je vais vers le sud en empruntant la Carl-August Allee, du nom du prince allemand qui aurait amené Goethe et le poète Friedrich von Schiller à Weimar. J'arrive ensuite au milieu d'une place qui porte le nom de Buchenwaldplatz. Place de Buchenwald ? L'auteur de mon itinéraire a une façon bien à lui de troubler les jeux. Fatigué de marcher avec ma besace, voyant au loin une calèche tirée par deux chevaux, je décide de la prendre pour aller visiter la maison de Goethe. Hélas ! à peine arrivé, je vois près du cocher un individu avec une moustache à chevron, les sourcils épais, en habit noir avec un col d'académicien. Un Français, à son accent. Un seul attelage, une même destination ? Nous décidons de faire route commune.

Henri, c'est son prénom, « comme mon maître Bergson », précise-t-il, vit à Paris où l'illustre philosophe est né en 1859 et mort en 1941. J'apprends qu'il est à Weimar pour visiter la maison de Goethe et le parc paysager sur l'Ilm, inspiré par le poète, espérant y découvrir le sens de la modernité et ressentir l'émotion de l'énergie créatrice. Je lui avoue que je cherche plus prosaïquement la quatrième clef du bonheur, et que je me contente de suivre l'itinéraire indiqué sur ma carte. Il la regarde attentivement, pose quelques questions et murmure qu'il y a parfois, dans certaines cartes, une mystique cachée.

Après être passés devant l'église Saint-Pierre-et-Paul et le monument Goethe-Schiller, deux univers spirituels liés d'après lui, nous descendons de la calèche pour visiter la maison de Goethe. Puis Henri me propose de le suivre dans l'auberge où le poète installait jadis ses amis, la Gasthaus Zum Weisser Schwann.

Alors que nous commandons, lui, le plat préféré de Goethe, un pot-au-feu avec des pommes de terre persillées, moi, un rôti d'élan mariné, le tout accompagné de vin régional, le serveur dépose sur notre table du pain et du miel de Thuringe pour nous faire patienter.

– Curieux, avant le déjeuner, me dit Henri en étalant le miel sur une tartine de pain noir.

Puis, il ajoute :

– Étonnant, ce goût du miel dont jamais mon maître Bergson n'a parlé alors qu'il évoque pourtant les abeilles.

Après un temps, revenant sur notre visite :

– Que de correspondances entre Goethe et Bergson ! Leur goût du latin, des arts et des sciences, donné à Bergson par sa mère, Katherine Levison, qui lui parlait anglais, et par son père, issu d'une famille juive de Varsovie. Il a lui aussi fréquenté les artistes, comme Marcel Proust, garçon d'honneur à son mariage avec Louise Neuburger, et les savants, comme Einstein, en 1922. Et leur commune admiration des Lumières ! D'où la décision de Bergson, arrivé de Londres à Paris quand il avait 9 ans, de demander la nationalité française à 18 ans. Et leur patriotisme même, au point, pour Bergson, membre du Collège de France, d'être envoyé par Clemenceau à Washington pendant la guerre de 1914-1918 afin de convaincre le Président Wilson d'aider la France. Nul doute, si Bergson était allé à Weimar, il aurait adoré la maison de Goethe, de Schiller, de Liszt et les autres trésors de cette ville qui incarne un élan vital si exceptionnel.

– Seriez-vous un adepte de la volonté de puissance de Nietzsche ?

– Pas le moins du monde. Ni culte des sciences, ni culte de la volonté de puissance. Se référant à Goethe, plus particulièrement au personnage de Faust qui avait passé un pacte avec le diable pour jouir du savoir et des biens de ce monde, Bergson dénonce cette illusion de la modernité que du savoir surgirait le bonheur et le salut et il met en garde contre la « barbarie scientifique » qui mettrait le savoir et la technique au service de la volonté de puissance. Ainsi, face au nazisme qui exploite cette modernité pour détruire, il ne passe aucun compromis. En 1940, alors mondialement connu et catholique, tout est prêt pour l'exempter des lois antisémites, mais il refuse et abandonne ses fonctions par solidarité avec les juifs. Malgré le rhumatisme déformant qui le paralyse et qui, en 1927, l'avait empêché de se rendre à Stockholm pour y recevoir son prix Nobel de littérature, il demande à ses amis de le porter en robe de chambre et en pantoufles dans un froid glacial jusqu'au commissariat de Passy, dans le XVIe arrondissement de Paris pour être recensé comme « israélite ». Jusqu'à sa mort, le 4 janvier 1941, sa vie dit sa foi en l'élan vital contre le crime fait à la vie, symbolisé par Buchenwald, là où mourra son élève Maurice Halbwachs, là où ont aussi été assassinés ses cousins polonais Bereksohn, mort à laquelle Louise et leur fille Jeanne, interdites de quitter le territoire, réussiront à échapper en fuyant en Suisse grâce à l'appui de Pierre Brisson, le directeur du *Figaro*. Toute sa philosophie se résume à cette idée qu'exister authentiquement c'est « se créer indéfiniment soi-même », c'est communier avec l'élan vital, c'est aimer l'humanité[1].

– Les voies de cet élan semblent bien mystérieuses, lui dis-je, dégustant mon plat…

– Rien de plus simple : l'élan vital existe, vous l'avez rencontré. Car s'il y a de l'inanimé, de la « matière brute », vous constatez qu'il y a aussi de la vie végétative, de l'instinct et de l'intelligence[2]. L'instinct domine la vie animale et agit directement pour permettre la survie. L'intelligence domine la vie humaine et agit indirectement, notamment par les outils. Avec la différenciation des espèces, des premiers vertébrés jusqu'à l'humanité, on constate un « progrès ininterrompu[3] » de l'intelligence avec, au sommet, l'humanité, qui n'aurait sinon pu survivre vu l'insuffisance de ses moyens naturels contre les variations climatiques et ses prédateurs[4].

– Nous serions des animaux développés ?

– Non. La différence entre l'humain et l'animal est qualitative. L'intelligence humaine analyse, divise, compare, conçoit des moyens illimités pour transformer le monde quand les animaux sont contraints aux automatismes. Ainsi, seule l'humanité a la faculté de fabriquer des objets artificiels, en particulier des outils à faire des outils, et d'en varier indéfiniment la fabrication[5]. Ainsi, Bergson ne définit pas l'humain comme *Homo sapiens*, mais comme *Homo faber*, « fabricateur d'outils ». Il s'adapte, transmet les savoirs, et peut même devenir spéculatif avec ses idées et le langage symbolique, quand les animaux en restent aux cris et aux signes immédiats.

– On se réaliserait soi-même par l'intelligence ?

– Non, il faut distinguer le moi superficiel du moi profond. L'intelligence participe au moi superficiel, elle agit en surface pour « se tirer d'affaire » face aux problèmes et procurer du bien-être, elle vérifie, par le succès, la vérité de ses hypothèses, comme le notait son ami William James, fondateur du pragmatisme. Mais, l'intelligence est souvent dupe du langage au point de croire que les mots sont des choses et que notre représentation du monde est le monde[6]. Pour elle, tout est mesurable, le temps est réduit à de l'espace, ce milieu homogène et quantitatif où elle excelle. Ainsi, elle appelle « année » une distance parcourue par la terre autour du soleil. Elle prétend même réduire l'expérience vécue, les affections, les souvenirs, à des phénomènes mesurables physico-chimiques du cerveau. Croyant que tout est déterminé, elle ramène l'imprévisible au prévisible[7]. Elle nie le jaillissement ininterrompu de nouveautés qui vient de notre moi profond[8].

– Il y aurait d'un côté un moi empirique, de l'autre une sorte de moi transcendantal…

– Ce moi profond n'a rien à voir avec l'ego transcendantal distinct du moi empirique de Kant, sans énergie créatrice, ni avec le « moi transcendantal » d'Edmund Husserl, ce philosophe, né en Tchéquie, en 1859, mort en Allemagne, en 1938, qui a fondé un courant philosophique appelé « phénoménologie ». Celui-ci avait imaginé un « moi » transcendantal qui contiendrait la totalité de nos perceptions et de nos vécus. Ce qui était absurde, car les vécus de chacun étant multiples, il fallait conclure que le « moi » était sans unité, ce qui contredit l'expérience vécue de chacun, dont il prétendait pourtant rendre compte[9]. Pour sortir de cette impasse, en 1913[10], il abandonne cette fadaise et il imagine que finalement, il y aurait en chacun une sorte de « moi transcendantal », « conscience de quelque chose » mais conscience pure, vide de tout contenu, seulement source de sens, d'où partiraient et où convergeraient les vécus. Ce qui est encore absurde car comment s'il est pur et vide pourrait-il percevoir quoi que ce soit ? Finalement, en vieillissant, il essaye de mettre un peu de contenu dans ce « moi », il lui intègre des habitudes et des mœurs qui seraient acquises par l'expérience[11]. Ce qui est à nouveau incohérent puisque chacun expérimente que ces « habitus » que l'on croit acquis à jamais, peuvent s'évanouir.

– Revenons à nos moutons, lui dis-je, en reprenant de l'élan décidément fort délicieux, qu'est-ce donc que le moi profond ?

– C'est l'énergie de l'élan vital. Il apparaît à la surface et se sert du corps pour se réaliser. Il est jaillissement dans l'Être de quelque chose qui n'y était pas, qui ne préexistait pas[12], qui est sous la surface des choses. Ce dont on peut avoir l'intuition quand on examine cette évolution créatrice qui est la vie[13] dans l'univers. Dans l'être humain, cette énergie a besoin du moi superficiel et social pour exister, du corps qui est le centre de l'action, de cette intelligence qui trie les souvenirs utiles à l'action. Ainsi, le moi superficiel et le moi profond sont liés dans la vie, issus d'une source unique, d'un souffle divin qui les porte et veut la réalisation de soi. Cette union se fait sous la direction du moi profond, fondement du moi entier et de notre personnalité.

– Et le bonheur ?

– Le bonheur est un mot confus qui mélange l'idée de bonheur, ce produit de l'intelligence, avec le sentiment de bonheur, venu du moi profond[14]. Face à l'insécurité, l'intelligence a appelé « bonheur » un idéal de vie sans soucis qui échappe aux variations de la vie. Selon les époques, elle le conçoit comme ascétisme ou vie de plaisirs[15]. Dans l'Antiquité, l'ascétisme était souvent privilégié, avec le mépris du corps. Dans les sociétés modernes, le plaisir est privilégié, ce qui attise la satisfaction des besoins mais aussi l'égoïsme et la frénésie matérialiste, dans l'oubli qu'un humain n'est pas qu'un corps mais aussi un esprit. Une frénésie que les philosophes pragmatiques tentent de détourner en professant que le bonheur d'autrui conduirait à son propre bien-être[16]. Mais, écrit Bergson, « le besoin toujours croissant de bien-être, la soif d'amusement, le goût effréné du luxe » devrait plutôt inspirer une inquiétude pour l'avenir de l'humanité[17].

– La recherche du bonheur irait contre la réalisation de soi ?

– Pas nécessairement. Il est difficile dans la misère de se détacher du désir des biens matériels pour favoriser sa vie spirituelle. Or, cette illusion de l'intelligence permet de développer le bien-être et permet ainsi de répondre plus facilement à l'appel de l'élan vital. D'autre part, ce mot de « bonheur » peut exprimer autre chose, non pas cette idée générale de l'intelligence, mais un sentiment éprouvé parfois, en particulier quand on crée. Or, en remontant à la source de ce sentiment, l'intuition découvre quelque chose qui répond à l'ensemble de nos sentiments, de nos pensées et de nos aspirations les plus intimes[18]. Cet ensemble, c'est notre caractère. Se sentir heureux renvoie ainsi à son caractère. Or quand nos actes émanent de notre personnalité entière, quand ils l'expriment, voilà la joie. Bergson ne propose donc pas aux humains une philosophie du bonheur mais une philosophie de la joie.

Arrivé à ce stade, disparaît l'idée générale de bonheur avec ce contenu de bien-être, plaisirs, richesse et le sentiment coïncide avec le grand courant d'énergie créatrice qui est en eux et vers lequel ils tendent en se réalisant.

– Voilà qui paraît bien mystique...

– Mais une mystique complète qui propose à l'être humain de « marcher en avant », de devenir créateur à partir des virtualités du moi profond, afin d'être toujours joyeux par sa participation à l'élan créateur du monde. La joie signale ainsi l'acceptation de cette grâce donnée par l'élan créateur et d'ailleurs, en grec, grâce, *Χάρη*, et joie, *Χαρά*, renvoient à un même mot. Ainsi, en créant, par cette « prise de contact avec l'effort créateur[19] », la conscience devient sereine, elle voit que « Dieu agit par elle, en elle », ce qui conduit à se sentir en « union totale » avec l'élan divin, à sentir que « Dieu est amour » et qu'« il est objet d'amour[20] ». Loin de ce droit à la destruction de Nietzsche, le plus créateur des humains découvre alors qu'il « est celui dont l'action, intense par elle-même, est capable d'intensifier aussi l'action des autres hommes, et d'allumer, généreuse, des foyers de générosité ». Non plus le surhomme, mais seulement l'humain. Avec la certitude intime que l'humanité choisira un jour d'accomplir la fonction essentielle de l'univers, qui est une machine à faire des dieux, en devenant créateurs de leur vie par communion avec l'élan divin.

Alors que mon compagnon s'en va visiter en calèche la maison de Liszt, je pars, à pied, aidé de ma canne, bien déterminé à parcourir les onze kilomètres qui me séparent du Mémorial de Buchenwald.

En chemin, une intuition titille mon cerveau comme une abeille mécontente de voir le peu d'attention prêté à son œuvre, à son miel. Et je comprends soudain le problème. Niant toute créativité du « moi superficiel » qui se tient à la surface du monde, celle où se tiennent les abeilles, Henri Bergson rapportait la créativité au seul « moi profond » dont le « moi superficiel » serait seulement la courroie de transmission qui, laissée à elle-même, fige ce qui est vivant. Il dénonce même la propension de l'intelligence à dépasser la stricte mission utilitariste qui devrait être la sienne en devenant « spéculative ». Et finalement, au lieu de célébrer les œuvres de l'*Homo faber*, il condamne la « frénésie » de la course au bonheur individuel, et met en garde contre le bien-être, l'amusement et le luxe.

Arrivé au Mémorial de Buchenwald, alors que j'imagine au milieu du camp le chêne de Goethe, j'entrevois la cause de mon malaise. Car d'où vient cette énergie qui a ensanglanté l'humanité, qui soufflait à Buchenwald derrière les piles de corps humains, les chevalets où les détenus étaient battus à mort, le crématoire au sous-sol, le local des pendaisons, le block 46 où les humains étaient transformés en cobayes, les fosses où les plus faibles étaient exécutés, le block des invalides, le block 99 où des êtres mauvais tuaient d'une balle dans la nuque à travers la toise… Peaux tatouées, têtes réduites, oh mon âme ! d'où vient cette horreur si ce n'est des profondeurs du « moi », de ses pulsions morbides, de cette énergie mauvaise du « moi profond » qui détruit la vie ? Oui, et il y a de la « joie » dans ces âmes au cœur « plein d'ordure » évoqué par Pascal, jusqu'à festoyer dans la jouissance de leur abjection, comme le firent, devant leurs charniers, les SS de Buchenwald.

Auschwitz, Treblinka, Bełżec, Sobibór… On me dit ici que c'était pire qu'à Buchenwald. Pire encore ? Bergson a cru rompre avec Faust mais il a laissé ouverte en grand la porte du diable. Il a voulu, contre Nietzsche et son surhomme, conduire la critique de la modernité vers un territoire humaniste, mais il n'a atteint que des territoires habités par les pulsions qui jouissent du mal. Il n'a pas vu que la joie n'était pas nécessairement la grâce, que l'énergie n'était pas nécessairement celle de la vie, que l'élan vital pouvait n'être que l'habit de gala du diable, que les Buchenwald sont des places au cœur de Weimar comme le mal a une place au cœur du « moi ».

Oui, l'énergie est là, en « moi ». Certes, elle permet la réalisation de soi mais elle permet aussi la destruction de soi et des autres. Et contre ces pulsions, il ne suffit pas d'avoir des connaissances. Et je sens monter des larmes venues d'une source que la raison ne connaît pas quand j'imagine cette marche de la mort organisée par les SS pour vider le camp avant l'arrivée des alliés, dont une Josette Roucaute réussit miraculeusement à s'échapper, le 13 avril 1945, en sortant de la file sous le feu des balles. Oui, montent des larmes quand j'imagine ce Raoul Roucaute noyé par les SS du camp de Mauthausen. Et les larmes coulent à présent quand me sont rapportées les vies de ces orphelins de Buchenwald, parmi ces 427 enfants survivants, hères décharnés qui sentent que c'en est fini de ce cauchemar où des jouisseurs de la mort, violeurs et assassins, tentaient de menacer leurs corps meurtris, mais qui n'ont plus de famille, même lointaine et qui, au lieu de trouver l'ivresse joyeuse de la liberté, d'espérer le bonheur, deviennent des vivants aux aguets. Combien se sont suicidés, combien sont devenus fous, combien ont été meurtris parce qu'ils étaient rejetés, parce qu'ils volaient parfois, par peur de manquer, parce qu'ils avaient peur des autres, par expérience du mal, parce qu'ils criaient la nuit leur détresse dans leurs cauchemars, effrayant ceux qui n'avaient pas connu le drame… Oh, mon âme ! Qui entendait leurs appels à l'aide ?

Je les entends.

Oui, je suis déterminé à trouver cette quatrième clef du bonheur que le monde moderne, malgré le progrès scientifique et technique, faute de vraie lumière, n'avait pu donner aux enfants de Buchenwald et d'Auschwitz, pour donner à ceux qui aiment la vie, la force morale d'arrêter les larmes qui, à leur souvenir, roulent comme des torrents dans nos vies, pour tenter de penser, malgré tout, malgré l'horreur, le bonheur, ici et maintenant.

Et me voilà à nouveau en chemin, avec ma besace et ma canne, sur le chemin du retour pour la gare de Weimar. Dans la poche arrière, je récolte que ni les sciences, ni l'intelligence, ni l'énergie ne sont des gages de bonheur. Dans la poche de devant, qu'on ne peut réaliser son bonheur si l'on ne réalise pas cette créativité naturelle, celle que portent, même lorsqu'ils ont peur, tous les enfants du monde.

Où je récolte l'Homo creator, la transcendance de l'ego et la quatrième clef du bonheur : « Ego creo ! »

Sur la route près de la gare, alors que je descends du trottoir pour éviter des ronces comme il y en a tant sur nos chemins, je trébuche. Une inattention due à cette inquiétude de n'avoir pas encore la quatrième clef ? Mais m'appuyant sur la canne, je ne tombe pas, et tant s'en faut. Et soudain : « eurékanne ! », me dis-je dans un grand éclat de rire, songeant au « eurêka ! » d'Archimède : « J'ai trouvé ! »

Oui, j'ai trouvé ! Formidable canne. Un artifice, un outil créé par des humains. Et, m'asseyant sur un banc qui se trouve là, je repense à Bergson qui a vu sans le comprendre ce fait indubitable qui distingue l'humain des animaux. L'humain est *Homo faber*, « créateur d'outils », dit-il. Oui, l'humain est créateur d'outils, et cela depuis son apparition dans l'état de nature, depuis sa première pierre taillée. Mais la création d'outils n'est qu'une expression de l'énergie créatrice humaine.

Je repense alors à cette première clef du bonheur qui livre à présent son constat sans appel. Oui, depuis 2,8 millions d'années d'existence, le genre *Homo* est créateur. Et c'est pourquoi il peut tenter de dominer la nature et d'assujettir ce qui s'y trouve. Le « je » est créateur. Sinon, l'humanité aurait disparu. Et je songe à cette seconde clef du bonheur : il crée des civilisations au lieu de vivre selon une organisation naturelle préétablie parce qu'il est créateur et c'est pourquoi, aussi, il peut créer les conditions de la paix. Et je songe à la troisième clef : il peut améliorer son corps et son mode d'existence avec le souci de soi, au lieu de se satisfaire de ce qui lui est donné, car il est créateur. Oui, par rapport à la nature, par rapport à autrui, par rapport à lui-même, l'humain est créateur.

Il est *Homo faber* comme il est fabricateur de tant d'objets et de modes d'être, parce qu'il est *Homo creator*. Ainsi l'essence de l'humanité est la créativité, sa nature est d'être créatrice, et la quiddité de chaque être humain, c'est-à-dire la forme substantielle qui en fait un individu irréductible à tout autre, est qu'il est créateur. Exprimer la définition de l'humain est donc simple : il n'est ni *Homo sapiens*, ni *Homo faber*, il est *Homo creator*.

Et je découvre en même temps que l'intelligence célébrée depuis l'Antiquité, n'est pas un concept mais une idée vague qui ne peut être une caractéristique de l'humanité. Une idée issue de la tradition magico-religieuse portée depuis l'Antiquité qui a fait florès durant les Temps modernes, jusqu'à inventer cette chimère d'*Homo sapiens*[1], le mot « sapiens » renvoyant à « intelligent », en latin. L'inventeur de cette fable d'*Homo sapiens,* Carl von Linné, s'était persuadé que Dieu serait une pure intelligence et qu'il aurait créé un humain à son image, avec une âme réduite à l'intelligence aussi. Or, il est un fait indubitable : les animaux ont de l'intelligence, jusqu'à traquer nos ancêtres nomades pour les attaquer et les dévorer comme on en voit les traces sur les squelettes présents sur les sites et comme chacun peut le constater s'il évite de croire qu'il communie avec la nature dans des parcs, en se promenant vacciné et protégé des bêtes féroces par quelque garde forestier. Et si ce terme au contenu indéterminé désigne une capacité à répondre à des problèmes, il est certain que les animaux sont parfois supérieurs aux humains, comme le démontre le simple chat capable de pressentir l'orage ou le fauve capable d'anticiper la trajectoire d'une gazelle pour assurer son dîner. Certes, la différence est réelle, mais elle n'est que de degrés. À l'inverse, aucun animal n'est créatif. S'il est possible pour un singe d'utiliser une pierre ou un morceau de bois[2], cette pierre ou ce morceau de bois ramassé, jeté après usage n'est jamais un outil et il est permis de rire de ceux qui s'extasient devant des singes incapables de construire la moindre hutte dans les montagnes et sur le sable, de construire des civilisations, d'utiliser une canne. Ce pourquoi aussi la machine la plus « intelligente » sera toujours incommensurablement inférieure à l'être humain

Et c'est alors que je découvre la quatrième clef.

Tout commence par la découverte de la raison qui permet à notre « moi » d'agir sur le corps et, par ce corps, d'agir dans le monde. Nul doute que l'Être existe, si nous donnons à ce nom « Être » la signification de cet univers apparu il y a 13,8 milliards d'années, avec ses flux d'énergie composés de particules élémentaires, quarks, leptons, bosons. Or, canne et nature sont fait du même bois, de particules élémentaires qui sont de l'énergie. Et mon corps lui-même : dans les noyaux de ses milliards de cellules, au cœur de l'ADN., dans les brins de macromolécules de carbone, d'hydrogène d'azote, de phosphore et d'oxygène, se trouvent les mêmes particules. Nul besoin de magie donc pour penser que l'énergie du corps animé puisse mettre en forme une énergie, le bout de bois, qui a la capacité d'agir sur les flux d'énergie du monde, en soutenant un corps ou en frappant une ronce.

Mais d'où vient cette créativité que je constate ? Si je ne suis que ce corps, alors la créativité ne peut exister, puisque ce corps est lui-même un ensemble de flux organisé dans le flux du monde. Donc, s'il n'est que cela, il est déterminé de part en part. Or, la créativité est un fait, le corps est bel et bien créatif.

Et puisque ce « moi » existe dans l'Être avec ce corps, le problème soulevé par le corps est le même. S'il n'existe pas quelque chose dans le « moi » qui ne soit pas déterminé par les flux d'énergie dans l'Être, le « moi » n'est plus que l'effet déterminé pas ces flux reçus du corps. Il ne peut donc pas plus être créatif que des animaux déterminés par leur environnement et leur programmation biologique. Or la créativité est un fait, ce moi est bel et bien créatif.

Donc, puisque tout dans l'Être est déterminé par les flux d'énergie, puisque l'être humain peut créer, puisqu'il peut ajouter dans l'Être quelque chose qui n'y était pas, puisqu'il peut utiliser les flux d'énergie de l'univers pour créer, il y a nécessairement une part de soi-même qui n'appartient pas à l'Être.

Cette part, la plupart des langues européennes l'appellent « je ». Par exemple, quand dans le miroir, « je » regarde son « moi », quand je « me » regarde. Chacun l'expérimente quand il utilise les flux d'énergie du monde par le moi pour « se » satisfaire par exemple.

C'est à ce point qu'après avoir évité l'enlisement matérialiste incapable de penser la créativité, y compris en montrant leur incohérence par des systèmes d'explication plus inventifs les uns que les autres, l'enlisement idéaliste guette. Car si le « je » qui crée est une pure pensée, un immatériel, on obtient la même inconséquence que si on l'imagine un flux d'atomes pris dans les flux d'atomes de l'univers. Comment pourrait-il créer ? La seule solution, puisque j'ai la preuve que le « je » crée, est qu'il est lui-même une énergie, pouvant interagir avec l'énergie du corps et du monde.

Mais puisque cette énergie est une énergie créatrice dans l'Être, je constate que ce « je » ne peut être un morceau d'énergie de l'Être, contenu par cet Être contrairement à ce que pense un niais panthéisme spinoziste incapable de penser l'humanité, ses errances, sa créativité. Et puisque l'ego met du nouveau dans l'Être par le « moi », il n'est pas le « moi » qui existe, il n'est pas réductible à son « j'existe », à son « ego existo », son ego qui apparaît dans l'Être. Pas plus, si je me résous à cette image maladroite, qu'un Dieu créateur n'est l'Être qu'il crée. Ainsi, puisque la créativité existe, l'ego est nécessairement une transcendance.

Mais s'il n'était que transcendance, il ne pourrait rencontrer le « moi ». Le moi qui « existe ». Cet « ego existo », renvoie au latin « exsistere », qui signifie « se tenir debout », « se manifester », « apparaître ». C'est bien cela que je vois dans le miroir ou que je pense quand je « me » regarde dans l'existence : le « moi » comme apparaître. Exister est une manifestation du « je » dans l'Être, une façon pour le « je » de s'incarner dans le « moi ».

Ainsi, la créativité prouve que l'ego est une transcendance qui se fait chair. Voilà dissipé, en même temps, le mystère de l'unité du « moi » dans le temps. Comment pourrais-je « me » dire que je suis « moi » quand tout bouge, tout change ? Mais puisque le « je » donne son unité au « moi », le « je » transcendant reste lui-même, y compris dans les formes d'existence du « moi » les plus inconscientes, la jouissance, le rêve, la folie... Oui, le « je » est toujours là, en tant qu'énergie, à la fois corpuscules et ondes, se réalisant à chaque instant. Et ainsi, je saisis mieux ce qu'est la mort : le retrait du « je » de son corps, le retrait du « souffle » qui se dit « anima », « âme » en latin. Ce moment où le « je » qui informe le corps ne l'informe plus, transforme le corps en amas de poussières, avec ces particules d'énergie qui retournent dans l'informe, dans l'Être.

En même temps, contre toute la tradition philosophique moderne, je découvre que le « je » n'est pas le psychisme du moi, une intelligence, une conscience transcendantale ou je ne sais quoi encore. La conscience n'est qu'un état du psychisme du « moi » dont on se passe le plus souvent, et heureusement, dans l'existence. Le « je », lui, est un plein. Un plein d'énergie qui peut se réaliser comme énergie créatrice selon sa nature propre dans les apparitions du « moi ».

Il est donc vrai de dire qu'en créant, le corps animé qui existe répond à sa propre nature d'*Homo creator*, à cette énergie créatrice qui est en lui.

Mais si la créativité est le propre de la nature humaine, alors le « ego creo » est la condition pour abolir la séparation du « je » avec le « moi », du « je suis » avec le « j'existe », et vivre en harmonie avec notre propre nature. Puisque le bonheur est de se réaliser soi-même, créer est donc la quatrième clef du bonheur.

Et puisque les trois autres clefs sont des formes de la créativité elle-même, cette quatrième clef trouvée en dernier est la première ontologiquement. C'est parce que le « je suis », le « ego sum », est un « je crée », un « ego creo », qu'il peut utiliser ses trois clefs dans l'existence.

Tous les ingrédients récupérés avec le *Mondial Express* convergent à présent pour dessiner une sorte de cartographie des conditions de la créativité, comme un puzzle qui s'assemblerait tout seul. Car j'ai d'abord récupéré l'idée de sujet doté d'une libre volonté qui peut exercer sa créativité pour devenir comme maître et possesseur de la nature, fondement de la modernité. Puis qu'il doit être considéré comme une personne, un citoyen et un membre de la société civile porteur du droit inaliénable d'exercer sa créativité et de résister contre toutes les idolâtries qui prétendent s'imposer hors de lui, celles de l'État, du marché ou de la Sociale et justifier son sacrifice. Puis ont été levés les obstacles de la créativité qui se trouvent en moi, avec l'esprit des Lumières contre l'obscurantisme, la liberté, contre l'esprit tyrannique, le sujet moral autonome contre la moralité culpabilisatrice. Cela afin de parvenir à trouver les conditions de réconciliation du « je » créatif avec le moi et le monde, par la réalisation de soi dans l'histoire, contre l'idolâtrie de la Raison, dans le travail, contre l'aliénation et les fantasmes de révolution sociale, dans sa quotidienneté, contre les inconséquences de la volonté de puissance et les insuffisances de l'élan vital.

Ainsi, cette formidable trilogie du « je suis, j'existe, je crée », révèle que cet « ego creo » est l'alpha de la vie.

Une ombre vient en mon esprit à cet instant où tout semblait pourtant me réjouir. Se peut-il que cette flèche de l'existence qui pose la créativité comme l'alpha de nos vies ne soit pas orientée vers une finalité, vers un oméga qui donne du sens à nos celles-ci ?

Balayant cette ombre, pressé d'utiliser ces quatre clefs, je rejoins le train qui doit me conduire à la station « Vallée des Temps contemporains » où se trouve le chemin qui mène à la Vallée de miel. Et je m'écrie, riant aux éclats, pris par un enthousiasme étonnant : « Tous pour le miel, le miel pour tous ! » Ce qui n'est pas très rationnel mais quand même moins délirant que le « À nous deux Paris ! » du Rastignac de Balzac ou le « Aux larmes, citoyens ! » des prophètes de malheur.

Où je laisse sur le quai un heideggerien qui me promet l'apocalypse si je prends le train pour la station « Temps contemporains »

Dans la gare de Weimar, ma carte ferroviaire m'indique un quai sans lettre où arriverait un train sans numéro qui m'amènerait à la station « Temps contemporains » portail d'entrée de la Vallée de miel. Un quai sans lettre, un train sans numéro ? L'auteur de cette carte est bien curieux. N'ayant pas la baguette magique d'Harry Potter et ne croyant d'ailleurs pas en la magie, je vais au centre d'information de la gare. Un employé, tout de blanc vêtu, m'indique le chemin en me conseillant de prendre, auparavant, le fameux miel de sapin de la Forêt-Noire qu'il m'offre gracieusement et qui renforce le système humanitaire contre les infections, y compris spirituelles, me dit-il en souriant.

Ne sachant pas trop le sens de tout cela, mais toujours aussi gourmand, j'accepte le pot et le pain de seigle avec joie et, en suivant ses indications, je trouve le fameux quai secret. Assis sur un banc, j'attends l'arrivée du train en dégustant le miel étalé sur le pain quand soudain s'installe près de moi un petit bonhomme en costume noir, yeux bruns, moustachu à la manière d'un Chaplin connu pour sa critique de la modernité. J'apprends qu'il vient de Freiburg im Breisgau où il enseigne la philosophie de Martin Heidegger. De mon côté, j'évoque mon voyage et je lui montre mes trouvailles. Son visage s'assombrit. Pour le dérider, je lui propose une tranche de pain avec du miel. Refus sec.

– Je ne me suis assis auprès de vous que pour une seule raison : vous dissuader de prendre le train. Car la Vallée de miel n'existe pas et la voie est dangereuse, elle est gardée par des manifestants et Quatre Cavaliers de l'Apocalypse. Suivez donc plutôt la direction opposée, sur le quai dûment numéroté, pour rejoindre, dans la Forêt-Noire, la station « postmodernité » afin d'y découvrir les hymnes divins d'Hölderlin[1] et le fabuleux jeu de miroirs de la terre, du ciel, des divins et des mortels révélé par Martin Heidegger qui enchante ceux qui veulent en finir avec ce monde moderne.

– Merci pour le conseil, hélas ! la station « postmodernité » n'est pas sur ma carte. Donc, têtu comme une abeille obéissant à l'appel du nectar, je ne vous suivrai pas.

Sur ce, je prends une cuillère de miel. Peu de temps après, pour relancer la conversation puisque j'ai du temps à perdre, j'évoque ma visite à Buchenwald et je lui demande s'il y est allé.

– Non, ni dans les vestiges d'aucun camp de concentration et d'extermination dont, d'ailleurs, mon maître Heidegger n'a jamais dit un mot, alors pourquoi irai-je ?

– Heidegger n'a rien su du nazisme pour cette raison qu'il aurait vécu dans une caverne ?

– Vous ironisez. Oui, il a connu le national-socialisme et il a même commis l'erreur de le soutenir. Mais il faut lui pardonner comme le savent tous les postmodernes. Jeune, il était seulement conservateur, attaché au land de Bade, passionné de randonnées, de ski et d'écologie. Né dans une famille catholique, il se sentit même appelé par Dieu au point, en 1909, d'entrer chez les jésuites. Mais, déçu, il renonce finalement à ses vœux et après des études de théologie à Fribourg, il rompt avec l'Église catholique et devient disciple du philosophe Edmund Husserl. C'est seulement après la guerre où, bien que réformé, il est parvenu à servir l'armée allemande, et après s'être marié avec Elfride Petri, une nationaliste antisémite que sa critique de la modernité prend un tour radical. Devenu Professeur à Marbourg en 1923, il constate comme Oswald Spengler le déclin de l'Occident[2] causé par la prétention moderne de dominer la nature, ce qui transforme les humains[3] en moyens de production et en consommateurs et conduit à la pire des illusions, celle qu'une vie devrait être heureuse[4].

– Quel rapport avec son soutien au nazisme ?

– Il pensait qu'Hitler allait extirper les racines de la modernité. En 1915, n'avait-il pas, en hériter des aèdes, écrit dans un poème : « Je vais parfois par les nuits froides / Au chêne de Wotan planté dans le bois calme / Pour sceller une union par de sombres pouvoirs[5]. » En 1930, deux ans après avoir succédé à Husserl à l'université de Fribourg, Heidegger vote donc pour le Parti national-socialiste et, en 1932, il y adhère. Nommé « Führer-recteur » à Fribourg après la victoire électorale de 1933, il dénonce dans un discours[6], je le cite, la « liberté universitaire qu'on a tant chantée » enfin « chassée de l'université allemande » par le « savoir suprême », la « science nationale ». Et il appelle les étudiants à assurer le destin du peuple allemand par une « lutte » de « fond en comble » contre ses ennemis, en particulier contre l'« enjuivement » et « cette aptitude tenace pour le calcul, le trafic et la confusion » nationale « sur lesquels la judéité est fondée[7] ». Il supprime les bourses des étudiants juifs, crée une chaire de doctrine et de biologie. Il démissionne en février 1934, tout en restant membre du parti nazi.

– Et comment explique-t-il cette « erreur » ?

– Il se rend compte qu'Hitler n'a pas rompu avec la modernité[8]. Derrière son athéisme mâtiné de paganisme, surgit son subjectivisme, son technicisme et le culte du travail. Heidegger avoue que l'erreur fut d'avoir cru que « le national-socialisme est un principe barbare ». Il disait déjà sa crainte en 1936 : « Le danger (…) c'est qu'il soit rendu inoffensif et qu'il devienne un sermon sur le vrai, le bien, le beau[9] », qu'il devienne « bourgeois[10] », qu'il reste moderne. Et cela s'est confirmé.

– Le nazisme n'aurait pas été assez « barbare » ?

– Heidegger reprend le mot « barbare » utilisé par les Grecs de l'époque classique quand ils désignaient, avec mépris, les peuples qui croyaient aux prêtres-rois et aux Maîtres de Vérité, réceptacles d'une vérité qui se dit *aléthéïa*[11]. Contre eux, ils disaient que la « vérité » n'est pas déjà donnée mais qu'elle doit être recherchée et énoncée dans un discours rationnel en adéquation avec le réel[12]. Pour Heidegger, il faut rompre avec ces Grecs classiques, en revenir avant ce temps de la parole-dialogue, avant ces Socrate et Aristote, avant cette recherche du bonheur qui gangrène l'humanité. Il faut redevenir barbare, ce que le nazisme a raté.

– Y est-il lui-même parvenu ?

– Ce fut difficile. Heidegger a lui-même échoué, en 1927, avec son livre *Être et Temps*, qu'il ne termine pas. Contre la modernité, il y dénonce l'opposition théorisée par Descartes de l'être humain, « substance pensante », avec le monde, « substance étendue », ce qui conduit à l'illusion d'un « sujet[13] » capable de dominer la nature et de transformer les choses en « objets ». L'erreur moderne serait d'avoir mis tout ce qui « est » sur le même plan : la pierre, l'arbre, l'animal, la cruche, l'être humain : tous les « étants ». Or, l'être humain n'est pas un « étant » comme les autres. S'il peut dire d'une chose qu'elle « est » ou qu'elle n'est pas, c'est en raison d'une ouverture exceptionnelle à l'Être qui est en lui. Et seul, parmi les vivants[14], il a le souci de sa précarité. Il peut même s'interroger sur le sens de l'usage industriel des choses[15]. Bref, dit Heidegger, il ne se contente pas d'« être », il « existe[16] ». Il se tient dans un lieu, dans un « là », mais il n'est pas soumis à ce « là ». L'être humain est un « être-là » irréductible aux objets, un « Dasein », qui a un « pouvoir-vivre » selon trois dimensions : l'avoir été, le présent, l'à-venir. Et cet « à-venir » lui permet de devenir autre qu'il n'est. Mais il révèle aussi notre incomplétude, un néant en nous, et fait naître l'angoisse devant cet « à-venir » qu'est la mort, qui fait de tout humain un « être vers la mort ». Ce qui a aussi l'avantage de mettre à distance les pressions d'autrui, destructrices de notre « pouvoir-être[17] », ce qui ouvre la voie de la Vérité-*aléthéïa*.

– Comment trouvons-nous cette Vérité ?

– Nous ne la trouvons pas. Voilà la raison de l'abandon par Heidegger d'*Être et Temps*. Il partait de l'être humain pour aller vers la Vérité, or la Vérité ne se cherche pas : elle se reçoit. Par un saut, l'être humain peut y parvenir. Il s'installe alors dans la clairière de l'Être et il devient ainsi le réceptacle de la Vérité qui parle en lui par la conscience. Alors il habite le monde en aède, comme Heidegger le dit de lui-même[18]. Il découvre alors l'unité de la pensée et de l'Être chantée par Parménide[19] et il comprend que tout que ce qui arrive dépend de l'Être, dont le Temps est la forme d'existence. Il n'y a plus d'un côté le phénomène, de l'autre l'Être, du superficiel et du profond, tout phénomène est l'expression de l'Être qui se révèle sous des formes différentes. Il découvre que l'Être écrit l'histoire[20]. La modernité elle-même n'est plus alors l'errance dénoncée dans les années 1930, mais une activité de l'Être, apparue dans le Temps, une sorte de ruse destinée, en produisant du non-vrai, à provoquer notre recherche de la Vérité, à la manière de la technique qui provoque notre angoisse et notre insatisfaction. Arrive alors ce moment où, en laissant la langue des dieux parler en soi[21], chacun récolte la sérénité et la contemplation[22].

– Contemplation et sérénité, voilà le retour d'une métaphysique du bonheur ?

– Non, il s'agit d'une autre contemplation. La modernité est incapable de sentir l'Être et de réunir ce qu'Heidegger appelle le « Quatriparti » : la terre et le ciel, les divins et les mortels[23]. Au lieu de la contemplation religieuse ou philosophique, Heidegger retrouve la contemplation des aèdes des temps archaïques[24] qui voyaient dans les phénomènes, la lumière sacrée venue de l'Être[25] le commencement et le « dernier dieu[26] ». Alors vient la joie, non pas l'alléluia judéo-chrétien tourné vers un Dieu transcendant, mais celle d'un être humain réjoui d'être le réceptacle de la Vérité qui gouverne le monde. Avec la joie, naît la sérénité puisque débarrassé du « je » et du « moi », l'être humain se rattache à l'Être même[27], il existe tel qu'il est revendiqué par l'Être, tel que l'Être parle en lui. Oui, dit Heidegger, « si un homme avait l'heur d'accéder à une telle pensée, il n'y aurait là nul malheur », ni bonheur, ni pathos non plus, il y aurait seulement l'acceptation de l'Être, la sérénité d'une âme[28] en communion avec la Vérité. Ainsi, « je », « moi », « bonheur » doivent être déconstruits et détruits, avec ce fatras moderne de croire en la créativité pour l'obtenir. L'avenir ce ne sont pas les Temps contemporains qui célèbrent la créativité, mais la déconstruction pour revenir aux temps archaïques.

Alors que le train approche, je songe à la séduction d'Hitler dans cette Allemagne pourtant industrielle et savante. L'adhésion d'Heidegger ? Qu'il n'eut jamais un mot pour condamner la Shoah ? Non, ce n'était pas un accident mais une conséquence de sa philosophie. Aède, nostalgique des temps archaïques, partisan de l'esprit magico-religieux, Heidegger devint recteur-Führer pour célébrer le retour du prêtre-roi dont le dire était celui de la Vérité. Oui, l'esprit magico-religieux qui sommeille dans nos esprits, était bien de retour. Heidegger fut déçu parce que Hitler était trop moderne, parce qu'il n'était pas assez barbare, non parce qu'il l'avait été.

Et je m'amuse à cette façon typique de l'esprit venu du néolithique et des premiers âges des métaux de transformer les mots en êtres comme si le mot « est » renvoyait à des choses, à des « étants », dans des étangs de confusion. Ceci « est » une chimère, ça la transformerait en être ? Et dire qu'une chimère « n'est pas » signifierait qu'il y ait du « néant » ? Se réclamer de Parménide est cocasse. Car il n'y avait pas d'un côté de l'être, de l'autre du néant, il y avait un seul côté : l'être. Maître de Vérité d'Élée, il écoute des puissances divines tutélaires qui interdisent de croire qu'il existerait du vide, du hasard, du rien. Et si ce mot Être à un sens, c'est pour désigner l'univers. Et ce qui n'est pas dans l'univers, n'est pas. Voilà tout. Ainsi, le problème de l'Être soulevé par Heidegger dans son extrême confusion du langage et de l'être, est un « problème apparent[29] », expression de jeux de mots inconsistants pour des littéraires sans talent, en recherche de pouvoir.

Le train pour la Vallée des Temps contemporains arrive. Je prends ma canne et mon baluchon, et je laisse sur le quai ce philosophe à la triste figure qui m'a bel et bien convaincu de ne pas le suivre dans la noirceur de sa forêt. Dans la poche arrière de ma besace, je mets la menace souterraine de l'esprit magico-religieux qui renaît sans cesse de ses cendres et, dans la poche de devant, qu'il faut en finir avec la modernité.

Où les postmodernes, par le simulacre des Quatre Cavaliers de l'Apocalypse et des barricades tentent d'empêcher le train d'atteindre la Vallée

Alors que je suis seul et tranquille dans le wagon, regardant un peu assoupi les champs cultivés et au loin les usines, soudain, patatras ! Arrêt violent du train. J'entends des clameurs. Un aiguilleur arrive, tout de blanc vêtu, j'ignorais jusqu'à sa seule présence. Impossible d'avancer, me dit-il, des barricades ont été dressées sur la voie. Il va falloir être patient avant que ceux de la Vallée ne viennent les déconstruire. Après avoir sympathisé, évoquant pour sa part son métier de machiniste et moi, ma quête, puisque nous avons du temps, il me propose de partager le pain et le miel des fleurs du Manuka, venu de Nouvelle-Zélande et cultivé dans la Vallée de miel, ce que j'accepte avec joie.

– Qui sont donc ces manifestants ?

– Des partisans de la postmodernité, très influents dans les universités d'Occident, car en Orient leur influence est nulle. Ils ont été nourris par la « French Theory », appelée ainsi car elle est née en France, après 1968. Ils dénoncent l'Occident et son capitalisme qui, pour se développer, aurait produit l'esclavagisme, le colonialisme, le productivisme, le consumérisme, l'égotisme et qui serait coupable du racisme, du sexisme, des exclusions, du malheur social et même du mal-être animal et du dérèglement climatique. Ils sont divers et parfois même opposés. Vous y trouvez, pêle-mêle, des disciples de Jacques Derrida, Michel Foucault, Jean-François Lyotard, Jean Baudrillard, Gilles Deleuze, Félix Guattari, Michel Serres, Pierre Bourdieu parfois. Comme ils prétendent déconstruire ce monde à la manière d'Heidegger dont beaucoup se réclament, on les dit aussi partisans de la « déconstruction ». Ils soutiennent les quotas, les luttes féministes, les prisonniers, les fous, les marginaux, les migrants illégaux, la diversité sexuelle, y compris la pédophilie pour laquelle beaucoup ont pétitionné et, depuis 2020, l'effacement de la mémoire incorrecte. Le pire pour eux serait qu'au lieu de sortir des Temps modernes par la voie de la postmodernité, l'humanité préfère aller vers la Vallée des Temps contemporains. D'où les barricades.

– Les postmodernes sont donc opposés aux Temps contemporains ?

– Il n'est pas deux conceptions du monde plus antagonistes. Ils exècrent les Temps contemporains qui ont fait de la créativité l'alpha du bonheur. À la façon de Jean Baudrillard, ils dénoncent les effets de cette créativité avec la société de consommation et la course au confort qui seraient la marque d'une « capitulation » devant l'esprit bourgeois et d'une acceptation de l'aliénation par le fétichisme de la marchandise[1]. Tous partagent ce diagnostic de

Jacques Derrida, le père de la déconstruction : « le monde va mal... va très mal » car « jamais la violence, l'inégalité, l'exclusion, la famine et donc l'oppression économique n'ont affecté autant d'êtres humains, dans l'histoire de la terre et de l'humanité[2] ». Un mal qui irait jusqu'à blesser la nature et exercer « une domination illégitime sur des êtres privés de mots », à savoir les animaux que Michel Serres célèbre comme des frères. Michel Foucault dénonce quant à lui le savoir qui serait un système de règles implicites et d'institutions différentes à chaque époque[3] mais toutes destinées à l'époque capitaliste à ce que nous consentions[4] aux pratiques coercitives, comme l'enfermement psychiatrique[5], la prison[6] ou le contrôle de la sexualité[7]. D'où, son soutien aux luttes marginales, aux contre-pouvoirs et aux luttes tous azimuts, jusqu'aux pédophiles hélas ! Gilles Deleuze et son ami Félix Guattari dénoncent avec un extrémisme plus grand encore la société de contrôle bourgeoise[8] qui exclut à tout rompre au nom de la morale, de la religion et de la recherche de la vérité[9], et ils lui opposent un « nouvel immoralisme », un droit de résistance où chacun doit proclamer sa différence sociale et sexuelle, par une révolution permanente radicale[10]. Ce qui les a conduits, comme d'autres, à soutenir les terroristes palestiniens contre Israël, les Brigades rouges en Italie, la Fraction Armée Rouge en Allemagne, les détenus dans les prisons, les pédophiles aussi. Ce qui explique d'ailleurs certaines connexions avec les marxistes, comme Louis Althusser, soutien des Gardes rouges en Chine, qui a d'ailleurs permis à Derrida de devenir enseignant à l'École normale supérieure de la rue d'Ulm. Globalement, tout ce qui va contre les démocraties libérales et le capitalisme leur plaît.

À ce moment, l'homme en blanc regarde par la fenêtre :

– Observez, me dit-il, ce que les manifestants postmodernes sont de train de faire.

Quatre épouvantails en forme de cavaliers sont dressés sur les bas-côtés : un cavalier blanc, un rouge, un vert, un noir.

– Ce sont des épouvantails à moineaux ?

– Non, des épouvantails à humains, dit-il en plaisantant, des simulacres de Cavaliers de l'Apocalypse destinés à effrayer le voyageur qui voudrait poursuivre son chemin vers les Temps contemporains. Avec l'épouvantail vert, ils instillent l'idée que de dominer la nature conduirait la planète à se venger par les épidémies, l'enfer du réchauffement, les catastrophes du dérèglement climatique et une mort certaine. Avec l'épouvantail rouge que la mondialisation et le développement des savoirs produiraient néocolonialisme, domination impérialiste et guerre. Avec l'épouvantail noir que l'amour de soi des sociétés libérales conduirait par l'égoïsme et la concurrence au malheur social, à la misère, à la famine. Avec l'épouvantail blanc que l'universalisme judéo-chrétien préparerait au contrôle des flux du désir et à la société de contrôle.

– Déconstruire serait leur voie du bonheur ?

– Non, c'est la voie de l'interdiction du bonheur. Tous nient même l'existence du « je ». Pour Jacques Derrida, le bonheur ne peut être évoqué que de façon oblique, par la « jouissance » de déconstruire[11]. Jouir d'accord, devenir un « je » heureux, non. Comme les autres, il reproche à Descartes d'avoir posé l'illusion d'un « je pense », d'un « cogito », d'un être sans corps ni sexe, maître chez lui. Utilisant la psychanalyse et la découverte de l'inconscient, chacun doit admettre qu'il est traversé par des flux, qu'il est pluriel, qu'il n'y a plus de sujet acteur, de substance individuelle qui pourrait être unifiée[12]. Ce qu'on appelle sujet serait un « système de rapports entre les couches[13] » accumulées dans son histoire. Et il critique Sigmund Freud, dénonçant l'idée qu'une cure psychanalytique qui permettre de parvenir à devenir maître de soi[14]. Ce qui serait selon lui la porte ouverte à cette idée bourgeoise de bonheur comme possible adéquation de soi avec le monde. Un traquenard utilisé par le système capitaliste pour aliéner nos vies, dit-il[15]. Le « je » doit être « raturé ». D'ailleurs Derrida rature son propre nom, en sonnant le glas de tous les noms propres. Il prétend que cette destruction du « je » ouvrirait notre être à l'écoute du principe de différenciation qui agit dans l'univers, qui serait à l'origine de toutes les différences. Il appelle cette puissance magique « différance », avec le « a » qui donne à tout ce fatras un air de savoir[16]. Ainsi, il invente une « théologie négative » car cette « différance » n'est pas Dieu : elle est sans contenu, vide, un simple principe de différenciation[17]. La vie elle-même n'étant qu'une trace de cette « différance » qui n'admet ni « je » ni « moi », marques d'une société bourgeoise qu'il faut déconstruire pour la détruire.

– Il en va de même pour les autres postmodernes ?

– Bien entendu. Gilles Deleuze prétend que la réalité est constituée de « flux », d'objets qui circulent, de désirs qui s'entrelacent sans but. Le « je » serait un artifice construit pour soumettre les flux du désir, pour le nier comme machine désirante[18], il serait du côté de l'ordre, de l'interdit, de l'organisme[19], du capitalisme qui a, c'est son côté révolutionnaire, libéré le désir pour détruire les codes du passé, les mœurs, les frontières, pour déterritorialiser, mais avec l'objectif de mieux intégrer les corps dans les flux capitalistes, dans la mondialisation, dans le fétichisme, dans la recherche du bonheur. Réduisant les humains à des machines désirantes, dont le « moi » est le nom[20], Deleuze veut libérer les pulsions du corps qui sont potentiellement capables d'utiliser les organes corporels pour jouir indépendamment des codes bourgeois répressifs. Il célèbre la libération de ces flux, transformant même les maladies mentales en indices de bonne santé, appelant « prophète » le schizophrène qui serait capable de rompre tous les codages, défendant les hystériques, les hypocondriaques, les paranoïaques, les drogués, les sadomasochistes. Contre Sigmund Freud, il ne s'agit pas de maîtriser les pulsions[21] mais de produire des machines nomades, des machines de guerre contre l'ordre bourgeois, des machines à jouir, inassimilables par les machines d'État[22]. L'idéal étant de devenir une conscience réceptive de ses pulsions[23], un « je sens » et non plus un « je pense », une machine qui est du côté des intensités, de l'« Un-Tout[24] », ce « plan d'immanence » magico-religieux, matière et esprit. Et c'est ainsi qu'il interprète le souci de soi de Michel Foucault[25].

– Ce souci de soi n'est pas le retour de l'ego ?

– Bien sûr que non. Avant 1980, Michel Foucault avait cru que ce sont les relations d'assujettissement qui fabriquent des sujets[26], sujet de droit, sujet moral, sujet politique, sujet sexuel et que la liberté était une invention des classes dirigeantes[27]. Mais, à partir de 1980, la pensée magico-religieuse fait son grand retour. Il va imaginer des sujets actifs, capables de trouver la voie de la Vérité par le « souci de soi » pour écarter radicalement le « je » et le « moi ». Il annonce l'abandon de la philosophie pour la spiritualité et il en appelle à la nécessité d'une conversion sur le modèle des méditatifs et des mystiques antiques qui s'élevaient vers la Vérité par des purifications, des ascèses, des méditations, des examens de conscience, l'abstinence[28]. Ce qui permettrait selon lui de trouver l'« illumination », ce point où « la vérité lui donne accès à la béatitude ». Une béatitude qui n'a rien de chrétienne mais où « le rapport à soi prend la forme non seulement d'une domination mais d'une jouissance sans désirs et sans trouble[29] ». La conversion s'opère en suivant le maître, intercesseur du logos qui gouverne le monde, à la manière des rites païens en assimilant « des phrases effectivement prononcées, entendues et répétées, phrases que le sujet s'est lui-même incrustées dans l'esprit à force de les répéter et de les mettre constamment à l'épreuve du réel[30] ». Le sujet a alors l'illumination. Débarrassé de son « moi », il croit que dire « sa » vérité c'est la Vérité, que réaliser son « agir-vrai », c'est la réalité. Alors se révèle le sens de la béatitude postmoderne : la fusion dans l'indistinction du sujet qui parle, du sujet qui agit, du sujet de la connaissance et du logos du monde. Le sujet parvenu à la béatitude n'est plus la parole qui dit le vrai mais l'incarnation corporelle du vrai lui-même[31]. Le sujet disparaît dans la Vérité immanente du logos comme au temps des Maîtres de Vérité. Ainsi, face à ces postmodernes qui multiplient les mots obscurs, vous voyez que le philosophe Willard Van Orman Quine n'avait pas tort d'appeler à « nettoyer les bidonvilles ontologiques » et à mettre en œuvre un véritable esprit philosophique[32]. Sur ce, je vais retourner dans la locomotive, car je discerne au loin les bruits de la reconstruction de la voie par les forces des Temps contemporains qui ont dû terminer de disperser les manifestants.

Alors que l'homme en blanc quitte le compartiment, je médite sur cette *French Theory* qui élève ses barricades et invente des simulacres de Cavaliers de l'Apocalypse pour effrayer et détruire ce mouvement de l'esprit vers les Temps contemporains. Au nom du désir et des oppressions, ils ouvrent la boîte de Pandore des pulsions les plus morbides, jusqu'à célébrer l'inconscient, sans même la moindre compassion pour les victimes, des actes pédophiles aux actes terroristes. Ils engloutissent le « je » créatif et son « moi » dans le grand faitout du Tout, dans l'indifférence de Dame « Différance », dans l'effacement postmoderne de l'histoire de l'humanité, appelant à la déconstruction au lieu de la construction, à la destruction au lieu de la création, à la mise hors la loi de sa propre nature créatrice.

Alors que le train repart et que les simulacres de Cavaliers de l'Apocalypse disparaissent de ma vue, je mets dans la poche de derrière de ma besace cette postmodernité qui est le dernier chant du cygne de la pensée magico-religieuse venue du néolithique et dans la poche de devant le souci des exclus du bonheur de créer.

Et j'ai hâte d'arriver au terminus du train pour savoir comment réaliser le bonheur avec les quatre clefs.

5

Les secrets de la Vallée de miel

Des preuves de l'existence de l'énergie créatrice et de l'immortalité à la découverte du sens de la vie et de la formule simple du bonheur

Où, avec son château de sable, une fillette révèle que tous les enfants ont les quatre clefs et que les aimer comme créateurs est le premier bonheur

À peine arrivé, je m'empresse de sortir pour découvrir la plage de sable blanc qui s'étend à perte de vue à l'embouchure des fleuves de la Vallée des Temps contemporains. Et là, je vois un spectacle formidable.

Figurez-vous des enfants qui jouent entre les parasols et les vagues. Des bambins d'à peine un an qui s'amusent à marcher sur le sable pour créer leurs empreintes, tout heureux. D'autres, plus petits encore, qui prennent du sable pour le transformer en une sorte de fontaine qui coule entre leurs doigts, tout aussi heureux ; j'en vois même un qui le goûte, en grimaçant, expérimentant son environnement tandis que ses parents lui expliquent, en riant, que ce n'est pas bon et s'empressent de lui laver la bouche. D'autres, à peine plus âgés, deux ans peut-être, ou plus savants déjà, font des pâtés avec des outils : pelles, seaux, passoires… Oui, des outils…

Et partout, je vois des apprentis architectes qui construisent des abris, des apprentis chimistes qui transportent des seaux, des apprentis physiciens qui expérimentent, des apprentis biologistes qui ont emprisonné un crabe, des apprentis marins qui surveillent la mer, des apprentis astronautes qui regardent leurs cerfs-volants... Oui, partout, fillettes et garçonnets, tous différents, couleurs de maillot et de peau mêlées, avec leurs cris de joie qui transpercent le morne clapotis des vagues, montrent une créativité inouïe. Oui, universelle. Oui, de naissance... Partout, des *Homo creator*, des « je suis, j'existe, je crée ».

Après une longue marche, je regarde une fillette qui construit avec sérieux un château de sable. Près d'elle, un homme lui procure l'aide qu'elle veut, tandis qu'une femme, sous un parasol, lit un roman de James Joyce, *Ulysse*, en la regardant par moments. Puisque les parents m'y invitent, sensibles peut-être à mon vieil âge, je m'assois près d'eux. La femme m'offre ce qu'elle a, des gâteaux au miel de fée, qui ressemble à celui de la vallée de Saricayir, en Turquie, récolté dans les grottes très élevées de la Vallée de miel, au-delà de 2 500 mètres. Elle donne, je reçois.

La fillette nous regarde en souriant, puis reprend sa construction. Transformer la nature, assujettir tout ce qui s'y trouve : elle possède et utilise sa première clef du bonheur avec passion. Elle transforme ce sable en artifice à son image, proclamant à la face des adultes et du Ciel, oui, du Ciel aussi, sa nature créatrice. Elle exerce cette créativité, ce don, cette grâce donnée à la naissance aux filles et aux garçons.

Qu'il lui est difficile de lutter contre les vagues qui viennent s'écraser au pied de sa fortification, comme un Léviathan venu des mers, comme un flux destructeur de la créativité venu des vallées de larmes ! Mais elle ne faiblit pas. Elle s'emploie à faire vivre son œuvre, encore et encore, et le château tient. Pour l'instant. Sans elle, il ne tiendra pas longtemps, elle le sent. Sans ce combat permanent pour le maintenir en vie, la vague scélérate le détruit, comme elle détruit les traces de nos pas, de nos vies.

Et elle est heureuse : ses yeux le montrent comme son sourire ravi d'être dans cet *ici-maintenant* de sa vie, comme d'autres le sont avec leur bateau fait de feuilles dans le ruisseau, ou leur belle maison fabriquée avec des branchages[1]. Oui, elle est heureuse, dans cet acte simple, si simple, de créer son château de sable et d'imaginer, que sais-je, fées, anges, animaux, fleurs, elle-même peut-être en princesse, tous venus l'habiter puisque nous habitons ce que nous créons, puisque nos *ici-maintenant* sont ce que nous en faisons.

Un peu plus loin, un petit bonhomme la regarde, jaloux peut-être ? Curieux seulement ? Je crois discerner une menace. Ai-je trop longtemps vécu dans des vallées de larmes ? Les parents du garçon viennent lui parler à l'oreille. Il écoute. Il s'assoit. Il regarde la fillette. Il lui parle de je ne sais quoi.

Et, alors, je vois que cette merveilleuse fillette possède la deuxième clef. Elle le regarde et lui sourit, il lui sourit aussi. Et par ce petit miracle, je vois qu'il l'aide à construire une digue pour protéger son château des flots mauvais qui l'assaillent. Et je les entends rire. Oui, ensemble, protégés par l'amour, celui qui leur a été donné par leurs parents d'aimer les autres, ils bâtissent sans songer à empêcher les autres de créer, ils vivent leur vie d'enfants insouciants, amoureux de la vie. Et le petit bonhomme part de son côté. Vers son cerf-volant peut-être. L'amour a créé sur cette plage un petit espace qui permet au petit être d'exercer sa créativité indéfinie. Oui, l'amour est créateur. Il est créateur d'espaces de création, d'espaces de bonheur.

Et quand la fillette, fatiguée, revient s'allonger pour déguster ses gâteaux, je distingue en elle la troisième clef du bonheur : celle de s'aimer soi-même. Après s'être régalée, elle s'allonge et joue avec ses pieds sous le regard amusé de ses parents. Elle les embrasse même, tandis que ses parents la chatouillent.

Ainsi, cette plage de sable est comme un tapis d'éveil à la vie, à son corps, à l'amour de soi. Un bonheur alimenté par le regard des parents qui lui font sentir qu'il est bon de s'aimer soi-même et qui la protègent d'une crème, la confortent de leur tendresse. Leur petite fille existe et vaut pour elle-même et non pas comme une poupée de carnaval ou un trophée que les orgueilleux exhibent pour flatter leur vanité et attiser la jalousie. Puis, pleine d'amour de son « moi » qui existe par son corps, elle retourne à son château de sable.

Et je discerne alors qu'elle possède la quatrième clef du bonheur. De temps à autre, elle regarde son père et sa mère discrètement, fière de son œuvre, mais le sont-ils aussi ? Son regard se voile : sa mère lit et son père regarde ailleurs. Elle s'arrête et les regarde plus intensément, plus directement, plus longtemps. L'ont-ils senti ? Soudain sa mère cesse de lire, son père la regarde. Et ils célèbrent son château, car il est son œuvre à elle, expression de sa créativité en herbe. « Bravo ! », « formidable ! », « fantastique ! » : ce n'est évidemment pas le château qu'ils applaudissent, quand bien même l'enfant le croit, mais l'acte créateur.

Il leur importe peu que ce château soit conforme aux codes de l'architecture du Moyen Âge, de la Renaissance ou du baroque ; bien sûr qu'il ne l'est pas. Il est mieux que cela : il est conforme à la créativité des codes de leur enfant, à sa nature créatrice. Par cet émerveillement, ils l'aiment authentiquement car c'est sa nature qu'ils applaudissent, sa nature d'être créatrice. Et par cette reconnaissance de soi, l'enfant se reconnaît dans les yeux de ses parents comme être créateur et il apprend à aimer en lui cet « ego creo » qui est le cœur de sa vie.

Ai-je rencontré ici des « petits » bonheurs ? Allons, mon âme, laisse ce scepticisme à ceux qui vivent dans les vallées de larmes. Il n'y a pas de « petits » bonheur, il y a seulement des *ici-maintenant* de bonheur qui sont tous grands, comme l'est le bonheur. Ce sont même peut-être ces prétendus « petits » bonheur qui sont les plus intenses, ceux dont la mémoire garde la trace et qui par le souvenir se rappellent à nous quand dans notre vie les ombres emportent nos âmes meurtries. Et quand le corps s'efface comme nos traces sur le sable, ce sont ces instants heureux que nous emportons au-delà des vagues, au-delà du vent, au-delà de l'écume du temps.

Formidables princesses des châteaux de sable. Contre Nietzsche et Bergson, elles chantent l'hymne de l'universelle créativité : il n'est nul besoin d'être saint ou héroïque, nul besoin d'être un surhomme pour être créateur. La créativité est donnée gratuitement depuis la naissance et par la naissance à tous, indistinctement, comme une grâce qui ne dépend pas de l'Être, puisqu'elle s'exerce dans les flux de l'Être. Et elle ne demande qu'à être reçue pour être vécue puisque chacun en est pourvu. Et s'il est autant de façons de créer qu'il en est de construire des châteaux de sable, il n'en est qu'une seule d'être heureux : vivre selon sa nature créatrice.

Ainsi, être ou ne pas être heureux, telle est bien la question, qui renvoie à cette autre, être ou ne pas être un « je crée ».

Alors que je quitte cette plage pour remonter vers la source de la vallée, je songe à cette fillette, à cet être fragile dont toutes les civilisations des vallées de larmes menacent la créativité parce qu'elle est un enfant, parce qu'elle aime jouer, parce qu'elle est une petite fille. Et je vois à présent distinctement, grâce à elle, que toutes les civilisations peuvent s'évaluer à l'aune de la créativité des enfants et, d'abord, à l'aune de la protection de la créativité des petites filles. Et je distingue à présent, grâce à la princesse du château de sable, le sens de cette révolution des Temps contemporains, le sens de cette Vallée de miel, qui tient ici en un mot, en un impératif du bonheur si simple qu'il fallut des millénaires pour l'imposer : « Aime l'enfant comme un créateur. »

Oui, par ce bonheur de créer de l'enfant, par ce bonheur de le voir créer des parents, par cet apparent petit bonheur, je mets dans la poche de devant de ma besace la dynamique infinie de l'*aimer* qui fera à son tour de l'enfant un porteur d'*aimer*, qui fera de son enfant un autre porteur d'*aimer*, constructeur de digues contre les pulsions de mort, destructeur de digues pour libérer les pulsions de vie, pour faire de chaque durée, autant que possible, des *ici-maintenant* heureux.

Incapable de mettre quoi que ce soit dans la poche arrière de ma besace, regardant un cerf-volant blanc, peut-être tenu par un enfant venu du Tibet, j'avance guilleret vers la source des fleuves de cette Vallée, sur une route bordée d'arbres fruitiers et de ruches, le souvenir du bonheur de cette fillette au cœur, la philosophie des Temps contemporains en tête.

Où, par la révolution des Temps contemporains, la première clef allume la Flamme de la Créatrice et du Créateur inconnus et découvre le sublime

Ce que je découvre en avançant est formidable. Car cette Vallée des Temps contemporains grouille d'une vie exubérante. Émerveillé, je n'ai d'yeux que pour les allées qui descendent de façon improbable jusqu'à la mer ou qui montent en serpentant, comme le font nos vies, jusqu'à la source d'où l'eau surgit. Sur les coteaux, des milliers de ruches, des cultures hors sol, des troupeaux graciles, des robots qui travaillent, dans le ciel des voitures autonomes volantes et des drones, au bord de la route des échoppes.

Après une longue trotte, je trouve devant moi d'innombrables chemins. Lequel prendre ? Je trouve par chance, car il en faut comme le sait le lecteur, une table d'orientation électronique de la Vallée, avec des capteurs et un casque de réalité augmentée que, derechef, je mets sur ma tête. Je découvre alors l'immensité de cette Vallée, depuis la plage jusqu'aux sources. Et des rues qui ont un nom, au lieu d'un numéro, des noms de scientifiques, d'artistes, d'architectes, de médecins, de cuisiniers... Je vois une place en forme d'étoile à 12 branches, avec, au milieu, un Arc de Triomphe. J'agrandis la carte virtuelle. Au centre, les tombes de la Créatrice inconnue et du Créateur inconnu ; je ris de ce pied de nez aux vallées de larmes.

Une passante s'amuse de mon hilarité. Nous sympathisons et lorsqu'elle apprend que je cherche à savoir comment utiliser la première clef du bonheur, elle m'invite à la suivre dans le Café Richard Feynman pour en parler.

Nous entrons. Elle commande du thé vert avec du miel de myrtilles en précisant qu'avant de prendre le miel il faut attendre que le thé refroidisse un peu, sans quoi ses bienfaits disparaîtraient.

– Toute la vallée, me dit-elle, vit selon la philosophie des Temps contemporains qui a initié, avec cette première clef, la seconde révolution spirituelle de l'humanité. Car si la première révolution, celle du néolithique, celle de la sédentarisation, a mis fin au nomadisme et lancé la course à la domination de la nature, hélas ! la créativité y était corsetée par la pensée magico-religieuse qui culpabilisait les humains, encore plus les femmes que les hommes. On y célébrait la nature et les dieux punitifs, jusqu'à imaginer que l'on pouvait même épuiser l'énergie de la planète, ajoute-t-elle en riant. Avec cette première clef, la libération universelle de la créativité, des femmes et des hommes, est utilisée pour ouvrir la caverne d'Ali Baba de la nature et permettre à tous de vrais moments de bonheur.

– Une caverne d'Ali Baba ?

– Elle éclate de rire. Mais oui ! Songez au bûcheron du conte arabe *Ali Baba et les quarante voleurs*. Un jour, caché dans un arbre, il voit des voleurs chargés de richesses arriver devant un rocher et il les entend prononcer une formule magique, « Sésame, ouvre-toi », qui ouvre une porte secrète en pierre, celle d'une caverne, où ils vont déposer leur butin. Une fois entrés, la porte se referme, puis ils ressortent en prononçant la même formule, avant de refermer la porte à nouveau, disant cette fois « Sésame, ferme-toi ». À peine partis, Ali Baba décide de voler les voleurs : il ouvre la grotte avec la formule, s'empare d'une petite partie du trésor pour ne pas éveiller les soupçons, ressort par la même formule, puis ferme la porte. Ni vu, ni connu. Hélas ! son frère, jaloux, paresseux et assoiffé de richesses – persuadé qu'il était qu'elles amènent le bonheur –, le menace pour obtenir le mot de passe. Il se précipite alors vers la caverne, ouvre la porte en pierre, se rue sur le trésor mais, rendu fou par le désir de posséder, il en oublie la formule et ne peut ressortir. Peu de temps après, les voleurs le trouvent et le tuent. Ali Baba lui-même ne sauvera sa vie qu'en les tuant à son tour. Une boucherie. Ni le frangin jaloux, ni Ali Baba, n'auraient eu besoin de cette magie avec plus de créativité. Il leur aurait suffi de connaître le levier inventé par Archimède et ainsi de déplacer la pierre pour entrer et sortir. Et au lieu de voler, même des voleurs, ils auraient saisi que le bonheur ne se trouve ni dans les prés ni dans le vol, mais dans l'exercice de leur créativité qui peut extirper les infinies richesses de la nature. Car le vrai « Sésame, ouvre-toi » du bonheur, c'est votre première clef.

– Et elle initie la révolution des Temps contemporains ?

– Oui, en affirmant que le bonheur appelle la domination de la nature, elle a libéré la créativité. Ainsi, dans cette vallée, nul ne prend plus au sérieux ces fantasmes du romantisme allemand ou de l'écologie punitive, empêtrés dans une vision organiciste et idolâtre de la Nature, à la manière de Friedrich Schlegel[1]. Face aux malheurs dus à la nature, la créativité œuvre. Ainsi les technologies et l'intelligence artificielle fournissent des moyens formidables pour prévenir et survivre aux éruptions volcaniques, aux tsunamis, aux cyclones, aux tornades, aux séismes.

– Mais ne risque-t-on pas d'épuiser la planète ?

– L'univers ce sont des flux d'énergie infinis et inépuisables, composés de particules élémentaires qui sont, en l'état actuel de nos connaissances, 6 leptons et 6 quarks, avec 6 bosons. Ce n'est pas seulement l'industrie nucléaire qui est rendue possible mais une révolution totale de la production. La révolution des Temps contemporains a découvert que puisque tout est composé par ces particules, on pouvait partir de l'infiniment petit, des particules élémentaires, des bactéries, de l'ADN, pour créer à l'infini. Ainsi, au lieu de la vieille vision du monde qui consistait à partir des masses, par exemple du marbre, pour créer un objet, par exemple une statue, les Temps contemporains ont ouvert la voie d'une production ascendante, à partir de l'infiniment petit, du bas vers le haut, et sans déchets. Voie annoncée par le physicien Richard Feynman, né en 1918 et disparu en 1988, appelée « bottom-up », en opposition au « top-down » de nos ancêtres. À l'image du graphène, un matériel construit par les nanotechnologies à partir d'atomes de carbone, plus léger et résistant que l'acier, imperméable aux gaz et biocides, qui n'existe pas dans la nature. Ainsi, les nanotechnologies développent une créativité infinie dans les huit champs où elles s'exercent, de l'énergie à la santé : nanomatériaux, moteur biométrique, microfibres, nanotubes de carbone, détection et le traitement des maladies, les ordinateurs quantiques… De même, à partir des micro-organismes vivants, les biotechnologies blanches multiplient les produits bio-industriels et la bioénergie, les bleues transforment la biotechnologie marine, les vertes, l'agriculture, l'élevage et l'industrie alimentaire, les jaunes, les problèmes environnementaux et les rouges, la santé. Songez que nous n'utilisons pas même 1 % des ressources sous-marines alors que dans un millilitre d'eau de mer, il peut y avoir jusqu'à plusieurs millions de cellules bactériennes. Ainsi, la nature est bien devenue une caverne d'Ali Baba aux richesses inépuisables

– Cette énergie n'est pas toujours facile à exploiter…

– Elle ne l'a jamais été mais elle est plus facile à domestiquer à présent. Ainsi, l'hydrogène, qui compose 75 % des atomes de l'univers est inépuisable et il existe partout sur cette planète, soit seul, soit composé avec d'autres atomes, comme dans l'air et l'eau. Il suffit de casser les molécules pour récupérer l'hydrogène.

– Que faites-vous de la pollution et des erreurs scientifiques ?

– La créativité est la clef. Il n'est pas de problèmes que l'imagination créatrice ne puisse affronter. Ainsi, les biotechnologies jaunes se servent de bactéries croqueuses de plastique ou de pétrole qui les décomposent, tandis que les nanotechnologies ont inventé des nanocapteurs de pollution, des catalyseurs pour emprisonner les fumées. Et nous n'avons pas peur du CO_2, car nos instituts ont démontré, d'une part, qu'il n'y avait aucun danger sous 6 000 ppm, qu'il n'était pas le principal gaz à effet de serre – le principal, à plus de 60 %, étant la vapeur d'eau –, que le genre humain a toujours vécu avec des taux considérablement plus élevés hors glaciation et que nous pouvons même utiliser le CO_2 en brisant la molécule pour fabriquer de l'oxygène et de l'énergie. Ici, ajoute-t-elle en souriant, nous savons qu'un réacteur nucléaire de 1450 MWe équivaut à 10 000 éoliennes qui par ailleurs, outre le fait qu'elles sont peu durables et jamais renouvelables, sont composées de béton, de résine, de polyester, de fibre de verre et de carbone, et de terres rares.

– Et cette révolution initiée par la première clef conduit au bonheur ?

– Bien entendu. D'abord, cette révolution fait reculer le malheur dû à la nature. Ensuite, en libérant la créativité de tous les obstacles magico-religieux, elle permet à ceux qui se lancent dans les innovations scientifiques de multiplier les occasions de réaliser leur nature de créateur. Elle permet aussi à chaque « je » de bénéficier des richesses créées et, à partir de là, de construire un espace artificiel où il peut réaliser sa propre nature, celle de savant ou de poète, et donc d'être heureux. Surtout, cette première clef permet d'éprouver le plus grand des bonheurs possibles face à la nature : le sentiment de sublime. Car, contrairement à ce que prétend Emmanuel Kant, le sublime ne s'éprouve jamais face à une nature qui humilie, menace, terrorise[2]. Face à une inondation qui emporte les humains dans les eaux boueuses, un être qui n'a pas vécu toute sa vie dans ses pantoufles à Königsberg ne peut éprouver qu'un sentiment de malheur et de répugnance. Le sentiment de sublime advient quand, face à une énergie naturelle monstrueuse, l'humain n'est pas angoissé, car il distingue ce qui le menace, il n'est pas terrorisé, car il sait qu'il peut lui résister. Oui, le sublime n'est pas un sentiment qui naît de l'admiration de la nature, mais de la force créatrice humaine, incarnée dans le parapluie, le paratonnerre, la maison, le phare qui affronte la tempête… Il naît quand nous ressentons que la créativité humaine est si forte qu'elle rivalise avec les forces destructrices de la nature et qu'elle en sort victorieuse. Ce qui, en même temps, par cette reconnaissance de la puissance du flux créateur auquel nous participons, initié par la première clef, produit en nous un sentiment de bonheur.

Alors que nous sortons du Café Richard Feynman, en me montrant le chemin qui mène à la source, Marie me dit, songeuse : « Par le sublime, ce n'est pas seulement sa propre puissance créatrice que je découvre, mais, plus encore, sa connexion avec la créativité des autres "ego", comme celui qui se tient dans le phare face à la tempête, sent que la construction de ce phare renvoie à d'autres humains créateurs sans lesquels il serait terrorisé au lieu de pouvoir librement chercher son bonheur. Vous devez donc savoir, ce que nous apprenons dans cette Vallée, que pour se réaliser, cette première clef en appelle donc une seconde, celle de la communion des "ego" créatifs. »

Alors que je monte vers la source, je songe à mon tour à cette clef qui a produit la révolution spirituelle des Temps contemporains et à son « Sésame ouvre-toi » de la nature qui est un « Sésame ouvre-toi » du bonheur.

Et je mets dans la poche de devant de ma besace que le bonheur est une possibilité offerte à tous, créatrices et créateurs inconnus, et pas seulement aux grands noms que l'humanité reconnaissante célèbre. Et je récolte aussi que ce sentiment du sublime, face aux forces destructrices de la nature, chacun peut le rencontrer derrière une vitre ou sous un simple parapluie. Oui, humain, très humain, et simple, comme l'est ce sentiment. Et que mettre dans la poche arrière ? Rien.

Où la deuxième clef ouvre le chemin de la paix et de la mondialisation pour faire ruisseler le bonheur : créateurs de tous les pays, unissez-vous !

Après avoir longtemps cheminé en remontant la vallée, je me retrouve devant cet immense Arc de Triomphe entraperçu sur la table d'orientation avant de rencontrer Marie. Gravés sur le monument, aucun nom de chef d'armée parti à la conquête du monde, seulement les noms des Prix Nobel de la paix. Autour de l'Arc, douze avenues, appelées Max Planck, Albert Einstein, Isaac Newton, Galilée, Nicolas Copernic, Archimède, Aristote, Niels Bohr, Erwin Schrödinger, Louis Pasteur, « Champs de l'Humanité » et « Grande Armée de la Paix ». Étrange : pas de Champs-Élysées, pas de Grande Armée ?

Je remonte les Champs de l'Humanité, avenue qui se termine sur une immense Place de la Concorde où je discerne un temple hindou, un autre taoïste, un autre confucéen, un wat bouddhiste, un sanctuaire shintoïste, une synagogue, une église catholique, une orthodoxe, une copte, trois mosquées, quelques temples protestants et d'autres constructions établies par des grandes spiritualités. Dans cette vallée, on ne craint pas le conflit des civilisations, me dis-je, étonné. Derrière cette place, un jardin, peut-être consacré à célébrer la créativité des femmes car je vois des statues des Prix Nobel Maria Goeppert-Mayer, Donna Strickland, Anne L'Huillier, Irène Joliot-Curie, Emmanuelle Charpentier, Jennifer Doudna, Carolyn R. Bertozzi, Rosalyn Yalow, Elizabeth Blackburn, Katalin Karikó... Oui, la créativité des femmes, et, songeant à la petite fille de la plage, voilà qui me ravit.

Au milieu du jardin, une échoppe à la devanture remplie de pots de miel attire mon attention. J'entre. Le vendeur me dit qu'il y a tant de ruches domestiques dans la Vallée des Temps contemporains que l'on pourrait nourrir toute l'humanité et même plus. Il me fait goûter le miel de caféier du Brésil, de menthe d'Argentine, à l'érable du Canada, d'acacia à la vanille de Tahiti, de bleuet du Maine, de longane chinois, du miel blanc de Russie... Et il m'offre de prendre ce que je veux.

Le baluchon rempli de pots de miel d'Océanie, car c'est ce que j'ai choisi, appuyé sur ma canne, je suis à nouveau sur la route. Quel chemin prendre à présent ? C'est alors qu'un passant, me voyant perdu, propose son aide. J'apprends qu'il est physicien, de nationalité indienne, que ses amis l'appellent avec humour Raman, en référence à Chandrashekhara Venkata Râman, Nobel de physique. Je lui dis ma quête et je lui avoue que, dans ce fatras mondialisé, je suis bloqué, faute de savoir utiliser cette seconde clef du bonheur qui dit d'aimer l'humanité.

Il éclate de rire.

– Mais ne voyez-vous pas que cet apparent fatras de la mondialisation des savoirs et des biens, est précisément initié par cette clef dans la Vallée de miel ? Et que seul il permet le ruissellement du bonheur.

Il me propose alors de le suivre jusqu'au Café de la Paix, à mi-chemin des sources où, d'ailleurs, l'hydromel est offert.

À notre arrivée, en effet, une bouteille fraîche d'hydromel est posée sur la table. Raman nous sert et commence par décrire le lien entre la première et la seconde clef :

– Que seraient le savoir actuel et l'innovation sans l'accumulation des savoirs venus du monde entier ? Certes Archimède est Grec, Newton, Anglais, Marie Curie, Française, Albert Einstein, Allemand, Richard Feynman, Américain, Vitaly Ginzburg, Russe, Tsung-Dao Lee, Chinois, Venki Ramakrishnan, Indien, mais leur créativité est bel et bien universelle. Et partout où elle est transmise, chacun constate qu'augmente en quantité et en intensité le bonheur de dominer la nature et de créer tandis que s'accroît le sentiment de commune appartenance qui fait de l'étranger un prochain. Mais si la réalité de cette appartenance commune n'était pas déjà là, si les humains n'étaient pas tous déjà des « je » créateurs, s'ils étaient des étrangers l'un à l'autre, comment pourraient-ils transmettre et recevoir les savoirs ? Les humains sont reliés les uns aux autres comme les abeilles aux fleurs et entre elles pour produire du miel. Mais eux sont libres et aussi très ignorants. Ils peuvent, ou non, aimer leur propre nature créatrice. S'ils l'aiment, alors ils se connectent intuitivement à l'humanité composée d'autres butineurs du nectar infini de la nature. Sinon, voilà le repli isolationniste et protectionniste, voilà le crime et la guerre. Si, d'ailleurs, vous y réfléchissez, vous verrez que votre seconde clef, découverte après la première, la précède en vérité. C'est parce qu'ils appartiennent à l'humanité, à ses flux créateurs, qu'ils sont créateurs. Votre seconde clef met à nu cette vérité. D'où le succès de toutes les formes d'aimer qu'elle initie, car elles rencontrent la réalité, de la coopération à l'amitié entre les nations, des soutiens éducatifs à l'aide humanitaire. Par cette mondialisation spirituelle des savoirs et des biens matériels elle enclenche la paix et le ruissellement universel du bonheur.

– Mais cette mondialisation peut aussi être l'outil de la domination et de la guerre…

– Chacun sait au fond de lui-même que la condition de la paix est simple comme l'est toujours la vérité : laisser aux nations le droit de décider de leur destin dans le respect des autres nations. Hélas ! pris par leurs pulsions morbides, ignorant leur nature commune et le bonheur possible de vivre en communion avec son voisin, beaucoup vivent comme des animaux : ils traquent les humains comme des proies et ils sanctifient des mottes de terre. Au lieu d'accepter que les habitants d'un canton suisse puissent vivre heureux près des habitants d'un autre canton suisse qui n'ont ni la même langue, ni la même religion, ni les mêmes pistes de ski, ils veulent dominer, asservir, courber la liberté sous leurs bottes crottées. Et, l'esprit pétri d'orgueil et de mépris, ils proclament que la force fait le droit, et ils appellent droit international d'asservir son prochain et violation du droit le désir des nations de se libérer de leur joug. Seule la seconde clef permet la paix et donne le sens de la vraie mondialisation. Car ceux qui veulent utiliser la croissance pour dominer des humains et des territoires agissent au bénéfice d'une partie du monde seulement, au profit de leur camp. Évoquer la mondialisation dans ce cas est donc un abus de langage. La vraie mondialisation concerne tout le monde, elle ne peut être que de se conformer au respect des nations et aux droits de l'homme.

– Cette clef interdit donc la guerre ?

– Au contraire ! dit-il en riant, elle appelle à la guerre, perpétuelle même, mais la guerre spirituelle contre les vraies causes de la guerre, contre les pulsions morbides dans le « moi ». Une guerre commencée dès le néolithique contre l'esprit magico-religieux des sédentarisations qui avait conduit les humains à sanctifier la terre et leur communauté, ouvrant la porte au nationalisme, à la xénophobie, au racisme, à l'impérialisme et aux multiples formes de la haine d'autrui, que célébra le sinistre philosophe allemand Johann Gottlieb Fichte[1]. Une guerre contre le défaitisme qui croit en la puissance du néant ou d'un Malin qui attiserait le désir de corruption et de destruction, ce qui conduisait Karl Barth[2] à imaginer que le salut ne pourrait venir que de Dieu. Par son formidable « aimez-vous les uns les autres », la seconde clef oriente les flux d'énergie créatrice contre les flux destructeurs et elle construit les réseaux de la mondialisation spirituelle autour des Droits de l'homme, à l'image des Européens qui ont pu ainsi vivre en paix et connaître des moments de bonheur après la dernière guerre mondiale.

– Mais quand les pulsions mauvaises décident de la guerre, comment la gagner ?

– Gagner la guerre ? On peut seulement gagner la paix. Les victoires seulement militaires ne dépassent pas le temps de domination du plus fort. Les paix qui en résultent sont ces « paix mauvaises[3] » dénoncées par Thomas d'Aquin, ce que Raymond Aron[4] appelait des états de « non-guerre ». Aucun « droit international » fondé sur la force ne peut durer plus longtemps que celui de la domination du plus fort. L'objectif d'une guerre juste est indiqué par la seconde clef : arrêter les pulsions morbides. Après la victoire, s'impose donc le pardon et le partage de la peine que la guerre a produit chez les vaincus aussi. Seule une paix fondée sur cette clef peut être durable car elle est fondée sur l'attachement à la nature humaine qui ne dépend pas des intérêts et se déprend des haines. C'est pourquoi la philosophie de la créativité qui règne ici l'appelle « paix d'humanité ». Un objectif qui détermine les moyens, celui d'une guerre spirituellement défensive car elle est la défense de l'humanité attaquée par les pulsions morbides. Une guerre conduite par une « autorité » légitime[5] qui, disait justement Thomas d'Aquin, concerne le prince qui accepte de « veiller au bien public de la cité », qui combat le mal à l'intérieur et à l'extérieur des frontières, qui s'abstient de nuire à autrui[6]. Sinon voilà un usurpateur auquel la philosophie de la créativité dit qu'on a le devoir de désobéir, suivant en cela Thomas Jefferson et les résistants des tyrannies. Cette guerre juste peut donc être militairement « offensive », comme la police est en droit d'arrêter un coupable qui s'apprête à commettre un crime, comme il est possible d'« attaquer » l'ennemi « en raison de quelque faute », pour châtier des coupables et soutenir les malheureux[7] car, animé par la seconde clef, nul ici ne se satisfait de porter des bouchons d'oreille pour éviter d'entendre les cris des nations et des innocents suppliciés. La guerre humanitaire est possible si les coûts en souffrance de l'attaque ne sont pas disproportionnés.

– Peut-on gagner cette guerre spirituelle ?

– Ayez confiance ! Portée par l'amour de l'humanité, la mondialisation spirituelle s'étend de façon exponentielle. Jamais il n'y eut aussi peu de guerres, jamais il n'y eut autant de démocraties soucieuses de laisser chacun utiliser son droit de rechercher son bonheur, jamais il n'y eut autant d'innovations et de sensibilité à la souffrance d'autrui. La seconde clef est un phare qui éclaire et, en multipliant les espaces sécurisés et de bien-être où chacun peut chercher à se réaliser, elle est aussi une spirale du bonheur. Pour assurer son bonheur propre mais aussi découvrir le bonheur de permettre le bonheur d'autrui. Comme ce bonheur simple que chacun peut éprouver en participant à une chaîne de solidarité humaine pour sauver la vie d'un enfant, un bonheur si intense quand on le voit retrouver le sourire qu'aux larmes d'hier succèdent d'autres larmes, des larmes de bonheur.

Après avoir rempli nos verres d'hydromel, il se lève :

– Trinquons à l'amour de l'humanité. Et puisque plus il y a de créateurs, plus avance la paix d'humanité et plus il y a de vrais bonheurs, alors crions : « Créateurs de tous les pays, unissez-vous ! » Et, en trinquant, nous éclatons de rire.

Je quitte ce joyeux compère en sortant du jardin par la porte de l'Est. En avançant vers la source, je mets dans la poche de devant de ma besace que construire une paix d'humanité où chacun peut chercher son bonheur dépend de la victoire spirituelle contre les pulsions de mort. Mais si cette victoire renvoie à notre propre nature, alors comment faire pour que chacun aime sa nature créatrice ? Et, curieusement, j'entends dans la poche de devant de ma besace, le cliquetis de la troisième clef.

Où, riant de la Super Intelligence, je découvre l'usage de la troisième clef : l'école de la créativité, l'abolition du travail et qu'on ne s'aime jamais assez

Alors que je vais par le Chemin des Écoliers vers le lac où se déversent les eaux de la montagne, je rencontre un joyeux groupe d'étudiants en grande discussion sur l'individualisme, l'égoïsme, l'égotisme, sur le souci de soi, sur l'« homme + » et le « transhumanisme », sur Ray Kurzweil, persuadé que l'humanité doit accepter d'être dissoute dans la Super Intelligence informatique[1], sur Nick Bostrom[2] qui pense que si l'on y met du nôtre, en caressant sa barbichette numérique on pourrait passer un deal avec elle. Rires et plaisanteries fusent. Je sympathise avec le leader du groupe, Albert, comme Albert Einstein, me dit-il, espiègle.

Ravis de rencontrer un étranger, ils m'invitent à les suivre au Café Albert, au bout du lac, au pied du sentier qui mène aux sources de la vallée. Après m'être assis avec la petite troupe qui a suivi dans sa jeunesse les cours d'une école fondée sur le modèle « Ad Astra » d'Elon Musk (de ce que je crois comprendre), Albert commande un pot de miel de tilleul, clair et épais, au léger goût mentholé et très apaisant. À sa demande, j'évoque mon voyage et mes doutes de trouver le bonheur par cette troisième clef, qui dit de s'aimer soi-même.

– Mais c'est évident pourtant, dit Albert en souriant. On ne s'aime même jamais assez pour être heureux, comme le montre la philosophie de la créativité de cette vallée.

– Le bonheur pour tous, chacun pour soi ?

– Mais s'aimer soi-même n'est-ce pas la condition des deux autres clefs ? Comment aimer les autres comme soi-même si on ne s'aime pas soi-même ? Comment dominer la nature si on culpabilise d'être créateur ? Oubliez ces prophètes de malheur qui, dans les vallées de larmes, feignent de confondre cet amour de soi avec l'égoïsme, l'égotisme, l'amour-propre, le cynisme même et, finalement, le mal. Ici, dès l'enfance, nous faisons de l'amour de soi une valeur et aussi de s'aimer toujours plus.

– Mais comment éduquez-vous les enfants ici ?

– Nous refusons cette école des vallées de larmes conçue comme un enclos pour l'élevage et le dressage, avec travail scolaire, devoirs, leçons, obéissance. Dans ces écoles, l'enfant perd le goût inné du savoir, sa confiance en lui et sa créativité, au point où, des États-Unis à l'Europe, en 2024, plus de 70 % des enfants arrivés en fin d'études secondaires avouent détester l'école ou avoir hâte d'en sortir. Comme le dit Albert Einstein, c'est « un véritable miracle que les méthodes modernes d'enseignement ne soient pas encore parvenues à étouffer complètement la sainte curiosité pour la recherche[3] ». Il ajoutait : « Nous passons quinze ans à l'école, et pas une fois on ne nous apprend la confiance en soi, la passion, et l'amour qui sont les fondements de la vie. » Il dénonçait cette formation des enfants en futurs moyens de production, habités par l'« idéal des pourceaux » des modernes[4] : « La possession de biens, le succès extérieur, le luxe. » Pourtant passionné de mathématiques et de physique dès l'enfance, lui-même est dégoûté du savoir au lycée Luitpold de Munich, par l'écoute de cours ennuyeux, la contrainte de les ânonner sous peine d'être sanctionné. À 15 ans, il est renvoyé du lycée. Finalement accepté à l'École polytechnique de Zurich où les cours sont encore ennuyeux, il obtient de justesse son diplôme, en 1900. Mais refusé dans ses demandes d'emploi, autodidacte, il ne sort de sa précarité qu'en 1909, trois ans après sa thèse, devenant professeur associé à l'université de Zurich. Il est clair, disait-il, que « si vous jugez un poisson à sa capacité à grimper à un arbre, il pensera toute sa vie qu'il est stupide ». Or, c'est bien ce que fait l'école moderne au lieu apprendre à l'enfant à s'aimer lui-même comme être créateur et, ainsi, à être heureux.

– C'est un refus de l'école ?

– C'est un refus du simulacre moderne de l'école qui produit des « humains moins ». Le mot « école » vient du grec « skholè » (σχολή) qui signifie « temps libre », « repos ». Dans l'Antiquité, elle concernait les hommes libres, ceux qui avaient du temps libre pour avoir le souci de soi. Mais tous les humains ne sont-ils pas naturellement libres et créatifs ? Entre l'intelligence artificielle et internet, réalité virtuelle et formations en ligne, attiser le désir de savoir et l'adapter à chacun pour permettre le développement de son énergie créatrice doit être le seul « devoir » de l'école, et pour tous les âges. Il est immoral de vouloir imposer des programmes selon des classes d'âge avec l'objectif de les intégrer le monde du « travail », celui des champs, des usines et des bureaux, au nom d'une prescience du « tempérament » de l'enfant, sur le modèle de l'école moderne théorisé par Johann Friedrich Herbart (1776-1841) qui concluait qu'il faut imposer « devoirs », « punitions » et « récompenses », comme on flatte et punit une mule. Et nous mettons dans le même sac les considérations communautaires et anti-individualistes du socialiste John Dewey (1859-1852) ou du laïcard Jules Ferry (1832-1893) qui avait transformé les écoles en casernes dirigées par des « hussards de la République », inquisiteurs d'identités individuelles, régionales et religieuses.

– Voilà qui paraît bien anarchiste...

– Non. Nous savons que nul n'a la connaissance innée des savoirs. Il est donc nécessaire de transmettre le savoir par des gens qui savent, dans un environnement familial et formateur qui protège des pulsions destructrices qui peuvent sévir contre les pulsions morbides, mais avec pour seul objectif de conduire chacun, quel que soit son âge, à s'aimer soi-même jusqu'à vouloir être toujours plus créateur. Ce qui exclut les démagogues qui veulent laisser l'élève à ses désirs. Héritiers de Rabelais dont le personnage de Grandgousier, père de Gargantua, était inquiet de voir son fils si ignorant après avoir pourtant passé tant d'heures sur les bancs des écoles[5], les enseignants sont ici les interfaces de l'accession aux savoirs, en complément des moyens offerts par la famille, les réseaux, l'intelligence artificielle et les technologies.

– Mais il faut bien préparer les enfants au travail, qui n'est pas toujours créateur…

– Il faut se préparer à abolir le travail, pas à l'exercer. Dans les vallées de larmes, on confond l'activité et le travail. Mythes antiques et étymologie n'associent pas sans bonnes raisons le travail à une punition divine et à une aliénation du « moi ». « Par le travail, la liberté » était aussi le mot gravé à l'entrée des camps de concentration du goulag des îles Solovki, « le travail rend libre » était placardé à l'entrée du camp d'extermination d'Auschwitz. Si le travail rend libre, pourquoi les aristocrates de l'Antiquité ne travaillaient-ils pas ? Qui créait, l'aristocrate Archimède ou l'esclave ? Aristote a clairement vu que transformer l'humain en moyen de production, au même titre que l'outil ou l'animal, n'était pas conforme à la nature humaine, il précisait que « l'esclave lui-même est une sorte de propriété animée, et tout homme au service d'autrui est comme un instrument qui tient lieu d'instrument[6] ».

– On pourrait se passer des humains dans le travail ?

– C'est le sens de l'histoire. Le travail humain s'est imposé à partir du néolithique faute de moyens pour transformer la nature mais, aujourd'hui, toutes les innovations convergent pour l'abolir. Songez au robot associé à l'intelligence artificielle, utilisé partout dans notre vallée. Ce nom « robot » a été inventé en 1920, par le romancier Karel Čapek, à partir du mot « robota » (*робота*) signifiant « travail » en tchèque. Terme lui-même issu du mot indo-européen « orbb » qui signifie esclave, travail et orphelin. Le robot est ce qui remplace le travail humain, il est l'annonce du rêve d'émancipation universelle d'Aristote qui imaginait que « si, en effet, chaque instrument était capable, sur une simple injonction, ou même pressentant ce qu'on va lui demander, d'accomplir le travail qui lui est propre […], si, de la même manière, les navettes des métiers à tisser tissaient d'elles-mêmes […], alors, ni les chefs d'artisans n'auraient besoin d'ouvriers, ni les maîtres d'esclaves[7] ». Formidable pressentiment. 800 millions d'emplois seront supprimés d'ici 2030 et tous les autres, des plus simples aux plus experts, d'ici 2050[8] pour laisser l'humain à des activités non serves, pour lui permettre d'« œuvrer ».

– Avec le risque que cette recherche de la puissance ne conduise finalement à la destruction de soi, avec ces ordinateurs qui nous dépasseront un jour…

Albert rit.

– Certes, la moindre calculette calcule plus vite que moi, mais allez-vous dire qu'elle « me » dépasse ? Qui peut avoir peur de l'intelligence artificielle qui abolit les emplois asservissants par ses tâches programmées ? Bien entendu, on peut en avoir un usage mortifère, voire totalitaire[9] mais cela vaut aussi pour la machette : elle n'y est pour rien, à la différence de celui qui la tient. Quant à l'intelligence artificielle qui remplacerait l'humanité, voilà une galéjade. Les mots « intelligence » et « mémoire[10] » n'ont pas le même sens pour les ordinateurs et l'humanité[11]. Ainsi, la mémoire humaine n'est pas statique mais dynamique, liée à un inconscient, invisible et irrationnel, qui oublie et interprète. Or, aucune machine logique ne peut reproduire par des bits ou des qubits ce qui ne peut être logique. Quant à l'« intelligence », ce mot désigne chez ces prophètes cinq activités mathématisables du cerveau : le raisonnement cohérent, la compréhension calculable, le dialogue logique, l'adaptation mesurable, l'apprentissage rationnel. Mais les activités du cerveau humain sont incommensurablement plus nombreuses. Nous utilisons l'intuition, nos sens, nos émotions, nos sentiments… Nous pouvons mentir, simuler, dissimuler, jouer, ruser, détruire, être de mauvaise foi, être incohérent, et même débrancher l'ordinateur. Jamais un ordinateur, machine logique, ne pourra donc copier le cerveau humain.

– Le danger n'est-il pas précisément qu'en reproduisant les seules pensées rationnelles, la Super Intelligence ne devienne supérieure à l'humanité ?

– Il faudrait imaginer qu'elle puisse connaître les milliards d'événements de l'univers, du bruissement d'aile de papillon aux milliards de neurones de chaque individu. Or, incapable d'aller plus vite que les photons, une telle machine devrait passer au moins 10^{-43} seconde, mesure de l'unité de temps la plus courte connue, celle de Max Planck, pour tout examiner. Or, durant ces 10^{-43} seconde, des milliards d'évènements se seront produits. Il lui faudrait donc recommencer ses calculs avant d'agir et ainsi de suite à l'infini. Elle serait donc incapable d'action. Cette galéjade vient de la croyance matérialiste que les idées seraient produites par les axones, ces parties longues des neurones, qu'on imagine comme de minuscules parties de matière reproductibles par des microprocesseurs. Mais la connexion neuronale est celle des ondes des axones qui sont eux-mêmes de l'énergie, selon l'interaction électromagnétique, l'interaction forte et faible. Si des simulations électriques et des microprocesseurs peuvent transporter des informations, comme transformer la voix d'un individu en signal électrique, elles ne peuvent reproduire ces ondes. Et aucune machine logique ne peut aller au-delà de la logique pour dénoter et connoter, pour produire des idées et du sens. Un ordinateur ni n'agit, ni ne pense : il est agi et son « apprentissage profond » a la profondeur du programmateur. Quelle différence avec l'être humain ! Le « je » délibère, choisit, agit. Sa supériorité n'est pas dans la mémoire mais dans l'oubli de ce qui lui est inutile pour agir, elle est dans la vraie transcendance, celle du « je » qui vit par ce « moi » et qui ainsi peut créer selon ses flux d'énergie.

– Et voilà le bonheur ?

– Oui, car en libérant la créativité, cette clef lance la course aux soins exigée par l'amour de soi, via la robotique, l'intelligence artificielle, les biotechnologies, les nanotechnologies… Bactéries, virus, parasites, tout est examiné à l'aune du soin de soi. Les vaccins se multiplient pour éradiquer variole, diphtérie, rubéole, poliomyélite… Les nanorobots, la modification génétique des lymphocytes T et quantité d'autres innovations vont au cœur des cellules pour détruire les cancers, les ciseaux génétiques du CRISPR/Cas9 vont couper le code génétique de l'attaquant viral, détruire la cellule cancéreuse ou réparer le ruban d'ADN pour éradiquer les maladies génétiques. Au paléolithique, l'espérance de vie à la naissance était d'environ 18 ans, elle est de 73,3 ans en 2023 et elle dépassera 80 ans en 2040, déjà supérieure à 83 ans dans les pays les plus développés. Ce souci de soi conduit à la dynamique de la production et de la consommation. Le PIB mondial qui était de 45 milliards de dollars en 1400, de 1 102 milliards en 1 900, de 100 000 milliards en 2024, dépassera 200 000 milliards en 2030, tandis que la population disposant de moins de 1,90 $ par jour est passée de 42,7 % en 1981, à moins de 9 %...

– Voilà surtout plus de bien-être...

– Plus de bonheur aussi. Puisque le bonheur procède de la réalisation de sa propre nature créatrice, alors le soin de soi conduit à libérer et perpétuer autant que possible cette créativité. À l'extérieur de soi, par le bonheur de développer des innovations, des biotechnologies à l'intelligence artificielle, mais aussi en soi. D'abord par le bonheur de s'aimer soi-même comme être créateur autant que possible, tant que dure la vie et ensuite par le bonheur éprouvé de sauver des frères en humanité, bambins ou personnes âgées et de leur permettre de créer.

Voilà d'ailleurs pourquoi il ne suffit pas de dire que s'aimer soi-même est le chemin du bonheur. Mais puisque le monde change, que les innovations se multiplient et que notre énergie créatrice n'est pas finie, puisque notre « moi » change aussi, il est plus vrai encore de dire que nul ne s'aime jamais assez ! proclame-t-il en en riant.

Et, plus tard, quand Albert me montre le sentier qui monte aux sources, je mets dans la poche de devant de ma besace que nul ne s'aime jamais assez.

– Courage, dit-il en me laissant, le chemin est ardu, mais votre bâton devrait vous permettre d'y arriver.

Où la quatrième clef me fait découvrir le sens de l'art et que tout humain peut et doit faire de sa vie une œuvre d'art

Après avoir péniblement gravi le sentier, appuyé sur ce bâton, je dépasse les hauteurs d'où se jette la cascade. Puis, montant plus haut encore, en suivant une rivière qui caresse les galets à vive allure, pressée d'arriver aux chutes, j'arrive dans une clairière où tout semble bien plus sage. Le cours d'eau forme par endroits des cuvettes, des mares, des gours. Enfants et adultes en profitent pour se baigner, dérangeant truites, carpes et gardons. La nature ayant un charme certain lorsqu'elle est humanisée, je distingue sur les berges serviettes, chapeaux et lunettes de soleil.

Après m'être baigné et séché au soleil, je me dirige vers un pavillon aux allures vénitiennes. À l'entrée, près de la sculpture en bois d'un cavalier plein de désir se tient une jeune femme aux cheveux noirs vêtue d'une robe blanche, les yeux habillés de lunettes en forme de papillon, un collier de perles, des boucles d'oreilles curieusement dépareillées. À ses pieds, deux petits chiens blancs, des « Westies », me dit-elle alors que je les caresse. Peggy, c'est son prénom, me conduit dans son jardin.

À peine assis, elle me propose un vin aigrelet, du pain grillé et du miel de rhododendron venu de la haute montagne, aussi appelé « miel qui rend fou », me dit-elle en riant. Nous évoquons, elle, sa vie de galeriste et de mécène, moi, cette quatrième clef qui prétend ouvrir la voie d'un bonheur global, celle de la vie comme œuvre d'art. Je lui dis mon scepticisme car tout le monde ne peut être artiste.

– Pourtant vous avez récolté que l'on peut connaître de réels moments de bonheur en transformant la nature, en aimant les autres, en s'aimant soi-même, or à chaque fois, la cause se trouve dans la réalisation de sa nature créatrice. Durant cette durée où le « je » crée, et où il rencontre le bonheur occasionnel, il est bien un artiste de sa vie, à la manière du Douanier Rousseau heureux de créer ses toiles en rentrant chez lui après sa journée de commis au service des impôts. Chacun expérimente de même ces bonheurs occasionnels après son travail et au cours de sa vie. Mais puisque nous cherchons tous le bonheur, ce n'est pas occasionnellement ni accidentellement mais essentiellement que voulons être créateurs. Il ne s'agit plus alors seulement de créer à partir du « moi » dans le monde mais de faire du « moi » lui-même une œuvre d'art. D'où ce modèle d'artiste. C'est pourquoi nous célébrons ici Peggy Guggenheim (1898-1979) qui comprit que le bonheur le plus grand est de faire de sa vie une œuvre d'art, en réalisant son énergie créatrice, ce qui était pour elle de devenir galeriste.

– Mais la vie d'artiste, n'est-ce pas de rechercher le beau ?

– C'est une erreur des modernes qui ignorent ce qu'est l'art, persuadés qu'il se caractérise par le « beau » qu'eux seuls pourraient reconnaître grâce à leur « jugement de goût », ce qui condamnerait au mauvais goût ceux qui ne partagent pas leur avis. Cette morgue, célébrée par Emmanuel Kant, est née en Italie au XVIe siècle, avant de se développer en France, au XVIIe à la suite de l'Académie royale de peinture et de sculpture fondée en 1648 par le cardinal Mazarin, et dirigée par Charles Le Brun (1619-1690), inquisiteur des arts plastiques. Les élèves de Rubens furent ainsi persécutés pour avoir eu le « mauvais goût » de s'opposer à eux. On vit même, en 1874, Claude Monet et ses amis impressionnistes contraints d'organiser une exposition en dehors des salons officiels de l'Académie des beaux-arts, héritière de l'Académie royale, au prétexte de leur mauvais goût. Le bon goût est le sabre de la médiocrité, et le beau en art, le coup qu'elle porte pour couper la tête des créateurs.

– Qu'est-ce alors qu'une vie d'artiste ?

– La valeur de l'art, c'est sa créativité, ce qui fait l'artiste c'est de vivre selon sa créativité. Que la créativité soit le seul critère possible pour juger de la valeur d'une œuvre dans l'histoire de l'art a été mis à nu, en 1917, par Marcel Duchamp quand il expose ses *ready-mades* qui transforment en art des produits d'usage, une fontaine-urinoir, un porte-bouteille, une roue de de bicyclette[1]. Il reproduit même *La Joconde* en la surchargeant d'une moustache et d'un bouc, œuvre qu'il appelle « *L.H.O.O.Q.* » car seule compte l'innovation de Vinci et non un sourire, la noblesse d'un modèle ou des matériaux. Ainsi, le point commun entre les dessins sur les grottes produits par nos ancêtres nomades, la statuaire grecque ou *Personnage avec quartier de viande* de Francis Bacon, cette peinture d'un Pape entre deux morceaux de boucherie, c'est la créativité. Et qu'importent les moyens utilisés du jaune d'œuf à la Renaissance à l'usage de fluides corporels dans des œuvres d'Andy Warhol, d'Andres Serrano, de Kiki Smith ou de Mike Kelley. Ce terme d'« artiste » s'est imposé dans les arts plastiques et la musique pour désigner ceux qui vivent selon leur créativité. Ainsi ont-ils offert le modèle de toute vie selon la créativité, débarrassée du travail et des aliénations, modèle que chacun peut connaître, du physicien au pâtissier. Ce que fit Peggy Guggenheim en devenant galeriste.

– En étant une marchande d'art ?

– Pourquoi ne serait-il pas permis à un artisan, à un agriculteur, à un financier, à un chef d'entreprise de faire de sa vie une œuvre d'art, de vivre en artiste de sa vie ? Elle a 14 ans quand son père Benjamin meurt dans le naufrage du *Titanic* où il se trouvait avec sa maîtresse, refusant d'embarquer sur un canot de sauvetage pour laisser la place aux femmes et aux enfants avant d'attendre la mort, vêtu de ses plus beaux habits, dans le grand salon du paquebot, fumant un cigare et buvant un cognac avec son ami majordome. Ce modèle d'exister avec son « moi » en aristocrate de sa vie, un peu dandy, va l'influencer ainsi que son oncle Salomon, passionné d'art. Jeune, elle s'égare dans la vie parisienne, entre le café de La Rotonde et ses nuits libertines, épousant même un artiste pour expérimenter le mariage. Mais en 1938, sous l'influence de Jean Cocteau et de Marcel Duchamp, tout en continuant à croquer la vie, elle devient galeriste et muse des artistes. Prenant pour seul critère la créativité, elle défend Vassily Kandinsky, Piet Mondrian, Yves Tanguy, Henry Moore, Alexander Calder, Jean Arp, Max Ernst, Brancusi, Pablo Picasso… En 1939, face aux menaces nazies, alors que les conservateurs du Louvre refusent au nom du « beau » de sauver sa collection, elle la cache dans le musée de Grenoble avant de l'envoyer sous l'étiquette « meubles » à New York où elle s'installe après avoir fui la France avec Max Ernst qu'elle épouse en 1941 pour peu de temps… Achetant des faux papiers et des complicités, elle sauve la vie de nombreux artistes européens. Et dès 1943, elle communie avec un souffle créateur, celui de la génération américaine qui prépare la victoire de l'art contemporain. Elle découvre l'expressionnisme abstrait et finance même Jackson Pollock (1912-1956) qui transforme la toile en un enclos où se battent les pulsions créatrices. Elle organise la première exposition au monde des femmes artistes, prouvant que la créativité est universelle. Hélas ! Face aux diatribes de ceux qui dénonçaient sa vie et ses choix artistiques, elle part s'installer dans le palais Venier à Venise puis, en 1959, déçue par la dérive marchande de l'art, au lieu de s'en moquer comme Andy Warhol et de célébrer les Temps contemporains qui multiplient les formes de créativité, art minimal, crypto art, street art, hyperréalisme, après avoir popularisé les arts précolombiens et « africains », Peggy Guggenheim devient plus sombre.

– Ce qui contredit l'idée que vivre sa vie comme une œuvre d'art conduit au bonheur…

– Au contraire. Il n'y a ni poète maudit, ni humanité maudite, ni aucun malheur à l'origine d'une vie conçue comme une œuvre d'art, car si le malheur appelait l'artiste, les esclaves hier, les misérables aujourd'hui, seraient tous artistes. Mais il demeure en chacun, fût-il artiste, la menace de destruction de soi, lorsque faiblit l'énergie créatrice. Ainsi quand leur énergie créatrice a faibli, les Mark Rothko, que Peggy Guggenheim aimait tant, Nicolas de Staël, Virginia Woolf, Guy Debord et autres Alan Turing se sont suicidés. Si, en luttant contre l'alcoolisme, aidé par l'amour de Lee Krasner, Pollock a peint ses plus magnifiques œuvres et s'il a connu ainsi ses plus grands bonheurs, l'ivresse le tue sur la route. Mais suicides et fuites de la vie sont rares chez ceux qui ont réussi à devenir des artistes. Car lorsque la vie est vécue comme une œuvre d'art, le « je » laisse peu de place à l'usage morbide des pulsions. Chaque pan de l'existence est comme happé par ce souci de se réaliser, à la façon de Léonard de Vinci, peintre, ingénieur, sculpteur, architecte, urbaniste, musicien, botaniste, écrivain, anatomiste, poète, à la façon de la Frida Kahlo qui, frappée par la poliomyélite puis par un accident de bus, peint dans son lit, trouvant dans la création le bonheur de se réaliser. Celui qui tente de faire de sa vie une œuvre d'art est poussé par le « je crée » du côté de la vie, à l'image de Kasimir Malevitch que Peggy adorait, torturé par le pouvoir communiste pour « subjectivisme » et « individualisme », qui avait bâti son œuvre sur le monochrome, conçu comme un passage vers l'infini, persuadé que, je le cite, « l'actualité du monde repose sur la création ». C'est la devise de la Vallée de miel.

Je quitte Peggy sur le tard, alors qu'une chouette hulule au loin. J'avance difficilement, mais mon bâton tient bon, je vacille parfois mais jamais ne tombe. Dans ma poche de devant je mets que nous pouvons tous être les artistes de nos vies et que l'actualité du monde repose sur la création.

Pourtant, une ombre grandit en mon esprit et il me semble que tout ce que contient la poche avant de ma besace pourrait n'être que du vent. Car n'arrive-t-il pas un moment où celui qui disait « je suis, j'existe, je crée » jusqu'à faire de sa vie une œuvre d'art, meurt ? Oh mon âme ! Quel est donc cet alpha de la vie, s'il n'y a pas d'oméga, à quoi me sert cette philosophie si la lucidité révèle que de tous ces bonheurs acquis face à la nature, à autrui, à soi-même, sont destinés à disparaître ? Oh ! vanité des vanités, ce « je crée » n'est-il donc qu'un passe-temps dans l'espace-temps de l'Être, où l'énergie créatrice du monde se dilate et se contracte sans cesse, envoyant le « j'existe » à la poussière, le « je suis » à l'anonymat, les œuvres du « je crée » à un champ de ruines ? Mais alors, être ou n'être pas heureux ne serait pas une quête, tout juste la requête d'une âme apeurée qui veut croire en la Vallée de miel alors que tout est désert, alors qu'être ou ne pas être n'a pas de sens, puisque l'existence n'en a pas ?

Où, près de la source, je découvre la preuve de l'immortalité, le sens du Bien et du Mal

J'entends d'abord l'air des clochettes puis je la vois, si simple, si claire, un filet d'eau mince et puissant pourtant : la source de la Vallée de miel.

Je m'assois sur un banc de pierre et je porte à mes lèvres l'eau de cette source. Le lecteur doit me croire : en un instant s'efface la culpabilité et toutes mes peurs, la peur des peurs même, celle de la mort, et je découvre la preuve de l'immortalité.

Puisque la créativité existe, chaque être humain est donc doté d'une nature créatrice, d'un « je » qui intervient dans l'existence comme un « je crée », comme une transcendance non réductible au corps et à l'Être. Ce qui explique d'ailleurs qu'il soit le seul vivant capable de transformer son environnement, de créer des civilisations et de changer sa propre nature corporelle, jusqu'à ses gênes. Alors, le « je » transcendant ne peut être entraîné dans la dissolution du corps. Son éternité est donc avérée. Reste que l'éternité n'est pas encore l'immortalité.

Mais, puisque le « je » est une énergie, alors il y a un lien existentiel et substantiel entre le « je » et le « moi » durant le temps de l'existence. Quand ce « je » agit conformément à sa nature créatrice, quand il crée, il ne peut être indifférent à ce qu'il crée. Il est, en retour, transformé par sa propre création, un peu comme deux parents créant un enfant sont certes encore après deux individus, mais ils ne sont pas restés les mêmes, ils sont à présent, par leur création, devenus des « parents ». Ou comme un individu qui en peignant devient « peintre ». Ainsi, l'ego transcendant qui s'est incarné dans l'existence intègre nécessairement en lui la substance spirituelle de ce qu'il a créé. Or puisqu'il est transcendant, alors, après la mort, la créativité réalisée ne disparaît pas : il n'emporte certes pas la toile du tableau mais le souvenir de cette toile qui ne peut disparaître puisqu'il est intégré à son « je » transcendant. Ainsi, voilà l'immortalité.

En conséquence aussi, des énergies du « moi » tournées vers la destruction, ou des actions subies par le « moi » durant la vie, et même des phénomènes indifférents qui ne sont pas en relation avec la créativité, il ne peut rien en rester. Puisqu'elles ne sont pas créatrices, elles sont par nature étrangères au « je », à sa transcendance. Elles ne peuvent donc pas plus y être intégrées qu'une goutte d'eau ne peut mouiller la feuille de lotus hydrophobe que les nanotechnologies se sont amusées à reproduire. L'immortalité ne concerne donc que les *ici-maintenant* de bonheur.

Et c'est alors que je saisis ce qu'est le mal. Un mal sans majuscule, car le mal ne crée rien, il détruit, il détourne seulement les flux d'énergie du moi des fruits de la vie, comme il transforme la pomme sucrée en pomme empoisonnée dans le conte de *Blanche-Neige*. Il n'est pas rien, puisqu'il détruit, il est donc bien dans l'Être. Pour la même raison, il est bien dans le « moi », puisqu'il désœuvre par lui. Mais il n'appartient pas à l'ego au « je suis » dont la nature est créatrice pas plus qu'il n'appartient à l'énergie universelle qui a créé l'Être, que l'on peut appeler le « Bien », puisqu'elle est création. Il n'a donc aucune transcendance.

Voilà d'où vient le mal ? De ces flux d'énergie mis à la disposition du « je » par le « moi » dans le corps humain. Mais ce ne sont donc pas ces flux qui sont mauvais, pas plus que la machette mais leur mauvais usage. Il n'est donc pas ce mythe évoqué par Paul Ricoeur, ni cet être diabolique invoqué par les manichéens, ni ce « néant hostile à Dieu, non seulement de déficience et de privation, mais de corruption et de destruction[1] » dont parle Karl Barth qui imagine de façon incohérente que le néant serait finalement quelque chose. Le mal vient des énergies détournées, par l'ignorance et les pulsions devenues morbides. Énergies qui ne sont pas tournées vers la création, ce qui, hélas ! historiquement, fut bien le lot de l'humanité.

D'où, je le sens à présent, l'importance de ce bâton devenu canne qui m'a porté jusqu'ici. Il est l'expression de cette force intérieure, de cette « vertu », qui signifie étymologiquement « énergie morale, courage ». Une vertu qui ne peut être dans l'Être puisqu'elle peut s'y opposer, puisque chacun peut frapper et couper les ronces pour construire son chemin. Une vertu qui se tient du côté de l'ego transcendantal, qui est la conscience de cet ego d'affronter le mal. Et il le doit même car, n'en déplaise à Jean-Jacques Rousseau, les énergies en nous sont toujours d'abord sauvages comme celles de l'enfant laissé à lui-même. C'est cela le péché originel vu par la philosophie de la créativité : cette naissance de chaque « moi », pleine d'énergies non civilisées qui, laissées à l'état sauvage, font le mal. C'est cela la vertu : l'intervention de l'ego transcendant pour les transformer en énergie créatrice, pour être un « ego existo » tourné vers la créativité. Il faut laisser à Nietzsche cette illusion que « vouloir délivre, car vouloir, c'est créer ». Car vouloir, ce peut être aussi détruire.

Et je mets dans la poche de devant de ma besace que puisque la créativité de l'ego est l'alpha du bonheur, et puisque cet alpha du bonheur est aussi la clef de l'immortalité, alors il est juste de dire qu'il n'est de morale que de bonheur.

Où je découvre, avec le sens de l'Apocalypse et de la vie, la preuve de l'existence du Dieu créateur et la formule du bonheur

Et c'est alors que, buvant une nouvelle fois l'eau de la source, regardant au loin dans la Vallée de miel ces ruches par milliers, j'éclate d'un rire inextinguible en songeant aux simulacres des prophètes de malheur et à ces Quatre Cavaliers de l'Apocalypse vendus dans les supermarchés de la culpabilité. Comment la Vallée de miel promise à Moïse et le dernier livre de la Bible chrétienne pourraient-ils se réjouir de malheurs terrifiants ?

Simulacre des simulacres et tout est simulacre chez les prophètes de malheur. Car le mot « apocalypse » en grec, « apokálupsis » (ἀποκάλυψις) ne signifie pas catastrophe mais « révélation ». Et je plonge la main dans la poche de devant de ma besace pour en sortir la Bible, récoltée à Milan, pour saisir le sens de ce qui se joue.

Or, je n'y trouve aucun cavalier blanc, rouge, noir ou vert. Il n'est fait référence qu'à la couleur des chevaux[1]. Le premier cavalier porte une couronne et tient un arc, il porte le nom de « Fidèle et Véritable », qui « juge et combat avec justice[2] ». Il est aussi appelé « Parole de Dieu », « Agneau » et « Jésus ». Diantre, je suppose qu'il s'agit de ce Jésus de la Bible, présenté comme le descendant de David qui aurait prêché l'amour. Aurait-il finalement changé d'idée ? Oui, il menace et frappe. Mais curieusement, seulement « la bête ». La « bête » ? Les « lâches », les « abominables », les « meurtriers », les « impudiques », les « enchanteurs », les « idolâtres », les « incrédules » qui sont ceux qui ne croient pas au Dieu d'amour dit ce texte. À l'inverse sont sauvés ceux qui célèbrent le « livre de la vie » qui ne connaîtront plus « ni deuil, ni cri, ni douleur ».

Tout est clair. L'Apocalypse appelle à la guerre spirituelle, celle qui est livrée aux pulsions de mort. Non pas une guerre avec les autres mais en nous. Ces quatre chevaux qui transportent les cavaliers sont l'image de ce « moi » qui transporte dans le monde notre « je ». Leurs quatre couleurs sont celles des flux pulsionnels. Et ces Quatre Cavaliers sont la réponse aux quatre formes de malheur qui terrassent le « moi ».

Le cavalier sur son destrier vert ? Le combat contre l'idolâtrie de la Nature. Le cavalier sur son destrier roux ? Le combat contre la haine d'autrui. Le cavalier sur son destrier noir ? Le combat contre la haine de soi. Le cavalier sur son destrier blanc ? Le combat contre la source de tous les malheurs, la pensée magico-religieuse.

N'est-ce pas le sens de mes quatre clefs du bonheur ? La première clef n'exige-t-elle pas de maîtriser le cheval vert en dominant la nature ? La seconde, de maîtriser le cheval roux en aimant l'humanité ? La troisième, de maîtriser le cheval noir en s'aimant soi-même chaque jour ? La quatrième, de maîtriser le cheval blanc en affirmant dans le monde son énergie, parente de l'énergie créatrice de l'univers ?

J'ai un doute. Y a-t-il d'ailleurs vraiment Quatre Cavaliers de l'Apocalypse ? N'est-ce pas plutôt le même cavalier qui apparaît sous quatre formes différentes ?

Les chevaux noirs, verts et roux disparaissent à la fin du récit pour laisser place à un seul cavalier qui monte un cheval blanc suivi d'une armée de cavaliers portés par des chevaux blancs. Comme si, sous ses quatre tuniques, ce cavalier donnait les réponses aux quatre flux de pulsions malheureuses que doit affronter le « je » dans son « moi » qui toutes renvoient au monde magico-religieux.

D'ailleurs ce cavalier qui entraîne une armée d'autres cavaliers, l'Apocalypse l'appelle « Esprit ». Or, c'est bien la victoire de cet Esprit en nous, de cet Esprit qui dit la vie et l'amour auquel appelle l'Apocalypse : « Que celui qui entend dise : Viens. Et que celui qui a soif vienne ; que celui qui veut, prenne de l'eau de la vie, gratuitement[3]. »

« Viens » ? Quel est donc ce chemin ? Ce cavalier appelle à prendre le chemin qui mène à la source, là où se découvre cette énergie créatrice universelle.

Et c'est alors, que je découvre l'oméga qui oriente nos vies. Oh ! rien qui ressemble à ce point oméga des mystiques[4] qui conduirait un jour par la domination de l'intelligence à une communion spirituelle universelle des esprits[5]. Mais puisque l'univers existe plutôt que rien et qu'il y a de l'ordre, fût-il incertain, alors derrière l'Être impossible de ne pas supposer une énergie. Non pas une idée ou une matière, car une idée ne peut créer de la matière ni la matière produire des idées, ni l'une et l'autre expliquer la créativité. Non, un Esprit-énergie, matrice de tout ce qui est, que l'on pourrait appeler « Dieu[6] » avec Max Planck si on écarte tous ces contenus qui sont peut-être vrais, mais dont je ne sais rien n'étant pas théologien. Oui, résonne en moi cette découverte de Max Planck, qu'« il n'existe pas, à proprement parler, de matière ! Toute matière tire son origine et n'existe qu'en vertu d'une force qui fait vibrer les particules de l'atome et tient ce minuscule système solaire qu'est l'atome en un seul morceau[7] ». Cette énergie, est nécessairement créatrice puisqu'elle crée l'ordre de l'Être et qu'elle maintient son expansion plutôt que de le laisser devenir chaos. Elle a créé les minéraux, la vie végétale et animale et l'humanité.

Or, l'humanité est la seule espèce à disposer d'une nature libre et créatrice, à l'image de cette énergie créatrice. Il faut donc logiquement admettre que cette énergie l'a voulu, qu'elle a aimé créer ainsi, qu'elle a trouvé cela « très bien », écho du premier livre de la Torah, la Genèse.

L'amour donne donc le sens de cette exceptionnalité humaine. Alors, le « je suis, j'existe, je crée » est clairement orienté par le « je crée ». Comme si l'ego transcendant avait créé son enfant dans l'Être, le « j'existe », qui est orienté par sa propre énergie créatrice vers cet Esprit-créateur. Dès lors si la créativité de l'ego est l'alpha de la vie humaine, cette orientation vers l'amour qui l'a créé, est son oméga.

Ainsi, cette créativité de l'ego, fille de l'énergie créatrice qui œuvre dans l'univers, en réalisant sa nature, œuvre elle aussi dans l'univers. Et, en tant qu'elle œuvre, elle ne peut aller en sens contraire, sinon elle serait une désœuvre. Elle tend donc dans le même sens que cette énergie créatrice que certains appellent « Dieu », donc tout à la fois dans la communion avec sa puissance et l'amour qui la meut envers nous. Ainsi, je découvre que l'alpha de la créativité tend vers son oméga qui est sa destinée, vers ce Dieu-amour.

Voilà pourquoi la prière est sur le chemin du bonheur. Que m'importe que ce soit celle du moine ou celle du pâtre sur le mont Aigoual. En priant pour ceux qui souffrent et ceux qui errent, en diffusant l'amour, tous diffusent autour d'eux, bien au-delà de la surface étroite de leur corps, par cet amour, leurs ondes et particules d'énergie créatrice qui vont communier ainsi avec la créativité des autres, comme l'amour pour autrui éteint la haine et permet à celui qui le reçoit de devenir créateur à son tour. Par la prière, une dynamique de l'amour qui est une dynamique de la créativité. Et puisqu'elle favorise la créativité de chacun en permettant la réalisation de soi, prier ne rend pas seulement heureux celui qui prie mais, dans cette dynamique du bonheur, celui qui reçoit aussi. Tous entraînés vers l'oméga de la vie, vers l'énergie créatrice du monde.

Alors la promesse faite à Moïse que la Vallée de miel est à portée de main n'est plus une vaine promesse. Le désert est là où galopent les chevaux sauvages noirs, rouges, verts et blancs, là où nous habitons quand l'esprit magico-religieux assèche ses flux créateurs en lui, là où nous ne pouvons plus entendre l'air des clochettes de la source.

Et c'est alors que je comprends que cette Vallée de miel n'est pas un lieu, mais notre esprit quand il crée, que cette canne sur laquelle je m'appuie depuis le début du voyage n'est pas un bâton mais la force qui permet d'avancer droit dans la vie, que le miel ce sont les graines déposées dans le monde par l'amour de soi qui œuvre vers l'amour d'autrui quand il entend l'air des clochettes, quand il boit l'eau de la source.

Oui, j'étais seul dans ces trains car ce voyage n'a jamais été que le mien et les personnages rencontrés ces pensées qui m'habitaient depuis l'enfance jusqu'à l'âge de mes cheveux blancs.

Et puisque la source alimente généreusement toute la vallée, je découvre que tous les genres de vie peuvent être créatifs, que tous peuvent conduire au bonheur, que cette grâce de la source a été donnée à tous. Oui, chacun peut écouter le chant joyeux des clochettes de l'eau de la source, ce chant universel de liberté. Chacun sa source, chacun sa vallée, chacun son voyage.

Et alors je découvre que nous ne sommes pas des grains semés qui se détruiraient pour devenir du blé, comme le croient certains exégètes d'une parabole du semeur de la Bible. Nous sommes des êtres semés, créés à l'image divine de l'énergie créatrice elle-même. Semés pour donner à notre tour ce qui nous a été donné, pour libérer les autres de leurs peurs et de leur culpabilité, pour être des passeurs de l'*aimer*.

Mais alors, euréka ! je sais ce qu'est la vraie liberté : vivre, débarrassé des carcans magico-religieux idolâtres qui sans cesse renaissent pour corseter la créativité, pour la culpabiliser, pour la menacer. Et je sais ce qu'est le sens de l'histoire humaine : ce combat de la libre créativité contre l'esprit magico-religieux qui conduit vers l'oméga de l'amour.

Et puisque l'énergie créatrice guide l'univers, je sais que la Vallée de miel l'emportera sur les vallées de larmes, que la philosophie de la créativité l'emportera sur les prophètes de malheur, que demain, transporté « en esprit sur une grande et haute montagne » là où est la source, comme le dit l'Apocalypse[8], le « je suis » de chacun qui est comme le père de ce « j'existe » sera entraîné par l'esprit de la créativité universelle à dire « je crée ». Comme un écho à une autre trinité dont, n'étant pas théologien, je ne discute pas. Oui, chante la source, ayez confiance, cueillez vos jours, éclairez vos nuits, acceptez ici et maintenant d'être l'enfant de cette grâce en communiant avec l'énergie créatrice de l'univers, cet oméga de la vie qui donne le sens de l'existence, abolit la mort et donne le bonheur !

Et, c'est alors, qu'après avoir bu une dernière fois de mes mains toujours nues l'eau de la source, alors que mon regard s'égare au loin sur une ruche-tronc d'un arbre qui me rappelle tant de souvenirs, j'entends la formule du bonheur. Une seule formule qui est comme une lampe à mes pieds qui fut toujours allumée mais que je n'avais pas vue. Une formule qui répond à ce « viens ! » du murmure de la source qui monte jusqu'aux étoiles, qui sanctifie tous les petits bonheurs qui font la grandeur de la vie, qui révèle que le plus humble par son activité la plus simple peut monter sur le cheval blanc pour être un aristocrate de sa vie jusqu'à faire de tout minuit un midi. Une formule qui nous appelle à cueillir joyeusement le jour contre la souffrance due à la nature, aux autres, à soi-même, à l'ignorance de notre nature humaine, et qui nous offre de leur opposer la célébration de la vie, la paix, l'amour, la créativité, ces quatre piliers du temple du bonheur, échos des quatre clefs. Oui, une formule universelle qui répond aux peurs des vallées de larmes pour conduire dans la Vallée de miel et qui donne le sens de la vie : aime éperdument, aime-toi et aime les autres, crée ! Oui, crée ! Voilà la formule, voilà le mot, l'écho au « Viens ». Et, en passeur de l'aimer, diffuse à ton tour la joie de vivre à toute l'humanité.

Alors que je ferme ces carnets de voyage comme on quitte un vieil ami, regardant des enfants jouer auprès du petit lac du parc, je ne saurais décrire la joie qui m'habite et ce goût du miel à partager qui grandit dans mon âme. Oui, à mon tour, je veux être un passeur de l'aimer, je veux dire « viens, crée et reviens ». Et vous, ami lecteur, diffusez ces carnets, améliorez-les s'il le faut, enrichissez-les de vos leçons de vie propres, offrez-les autour de vous par amour de vous-même, par amour de l'humanité, par amour de la création.

Notes et références

1
État de nature

Face au malheur dû à la nature,
La première clef du bonheur

Où, dans l'« état de nature », au lieu du bonheur promis, je récolte le malheur : l'angoisse, la peur et des génocides à n'en plus finir

1. Platon, *Protagoras*, Paris, Belles Lettres, 1923, 320c-321d.

2. Roucaute, Yves, *L'Homo creator face à une planète impitoyable*, Paris, Contemporary Bookstore, 2020.

3. Dart, Raymond, « *Australopithecus africanus : The Man-Ape of South Africa* », *Nature*, vol. 115, n° 2884, 1925, p. 195-199.

4. Brunet, Michel et al., « *A new hominid from the Upper Miocene of Chad, Central Africa* », Nature, vol. 418, n° 6894, Juillet 2002, p. 145-151.

5. Penck, Albrecht et al., « *Die Alpen im Eiszeitalter* », Leipzig, Chr. Herm. Tauchnitz, 1909.

6. Hoberg EP, et al. « *Out of Africa : origins of the Taenia tapeworms in humans.* », 2001, 268 : 781-787. Trueba, Gabriel, Dunthorn, Micah, « *Many Neglected Tropical Diseases May Have Originated in the Paleolithic or Before...* »

7. Rothschild, Bruce, Rothschild, Christine. « *Treponematoses – origins and 1.5 million years of transition* », *Human Evolution*. 1996. 11, p. 225-232.

Où je récolte le malheur dû à soi : refus de l'ego, culpabilisation et sacrifice humain

1. Tylor, Edward, *Primitive Culture : Researchs Into The Development of Mythology, Philosophy, Religion, Language, Art And custom*, Vol. II. 1873.

2. Sur l'erreur de Hegel, voir *Phénoménologie de l'Esprit*, chap. I, p. 91-101, Paris, Aubier, traduction Jean-Pierre Lefebvre.

3. Clastres, Pierre, *Chronique des Indiens Guyaki, Ce que savent les Aché, chasseurs nomades du Paraguay*, Paris, 1972.

4. Clastres, Pierre, « *Compte rendu de mission chez les Indiens Guayaki* », *L'Homme*, 1964, T. 4, n° 2., p. 124.

5. Luna, L.E., *Vegetalismo : shamanism among the mestizo population of the peruvian amazon*, Estocolmo, Almqvist and Wiksell International, 1986.

6. Novaes, Clara, Taïeb, Olivier, Moro, Marie-Rose, « L'expérience urbaine de l'ayahuasca au Brésil », *Chimères*, vol. 78, n° 3, 2012, pp. 169-180. Luna, L. E., « Des plantes qui enseignent », in Narby J. & Huxley F., *Anthologie du chamanisme*, Paris, Albin Michel, 2009, p. 237-240.

7. Girard, René, *La Violence et le Sacré*, Paris, Le Seuil, 1972.

8. Clastres Pierre, Sebag Lucien, d'Onofrio Salvatore, « Cannibalisme et mort chez les Guayaki » (Achéen), *Gradhiva*, 2005/2, n° 2.

Où, dans l'état de nature, je récolte le malheur dû à autrui et, entre conflits et exocannibalisme, une petite lueur aussi

1. Skhul IX, Shanidar, Saint-Cézaire…

2. Sagan, Eli, *Cannibalism : Human Agression and Cultural Form*, New York, Harper and Row, 1974.

Où je récolte qu'au lieu de célébrer le bonheur dans la nature, l'humanité a créé des outils et a crié : « Courage, fuyons ! »

1. Leakey, Louis, S.B., *Olduvai Gorge (Tanganyika, A report on the evolution of the hand-axe culture in Beds I-IV*, Cambridge, University Press, 1951. Leakey, M.D., avec la collaboration de D.A. Roe, *Olduvai Gorge : Excavations in Beds I and II, 1960-1963*, Cambridge, Cambridge University Press, 1971.

2. Nigst, Philip et al. *Willendorf II,* Wiss. Mitt. Niederösterr. Landesmus.19, p. 31-58, 2008.

3. Nietzsche, Friedrich, *Ecce Homo,* Mercure de France, t.76, n° 274, 1908, p. 207.

4. Sanchez Goni, Maria Fernanda, « Climatic changes during the upper Paleolithic; Inquiry on the Paleo-climatology-Prehistory relationship » Zephirus, n° 49, 1997, p. 3-36.

5. Testart, Alain, *Avant l'histoire : L'évolution des sociétés de Lascaux à Carnac,* Paris, Gallimard, 2012. »

6. Lubbock, Sir John, *Prehistoric Times,* London, 1865.

7. Erwin, Douglas H., *The great Paleozoic crisis; Life and death in the Permian,* Columbia University Press, 1993. Blackburn, Terrence J. et al. « *Zircon U-Pb Geochronology Links the End-Triassic Extinction with the Central Atlantic Magmatic Province* », *Science,* vol. 340, n° 6135, 2013, p. 941-945. Roucaute, Yves, *L'obscurantisme vert, La véritable histoire de la condition humaine, ibid.,* p. 33-36.

Où, avec la dernière fuite, celle des sédentarisations, je récolte la première clef du bonheur : « Dominez la nature ! »

1. Voruz, Jean-Louis, Favre, Françoise et al., « *Hommes et dieux du Néolithique : les statues-menhirs d'Yverdon* » *Annuaire de la Société suisse de Préhistoire et d'Archéologie,* 1992, vol. 75, p. 37-64.

2
L'Orient Express

Face au malheur dû à autrui, La seconde clef du bonheur

Où je trouve de la culpabilité et des déluges comme s'il en pleuvait contre le sens caché de l'arche

1. Hopkins, Washburn, Edward, « *Religions of India* » (1895) et « Epic Mythology » (1915), *Journal of the American Oriental society.* Ducœur, Guillaume, « *Le mythe du déluge de l'Inde ancienne et les théories des origines entre 1829 et 1872* », *Revue de l'histoire des religions,* 2016/3. Paris. p. 389-418.

2. Dang, Nghiem Van « *The Flood Myth and the Origin of Ethnic Groups in Southeast Asia* », *Journal of American Folklore* 106, 1993, p. 304-337.

3. Maspero, Henri, *Légendes mythologiques dans le Chou King, Journal asiatique*, Paris, Tome CCIV, janvier-mars 1924.

4. Gaudry, Alfred, « Contemporanéité de l'espèce humaine et de diverses espèces animales aujourd'hui éteintes », *L'Institut*, (1re section), 27, n° 1344, 1869, p. 317-318.

5. Karlsson, N. B., Dahl-Jensen, D., « *Response of the large-scale subglacial drainage system of Northeast Greenland to surface elevation changes* », *Cryosphere*, Vol. 9, n° 4, p. 1465-1479.

6. Les Akkadiens, le reprendront et le remettront en forme par l'*Épopée d'Atrahasis*, dite aussi *Poème du Supersage*, et par l'*Épopée* de *Gilgamesh* quand ils s'empareront de l'empire sumérien.

7. Bottero, Jean, *La plus vieille religion. En Mésopotamie*, Paris, Gallimard, 1997.

8. Le terme revient plusieurs fois, en Gn 6-8.

9. Stordeur, Danielle, *Le village de Jerf el Ahmar (Syrie, 9500-8700 av. J.-C.), L'architecture, miroir d'une société néolithique complexe*, Paris, Éd. du CNRS, 2015.

10. Tournay, Raymond Jacques, Shaffer, Aaron, *L'Épopée de Gilgamesh*, Paris, Le Cerf, 1994.

Où, à Sumer, je récolte que la croyance au pouvoir des quatre Maîtres de Vérité appelle sacrifice, totalitarisme et guerre

1. Clastres, Pierre, *La Société contre l'État : Recherches d'anthropologie politique*, Paris, Minuit, 1974.

2. Detienne, Marcel, *Les Maîtres de Vérité dans la Grèce archaïque*, Paris, Maspero, 1981.

3. Chang, Kwang-chih, *Shang civilization*, New Haven, 1980. Shaughnessy, Edward L., *Sources of Western Zhou History*, Berkeley, 1991.

4. Chang, Kwang-chih, *Shang civilization*, New Haven, 1980. Shaughnessy, Edward L., *Sources of Western Zhou History*, Berkeley, 1991.

5. Wissler, Clark, *Indians of the United States : Four Centuries of Their History and Culture*, Safety Harbor, Simon Publications, 2001. Sten, Maria, *Ponte a bailar, tú que reinas. Antropología de la danza prehispánica*, México, Joaquín Mortiz, 1990.

6. Platon, *Phèdre, Œuvres complètes*, T. IV, 3e partie, Paris, Belles Lettres, 1985, 248b.

7. La Boétie, Étienne de, *De la servitude volontaire ou Le Contr'Un*, Paris, Bibliothèque nationale, 1882.

8. Black Jeremy et al., *The Literature of Ancient Sumer*, Oxford University Press, 2004, p. 116-125.

Où, gare « hindouisme », je fuis la cuisson du moi dans la marmite cosmique et je récolte l'énergie du monde et la protection de la vie

1. *Rig-Veda*, X, 90.

2. *Le Nyâya-sûtra de Gautama Akshpâda et le Nyâya-Bhâshya d'Akshapâda Pakshilasvâmin*, Paris, Les Belles Lettres, 2009, p. 693. Traduction des deux écrits par Michel Angot.

3. Une incarnation de l'épouse du dieu Shiva, Lakshma.

4. *Purusa Sukta*, Hymne 10-90, 1re partie du *Rig Veda*.

5. Nous ne rentrons pas ici dans les discussions sur le statut du Rishi, comme témoin (védisme), sage (brahmanisme) ou yogi méditatif (hindouisme).

6. *La Bhâgavad Gita*, Paris, Albin Michel, 1970, chapitre 18 verset 5.

7. *Ibid.*, Chapitre 3, verset 20.

8. Rappelons que c'est le 6e livre du poème du *Mahabharata*.

9. *Ibid.*, Chapitre 1, verset 36.

10. *Ibid.*, Chapitre 1, versets 20-22.

Où, station « bouddhisme », je récolte qu'il faut aimer l'humanité mais où je fuis cet « éveil » qui tue le malade pour le soigner

1. Hirakawa, Akira, Groner, Paul, *A history of Indian Buddhism : from Śākyamuni to early Mahāyāna*, Motilal Banarsidas, 1990.

2. *Ibid.*, p. 143.

3. Wijayaratna, Môhan, *Sermons du Bouddha*, Paris, Seuil, 2005, chap. 15.

4. Lopez, Donald Sewell, Jr., Buswell, Robert E., *The Princeton dictionary of buddhism*, Princeton, Princeton University Press, 2014, p. 48.

5. Rahula, Walpola, *L'Enseignement du Bouddha d'après les textes les plus anciens*, Paris, Seuil, 1961.

6. Zhiyi, « *Contemplation puérile* », *Quatre Courts Traités sur la Terrasse Céleste*, Paris, Fayard, 2007.

7. Il est accompagné du Sûtra aux sens infinis et du Sûtra de la méditation.

8. Appelée « Svalakṣana-śūnyatā », dénoncée par le Prajñaparamita sutra.

9. Dōgen, Eihei. *Primer of Sōtō Zen : A Translation of Dōgen's Shōbōgenzō Zuimonki*, Masunaga, Hawaii, 1971.

10. *The Princeton Dictionary of Buddhism, ibid.*

Où, gare « Confucius », je récolte l'amour de l'humanité mais où il faut vivre à genoux devant les autorités

1. Confucius, *L'Invariable Milieu*, dans *Les Quatre Livres*, 1895.
2. Confucius, *Entretien*, XIII, 30.
3. Confucius, *Entretiens*, IV, 1, Paris, Contemporary Bookstore. 2019.
4. *Ibid.*, IV, 4.
5. XII, 2.
6. *Ibid.*, IV 15.
7. Sur la notion de gentilhomme, *ibid.*, XIX, 1 et suivants.
8. XII, 22.
9. Confucius, *Les Entretiens de Confucius*, Paris, Gallimard, 1987.
10. Sima, Qian, *Mémoires historiques*, Paris, You Feng, 2015.
11. Par exemple, dans *Les entretiens*, en IV, 2. Je conseille la grande traduction de 1921, de M. G. Gauthier, disponible sur internet.
12. On trouve les cinq livres canoniques en ligne. Pour le livre des mutations, nous conseillons *Yi jing. Le livre des changements*, Paris, Albin Michel, 2002 et pour le *Classique des rites*, la traduction de Stéphane Couvreur. Rappelons que ces *Quatre Livres* ont été mis en ordre tardivement, par Tchou Hi (1130-1200).
13. Mencius, *Œuvres de Meng Tzeu*, Livre II, Chap. II, 1 et suivants, Paris, Contemporary Bookstore. p. 41 et suivantes.
14. *Ibid.*, XVI, 8.

Où, station « taoïsme », je récolte les conditions de la paix et le souci corporel mais non la Voie qui laisse l'individu sans voix

1. Le Chanhaijing comprend 39 textes. Paris, J. Maisonneuve, 1891, consultable en ligne.
2. Sun Tzu, *L'Art de la Guerre*, Paris, Flammarion, 1978.
3. Lao Tseu, *Tao te king, ou le livre de la Voie et de la Vertu*, Paris, Mille et une nuits, bilingue, 1996.
4. Reid, Dan G., *The Heshang Gong Commentary on Lao Zi's Dao De Jing*, Montréal, Center Ring Publications, 2015.
5. Zhuangzi, *Œuvre complète*, Paris, Gallimard, 1969.

Notes et références

Où, station « shintoïsme », je découvre que le malheur dû à autrui est aussi en nous mais que la haine de l'ego n'est pas la solution

1. Ninomiya, Hiroyuki, *Le Japon pré-moderne*, 1573-1867, Paris, CNRS, 2017.

2. Breen, John, Teeuwen, Mark, *A New History of Shinto*, Oxford, Blackwell Publishing, 2010.

3. Onuma, Hideharu, Deprospero Dan, Deprospero Jackie, *Kyudo, essence et pratique du tir à l'arc japonais*, Budo Éditions, 1985.

4. *Kojiki*, Paris, Maisonneuve et Larose, 1969.

5. Ashkenazi, Michael, *Handbook of Japanese Mythology*, ABC-Clio, Santa Barbara, 2003.

Où, à Jérusalem, je récolte la deuxième clef du bonheur : aime ton prochain comme toi-même !

1. *Nevi'im* et *Ketouvim*.

2. Composée de la « *Mishna* » et de la « *Gamara* ». La première est la mise par écrit de l'enseignement oral vers l'an 190 après J.-C. par le rabbin Juda Hanassi, qui a craint sa disparition après la destruction de l'État hébreu. La seconde est un ensemble de commentaires d'autres sages sur la Mishna. L'ensemble compose le « Talmud » avec l'interprétation juridique (Halaka) et morale (Aggada) de la Torah.

3. Maïmonide, Moïse, *Le Livre de la connaissance*, Paris, P.U.F. 1961, p. 223.

4. Gn, 1.

5. וַיַּרְא אֱלֹהִים אֶת-כָּל-אֲשֶׁר עָשָׂה, וְהִנֵּה-טוֹב מְאֹד, traduction sous la direction du Grand-Rabbin Zadoc Kahn.

6. Gn 1, 26.

7. Gn 1, 29-30.

8. Gn 9, 2-3.

9. Gn 22.

10. Lv 19, 18b.

11. Dt 15, 7-8, Lv 19.

12. Midrash Tanhuma, *Tsav* 3.

13. 2R 6, 22.

14. Rabbi Chlomo ben Itshak. Voir *chabad.org*, *sefarim.fr* ou *torah-box.com*.

15. Ps 128, 1-2.

16. Dt 30, 19-20.
17. Lm 37.
18. Dt 28, 47.
19. Maïmonide, Moïse, *Le Guide des égarés*, Paris, Verdier, 1979, p. 547.
20. Les 6 groupes qui structurent la *Michna* : Zra'im, Mo'ed, Nachim, Nézikin, Kodachim, Taharot.
21. Dt, 32-47. Voir le commentaire de Maïmonide, *Le Guide des égarés*, *ibid.*, p. 502-505.
22. Lv 25, 44. Voir aussi Exode 24, 12, Deutéronome 15, 16-17.
23. Lv 20, 10.
24. *Makkot*, 24a.
25. Maïmonide, Moïse, *Le Guide des égarés*, Paris, Verdier, 1979, p. 464-466.
26. Chabbat 88b.
27. 2 S 11, 1-26.
28. Ps 1.
29. Ex 3, 8. Lv 20, 23 et Dt 26, 9 et 26, 15.

Où je constate que tout fait sens depuis la sortie de l'état de nature et que la deuxième clef en appelle une troisième

1. Rabbi Méir, cité par Maïmonide, *Le Guide des égarés*, *ibid.*, p. 434.
2. *Ibid.*, p. 629-636.

3
L'Occident Express

La troisième clef du bonheur

Où, contre la culpabilité, je fuis le « Connais-toi toi-même » des sept sages et où je récolte le « connais ton moi » de l'aristocratie et de Solon

1. Diogène Laërce, *Vies, doctrines et sentences des philosophes illustres*. T.I. Paris, GF. 1965.
2. Thucydide, *La guerre du Péloponnèse*, Paris, Gallimard, 1989, Livre Premier, LXXX-LXXXV.

3. VERNANT, Jean-Pierre, *Mythe et pensée chez les Grecs*, Paris, 1974.

4. DETIENNE, Marcel, *Les Maîtres de Vérité dans la Grèce archaïque*, Paris, Maspero, 1981, chap. V.

5. PLINE L'ANCIEN, *Naturalis Historia*, Vol. II. Chap. VII. Paris. 1848.

6. Dans la salle secrète réservée aux prêtres, l'« *adyton* ». La pierre sacrée aurait été placée là par la déesse Rhéa, la femme du dieu Chronos, et aurait été mise là en lieu et place de Zeus afin de le sauver de Chronos qui voulait le détruire en l'avalant.

7. DIOGÈNE LAËRCE, *ibid.*, I. p. 70-71.

8. DIOGÈNE LAËRCE, *ibid.*, I, p. 51-59.

9. *Le Livre des Portes*, Texte et notes par Charles Maystre et Alexandre Piankoff, Le Caire, Institut d'archéologie orientale, 1939.

10. HUDSON-WILLIAMS, Thomas, *Early Greek Elegy. The Elegiac Fragments of Callinus, Archilochus, Mimnermus, Tyrtaeus, Solon, Xenopanes, and others*, Cardiff-Londres, Taylor and Francis, 1926.

11. PLUTARQUE, *Vies des Hommes illustres*, Paris, 1853, p. 181-224.

12. DIOGÈNE LAËRCE, *ibid.*, p. 59.

Où, station « Pythagore », je récolte qu'il faut célébrer la puissance de connaître humaine et fuir le parti tyrannique de la « Raison »

1. Il aurait écrit de nombreux ouvrages en prose disparus, dont un *Traité politique* et un *Traité de l'éducation.* Notons que les *Vers dorés* qui lui sont attribués ne sont pas de lui.

2. HEGEL, G.W.F. *Leçons sur l'histoire de la philosophie*, t. I, tr. fr., Paris, Vrin, 1971, p. 72.

3. HÉRODOTE, *L'enquête*, tome I, p. 401.

4. GRAF, Fritz et JOHNSTON, Sarah, *Ritual Texts for the Afterlife. Orpheus and the Bacchic Gold Tablets*, London & New York, Routledge, 2007.

5. Il s'agit d'une allusion à la tablette nommé Plimpton 322, qui précède d'un millier d'années Pythagore, retrouvée parmi les 500 000 tablettes d'argile de Babylone. Exposée à Columbia University.

6. DIOGÈNE LAËRCE, *ibid.*, VIII.

7. VOSS, Otto, *De Heraclidis Pontici vita et scriptis*, University of Michighan, 1817.

8. ARISTOTE, *Métaphysique*, Paris, Vrin, 1974.

9. ROHDE, Erwin, *Psyche. Seleenkult und Unsterblichkeitsglaube der Griechen*, Fribourg-en-Brisgau, Mohr, 2 vol., 1894-1898, p. 336-338.

Où je récolte que le mouvement ne condamne pas le « moi » au malheur mais seulement le mysticisme d'Héraclite et de Parménide

1. HÉRACLITE. « *Fragment 72* », in *Fragments*. Paris. 1887.
2. *Ibid.*, *Fragment 2.*
3. *Ibid.*, *Fragment 1.*
4. « En écoutant non pas moi mais le logos », dit le fragment 50.
5. *Ibid.*, *Fragment 33.*
6. PARMÉNIDE, *Sur la nature*, Paris, Contemporary Bookstore, 2021.
7. PARMÉNIDE, *Fragment I*, *ibid.*
8. La troisième voie imaginée par Jean Beaufret dans *Parménide, Le Poème*, Paris, PUF, 1955 ne me paraît pas défendable.
9. *Ibid.*, *Fragment XII.*
10. *Ibid.*, *Fragment VIII.*

Où, à Athènes, avec les sophistes, je récolte que si le « moi » n'est pas haïssable, il faut néanmoins éviter la vie de plaisirs

1. PLATON, *Protagoras*, Paris, Belles Lettres, 1923.
2. PLATON, *Gorgias*, Paris, Garnier-Flammarion, 1968, 492 c.
3. PLATON, *ibid.*, 492a-495a.
4. PLATON, *Théétète*, Paris, Belles Lettres, 1929, 152a, p. 170.
5. DIOGÈNE LAËRCE, *ibid.*, IX, 50.
6. XÉNOPHON, *Mémorables*, Paris, Belles Lettres, 2015.
7. DIOGÈNE LAËRCE, *ibid.*, IX, 51.
8. PLATON, *Protagoras*, *ibid.*, 327a.

Où, Café de l'Académie, je récolte que s'il faut différencier les plaisirs, la fontaine de miel vaut mieux que celle de la prétendue sagesse

1. PLATON, *Philèbe*, Paris, Garnier Flammarion, 1969, 61b-61d, p. 365.
2. Pour les références aux citations qui suivent, voir ROUCAUTE, Yves, « Cyniques », *Dictionnaire des Philosophes*, Paris, PUF, 1984, p. 655-660 et dans le même ouvrage, « Diogène le cynique », p. 760-761.
3. Citation de Oenomaos de Gadara, IIe siècle après J.-C., *ibid.*
4. PLATON, *Philèbe*, *ibid.*
5. PLATON, *Gorgias*, Paris, Belles Lettres, 1974, 492e-494a.

6. PLATON, *Timée*, Paris, Belles Lettres, 1970, 44b.

7. PLATON, *Phèdre*, Paris, Belles Lettres, 1978.

8. PLATON, *Philèbe*, *ibid.*, 62c.

9. PLATON, *Philèbe*, *ibid.*, 47 a.

10. MALEBRANCHE, Nicolas, *De la recherche de la vérité*, Paris, Charpentier, 1846.

11. PLATON, *Philèbe*, *ibid.*, 51c. même idée dans *Les Lois*, Paris, G-F, 656, d-e.

12. PLATON, *Le Timée*, *ibid.*, 56 b-c.

13. PLATON, *Philèbe*, *ibid.*, 59d 1.

14. PLATON, *Lois*, I, 637b-650b.

15. PLATON, *Apologie de Socrate*, Paris, Garnier-Flammarion, 1965, 27c-28b.

16. PLATON, *Apologie de Socrate*, Paris, Garnier-Flammarion, 1965, 30d-31d.

17. PLATON *Ménon*, *ibid.*, 99 b sqq.

18. PLATON, *La République*, Paris, Belles Lettres, 1931, X, 617 d-621 a. L'interprétation de Pierre Aubenque est, à cet égard, plus satisfaisante que celle de Werner Jaeger.

19. PLATON, *Lois*, *ibid.*, V 732 cd, 734 b, et IX 861 b-d.

20. PLATON, *Lois*, *ibid.*, V. 743 c.

21. PLATON, *La République*, *ibid.*, L. IV, 412 b.

22. PLATON, *La République*, Paris, Belles Lettres, 1931, VI, 485a-487a, 490 a-c.

23. PLATON *Phédon*, *ibid.*, 67 c-e.

24. PLATON, *Gorgias*, *ibid.*, 493a et *Phédon*, *ibid.*, 63bc et 69c.

25. ROUCAUTE, Yves, « Criton », *Dictionnaire des Philosophes*, Paris, PUF, 1984, T. I, p. 639.

26. PLATON, *Philèbe*, *ibid.*, 65 c5.

Où je récolte le rejet de la superstition mais non le matérialisme magico-religieux incohérent d'Épicure venu du paléolithique

1. ÉPICURE, *Lettre à Ménécée*, Paris, PUF, 1976, § 129.

2. THÉOGNIS DE MÉGARE, cité par Épicure.

3. ÉPICURE, *Lettre à Hérodote*, Paris, Hermann, 1965, 37.

4. LUCRÈCE, *De rerum natura*, *ibid.*, 1080.

5. ÉPICURE, *Lettre à Hérodote*, *ibid.*, 64/66.

6. DIOGÈNE LAËRCE, *ibid.*, IX 44.

7. ÉPICURE, *Lettre à Ménécée, ibid.*, § 127.
8. ÉPICURE, *ibid.*, § 129.
9. ÉPICURE, *Maximes fondamentales*, in *Doctrines et maximes*, Paris, Hermann, 1965, XXIX et XXX.
10. DIOGÈNE LAËRCE, *ibid.*, X, 117-121.
11. LUCRÈCE, *ibid.*, Livre XXV.
12. LUCRÈCE, *De Rerum Natura*, Paris, 1899, II, 1-10.
13. LUCRÈCE, *De rerum natura, ibid.*, Livre Premier, Introduction. C.
14. *Ibid.*, Introduction, B.

Où, chez le génial Aristote, je récolte le plaisir de vivre, l'ode au « moi » libéré, mais non la confusion du bonheur et de la félicité, en saluant l'hirondelle qui fait le printemps

1. ARISTOTE, *Éthique à Nicomaque*, Paris, Vrin, 1972, I, 6, 1098a 15-20.
2. HOMÈRE, *Odyssée*, V, 95.
3. ARISTOTE, *Métaphysique*, Paris, Vrin, 1974, B, 4, 1000a, 5-25, 1.
4. ARISTOTE, *Éthique à Nicomaque*, Paris, Vrin, 1972, I, 4 et I, 5.
5. ARISTOTE, *Métaphysique, ibid.*, θ, 10, 1051 b.
6. ARISTOTE, *De l'interprétation*, Paris, Vrin, 1969, 9, 18 b 25-19b4.
7. ARISTOTE, *Physique.*
8. ARISTOTE, *De l'interprétation, ibid.*, 9, 18, b. 31.
9. ARISTOTE, *Métaphysique*, Paris, Vrin, 1974, Δ 5,1015 a35.
10. ARISTOTE, *Physique*, Paris, Vrin, VIII, 1972, Livre I, 3, 254 a.
11. ARISTOTE, *Politique I, Éthique à Nicomaque* I 1094b et *Les économiques I*, Paris, Vrin, 1958.
12. ROUCAUTE, Yves, *Le Bel Avenir de l'Humanité, ibid.*, et *Marx, Smith et Ricardo, lecteurs d'Aristote : le statut de l'économique et du politique*, Paris, 1995.
13. ARISTOTE, *Politique, ibid.*, 1252a, 30.
14. ARISTOTE, *Politique, ibid.*, 1254 a, 10.
15. ARISTOTE, *Politique*, II, 1261a 18 et 1263b 35.
16. ARISTOTE, *Politique*, V, 1262, b35.
17. ARISTOTE, *Politique*, II, 1263b.
18. ARISTOTE, *Métaphysique, ibid.*, E4.
19. ARISTOTE, *Traité de l'âme*, Paris, Vrin, 1969, III, 5.
20. ARISTOTE, *Éthique à Nicomaque, ibid.*, II, 2, 1104, b 24.
21. ARISTOTE, *Métaphysique*, A, 2, 982a 9.
22. ARISTOTE, *Éthique à Nicomaque*, Paris, Vrin, 1972, I, 11 1101a 20.
23. ARISTOTE, *Métaphysique*, Θ, *ibid.*,

24. Aristote, *Éthique à Nicomaque*, Paris, Vrin, 1972, I, 11, 1100a 10-1101b5.
25. Aristote, *Éthique à Nicomaque*, *ibid.*, I, 11 en entier et III, 2.
26. Aristote, *Éthique à Nicomaque*, *ibid.*, IX, 4, 1166 a 22-23.
27. Aristote, *Éthique à Nicomaque*, *ibid.*, I, 6 1098a.
28. Aristote, *Éthique à Nicomaque*, *ibid.*, X, 7 et 8.
29. Aristote, *Métaphysique*, *ibid.*, Λ, 7, 1072 b 22-30.

Où je récolte suspension et doute pour libérer le « moi » et pourquoi l'incohérence relativiste me laisse absolument sceptique

1. Murphy Andrew R., *The Blackwell Companion to Religion and Violence*, Oxford, John Wiley & Sons, 2011.
2. Sextus Empiricus, *Hipotiposes pyrhonniennes*, Livre second, VIII et IX.
3. Sextus Empiricus, *Hipotiposes pyrhonniennes*, L. I, VII.
4. Sextus Empiricus, *ibid.*, L. I, X.
5. *Ibid.*, L. II, I.
6. Sextus Empiricus, *ibid.*, L. I, XII.
7. Juvénal, *Satires*, Satire X, 0.
8. Cicéron, *De Republica*, Paris, 1864, T. III, Livre XII, 20.

Où je récolte que le détachement de soi conduit à l'émerveillement d'être soi et pourquoi l'acropole du stoïcisme me laisse de marbre

1. Roucaute, Yves, « Marc Aurèle », *Dictionnaire des philosophes*, T. II Paris, PUF, 1984, p. 1742-1744.
2. Sénèque, *Lettre à Lucilius*, Liber XV, 95, 21.
3. Voir Diogène Laërce, *ibid.*, et Hans von Arnim, *Stoicorum veterum fragmenta*. Volume I, *Zeno et Zenonis discipuli*, Leipzig, Teubner, 1964.
4. Sénèque, *Lettres à Lucilius*, *Lettre CXXIII*, Paris, Garnier, 1932.
5. Sextus Empiricus, *Adversus Mathematicos*, VII, 234, De Gruyter, 1961.
6. Marc Aurèle, *Pensées*, V, 24 ; VI, 13 ; VII, 35, 48 ; VIII, 24, 49, Paris, Belles Lettres, 1975.
7. Il s'agit de la représentation dite « cataleptique ».
8. Sénèque, *Lettres à Lucilius*, Lettre XIV, Paris, Garnier, 1932.
9. Épictète, *Manuel*, VIII, vers 125.
10. Diogène Laërce, *ibid.*

11. Eusèbe de Césarée, *Histoire ecclésiastique*, Paris, Éd. du Cerf, T. II, V, 1.
12. Roucaute, Yves, « Musonius Rufus », *Dictionnaire des philosophes*, T. II. Paris, PUF, 1984, p. 1092.
13. Épictète, *Entretiens*, Livre Premier, Paris, 1862, p. 3.
14. Épictète, *Entretiens*, XLIX, *ibid.*

Où, chez Augustin, je récolte le « je » avec la distinction du « moi » et de ses manières d'être, mais non la confusion du bonheur et de la béatitude

1. Saint Augustin, *Confessiones*, Paris, Desclée de Brouwer, 1980.
2. Saint Augustin, *Confessiones*, *ibid.*, X, 17, 26.
3. Plotin, *Ennéades*.
4. Saint Augustin, *De natura boni*, XVII-XVIII, Paris, Desclée de Brouwer, 1936.
5. Saint Augustin, *De civitate Dei contra paganos*, Paris, Desclée de Brouwer, 1960, XII, 8.
6. Saint Augustin, *De Liberio Arbitrio*, II, 1, 3.
7. Saint Augustin, *De Liberio Arbitrio*, Liber Unus, 2. Paris, Desclée de Brouwer, 1976.
8. Voie de la raison que saint Augustin confondait avec le bonheur dans *Contra Academicos*, III, 12, 27.
9. Saint Augustin, *Enchiridion*, Paris, Desclée de Brouwer, 1947, 10, 119.
10. Saint Augustin, *De genesi ad litteram libri duodecim*, Paris, Desclée de Brouwer, 1972, III, 20.
11. Saint Augustin *Lettre XCIII.*
12. Saint Augustin, *De Doctrina Christiana*, Paris, Desclée de Brouwer, 1949.
13. Saint Augustin, *De beata vita*, Paris, Desclée de Brouwer, 1986, 1-3.
14. Saint Augustin, *De civitate Dei contra paganos*, Paris, Desclée de Brouwer, 1960, L. II, 21.
15. Mt 22, 36-39, Lc 10, 27 ; Rm 13, 9 ; Gal 5, 14, Jc 2, 8.
16. Saint Augustin, *Enchiriston*, *ibid.*, XI.
17. *Ibid.*, CXXI.
18. Saint Augustin, *Sermones*, Paris, Desclée de Brouwer, 1980, LIII.
19. Saint Augustin, *Retractiones*, Paris, Desclée de Brouwer, 1950, I, 2.
20. Saint Augustin, *ibid.*, *De civitate Dei contra paganos*, L. XI, 13.

21. Marc 1, 6 et Matthieu 3, 4.
22. Luc 24, 2.

Où, contre le fatalisme, je récolte d'Averroès la nécessité du djihad spirituel mais non l'intellectualisme qui dénie le malheur du « moi »

1. Coran, *Sourate Al-Baqarah*, 2, 192.
2. Coran, *ibid.*, 2, 256.
3. Coran, *Sourate as-Salat.*
4. Coran, *Sourate, Al-Baqarah*, 2, 195.
5. Coran, *Sourate Maryam*, 19, 96.
6. Les Al ach-Cheikh, descendants de Ibn al-Wahhab et les Saoud.
7. AL-GHAZALI, *L'incohérence des philosophes*, Paris, al-Bouraq, 2021.
8. AL-GHAZALI, *Vivification des sciences de la religion*, Paris, Tawbah, 2013.
9. *Ibid.*, p. 35.
10. IBN ROCHD, *Discours décisif*, Paris, Flammarion, 1996.
11. IBN ROCHD, *L'incohérence de l'incohérence*, in *L'islam et la raison*, *ibid.*
12. IBN ROCHD, *Grand Commentaire sur le Traité de l'âme d'Aristote*, Beit Al-Hikma, 1997.
13. AL-FÂRÂBÎ, *Le régime politique*, Paris, Belles Lettres, 2012.
14. IBN ROCHD, *Dévoilement des méthodes de démonstration des dogmes de la religion musulmane* in, *L'islam et la raison*, Paris, Flammarion, 2000.
15. IBN ROCHD, *La Bidaya*, Beyrouth, DKI, 2001.
16. IBN ROCHD, *L'accord de la religion et de la philosophie*, Paris, Éd. Sinbad, 1989.
17. IBN SINA, *Livre des Directives et des Remarques*, Paris, Vrin, 1951, p. 310-311.
18. IBN SINA, *Gloses*, Le Caire, A. Badawi, 1973.
19. Sa confusion entre Aristote et Platon est flagrante dans *Le régime politique*, son *Traité sur la philosophie de Platon* ou son *Traité des habitants de la cité idéale.*

Où, Café de la Sorbonne, je récolte de Thomas la joie de vivre avec le « moi » tout entier sans écarter le bonheur pour la félicité

1. SAINT THOMAS D'AQUIN, *Somme théologique*, I, q. 29, a. 1.
2. SAINT THOMAS D'AQUIN, *Somme théologique*, IIae, q. 90. art. 1.

3. SAINT THOMAS D'AQUIN, *Somme théologique*, IIa, q. 95. art. 2.
4. SAINT THOMAS D'AQUIN, *Commentaire des Sentences de Pierre Lombard.*
5. Hypothèse de Pierre Damien, Bernard de Clairvaux et de Jean de Salisbury.
6. DAMASCÈNE, Jean, *De fide orthodoxa*, I, 2 c.12.
7. SAINT THOMAS D'AQUIN, *Somme théologique*, I, q.12, a.7, Rep. Et IIa IIae q. 8, a. 7, *ibid.*
8. SAINT THOMAS D'AQUIN, *Somme théologique*, I-II, q. 180 et IIa IIae q. 2, a. 3, *ibid.*
9. SAINT THOMAS D'AQUIN, I, q.26, a.3, Resp., *ibid.*
10. LOMBARD, Pierre, Livre Premier. *ibid.*

Où je récolte le rasoir d'Ockham qui coupe les ronces du malheur mais non son volontarisme qui ne parvient à aimer le « moi » que par la foi

1. GUILLAUME D'OCKHAM, *Court traité du pouvoir tyrannique*, Paris, PUF, 1999.
2. Référence à la *suppositio personalis.* Voir, pour ce qui suit, *Expositio aurea super totam artem verterem* in *Opera Philosophica*, New York, St Bonaventure, 1974.
3. GUILLAUME D'OCKHAM, *Somme de Logique, Paris, 1993*, I, 14-17.
4. GUILLAUME D'OCKHAM, *Court Traité du pouvoir tyrannique*, Paris, PUF, 1999, L. second, chap. XVII.
5. GUILLAUME D'OCKHAM, *Ordinatio.* In *Opera Theologica*, New York, St Bonaventure, 1967. Nous ne suivons pas l'interprétation d'Étienne Gilson, dans *La Philosophie du Moyen Âge*, Paris, Payot, 1952, p. 655 car *Omnes veritates necessiriae homini viatori ad aeternam beatitudinem consequendam sunt veritates theologicae* renvoie non au salut mais à la béatitude.
6. LUTHER, Martin, *Controverse contre la théologie scolastique*, Œuvres de Martin Luther, Genève, 1957, T.I. clause 6.
7. *Ibid.*, chap. XVII, p. 161.
8. GUILLAUME D'OCKHAM, *Court traité du pouvoir tyrannique, ibid.*, Livre second, chap. XVII.
9. *Ibid.*, chapitre V, p. 122-127.

Notes et références

Où, Taverne des Humanistes, je récolte le Carpe Diem nouveau et la troisième clef du bonheur : aimez-vous et cueillez le jour

1. ÉRASME, *Querela Pacis*, Paris, PUF, 1924.
2. MONTAIGNE, *Essais*, Livre premier, Paris, Gallimard, 1960.
3. MONTAIGNE, *Essais*, Livre troisième, chap. 2, Paris, Gallimard, 1960, p. 44.
4. ÉRASME, *De pueris*, Paris, Klincksieck, 2000.
5. CALVIN, *Lettre au roi d'Angleterre*, 4 juillet 1552, in *Lettres anglaises*, Paris, 1959.
6. HORACE, *Odes*, Livre I, XI, Paris, Belles Lettres, 1997.
7. MONTAIGNE, *Essais*, Livre troisième, chap. XIII, Paris, Gallimard, 1960, p. 413.
8. MONTAIGNE, *Essais*, Livre premier, chap. XII, Paris, Gallimard, 1960.
9. ROUCAUTE, Yves, « Zwingli », *Dictionnaire des philosophes*, T. II, Paris, PUF, 1984, p. 2706-2709.
10. MONTAIGNE, *Essais*, Livre troisième, chap. XIII, Paris, Gallimard, 1960. p. 415.
11. ÉRASME, *Éloge de la folie*, chap. XVIII, Paris, Flammarion, 1964, p. 29.
12. Son *Tiers Livre* montre ce conflit entre *agapê*, qui est l'amour au sens christique, et *philautia*, qui est l'égoïsme, l'amour-propre, avec sa démesure.
13. MONTAIGNE, *Essais*, Livre deuxième, chap. XII, Paris, Gallimard, 1960.
14. RABELAIS, *Tiers livre*, Paris, p. 148 et 187, consulté 10 septembre 2012.
15. RABELAIS, *Gargantua*, chap. LVII.
16. *Ibid.*, chap.
17. MONTAIGNE, *Essais*, Livre troisième, chap. II, Paris, Gallimard, 1960, p. 44.
18. MONTAIGNE, *Essais*, Livre troisième, chapitre XIII, *ibid.*
19. Mt 6, 34.

Où je constate que tout fait sens dans ce voyage de l'Occident Express et pourquoi les trois clefs ne suffisent pas

1. PIC DE LA MIRANDOLE, Jean, *De dignitate hominis*, *Œuvres complètes*, Paris, PUF, 1993, p. 7.

4
Mondial Express

La quatrième clef du bonheur

Où, Café des Modernes, je récolte que pour réaliser le bonheur, il faut distinguer « je » et « moi » et que Descartes échoue quand même

1. DESCARTES, René, *Discours de la méthode*, Sixième partie, *Œuvres philosophiques*, Tome I, Paris, Garnier, 1973, p. 634.
2. HEGEL, G.W.F., *Leçons sur la philosophie de l'histoire*, Paris, Vrin, 1970, p. 336.
3. *Ibid.*, p. 638.
4. DESCARTES, René, *ibid.*, *Les Méditations*, Méditation seconde, p. 420-421.
5. FOUCAULT, Michel, *Histoire de la folie à l'âge classique*, Paris, Gallimard, 1972, p. 58.
6. DESCARTES, René, *Les Méditations*, Méditation sixième, *ibid.*, p. 488.
7. DESCARTES, René, *Les Passions de l'âme*, *ibid.*, T. III, art. 52, p. 998.
8. DESCARTES, René, *Lettres à Elisabeth*, 21 mai et 28 juin 1643.
9. DESCARTES, René, *Les Principes de la Philosophie*, T. III, p. 769-770.
10. PASCAL, *Pensées*, 148-425, in *Œuvres complètes*, Paris, Seuil, 1975, p. 519.
11. *Ibid.*, 143-464, p. 519.
12. PASCAL, *ibid.*, 160-257, p. 522.
13. MALEBRANCHE, Nicolas, *Traité de l'amour de Dieu*, *Œuvres complètes*, T. XIV, Paris, Vrin, 1978.
14. DESCARTES, René, *Lettres à Elisabeth*, 4 août 1645. *ibid.*, p. 587.
15. DESCARTES, René, *Lettres à Elisabeth*, 15 septembre 1645, *ibid.*, p. 605 et suivantes.
16. DESCARTES, René, *Lettres à Elisabeth*, juin 1645, *Œuvres philosophiques*, Tome III, Paris, Garnier, 1973. p. 579.
17. *Ibid.*, p. 588.
18. DESCARTES, René, *Les passions de l'âme*, *Œuvres philosophiques*, *ibid.*, art. 148, p. 1064.
19. *Ibid.*, p. 590.

Notes et références

Où, à Londres, au premier étage du Café des Libéraux, je récolte le droit naturel de chercher le bonheur du « moi »

1. De Vitoria, Francisco, *De potestate civili* et *De indis*. En ce sens, Michel Villey, dans *La formation de la pensée juridique moderne*, n'a pas tort de voir en Francisco de Vitoria le premier grand moment où le droit ne se déduit plus de la nature mais de la raison humaine et de sa volonté.

2. Suarez, Francisco, *Tractatus de legibus ac deo legistatore*, 1612, Bibliothèque nationale.

3. Titre exact : *Habeas corpus ad subjiciendum et recipiendum.*

4. Locke, John, *An Essay Concerning Human Understanding*, II, 27, Penn State University, 1999.

5. Locke, John, *Second Treatise of Government*, Hackett Publishing : Cambridge, chap. II, 1980.

6. Locke, John, *Second Treatise*, *ibid.*, chap. II, sect. 6.

7. *Ibid.*, chap. II, 4 : « *dispose of their possessions and persons, as they think fit* ».

8. Locke, John, *An Essay Concerning Human Understanding*, *ibid.*, II, p. 46.

9. Locke, John, *Second Treatise*, *ibid.*, chap. V.

10. Newton, Isaac, *Philosophiæ naturalis principia mathematica*, First Amsterdam edition, 1714.

Où, au deuxième étage, je récolte que le droit de chercher à réaliser son bonheur exige le libéralisme politique et son « État variable »

1. Hobbes, Thomas, *De Cive*, chap II, art. 1. et *Leviathan*, *ibid.*, chap. VI et VIII.

2. Hobbes, Thomas, *Leviathan*, *ibid.*, chap. XII.

3. Hobbes, Thomas, *Leviathan*, Paris, Sirey, 1971, chap. XIII, p. 121-127 pour les références suivantes.

4. Hobbes, Thomas, *De Cive*, Paris, Sirey, 1981, « Épître dédicatoire ».

5. Hobbes, Thomas, *Leviathan*, *ibid.*, chap. XVI.

6. Hobbes, Thomas, *The Elements of Law, Natural and Politic*, Part. I, chap. XIV, art. 6.

7. Hobbes, Thomas, *Leviathan*, *ibid.*, chap XVII.

8. Locke, John, *Second Treatise*, *ibid.*, chap. VIII, Sect. 96, p. 31, « la fin de la connaissance rationnelle c'est le pouvoir ». *De Corpore*, chap. I, art. 6.

9. Grotius, Hugo, *De Jure Belli ac Pacis*, Prolegomena, Amsterdam, 1680, 12, p. V.
10. Locke, John, *Second Treatise*, *ibid.*, chap. VIII, Sect. 95, p. 31.

Où, au troisième étage, je récolte le libéralisme économique et le bien-être sans l'idolâtrie du marché et son « doigt divin »

1. Locke, John, *First Treatise of Government*, London, 1824, chap. IV, § 42.
2. Locke, John, *Second Treatise*, *ibid.*, chap. IV, § 40.
3. Locke, John, *Second Treatise*, *ibid.*, § 37.
4. Mandeville, Bernard, *The fable of the Bees*, London, Penguin, 1970.
5. Smith, Adam, *The Theory of Moral Sentiments*, Edinburgh, 1759.
6. Smith, Adam, *An Inquiry, into the Nature and Causes of the Wealth of Nations*, Philadelphia, Thomas Dobson, 1796, I, chap. I.
7. *Ibid.*, I, chap III.
8. Hayek, *The road to Serfdom*, Chicago, University Press, 1944.
9. Rand, Ayn, *The Virtue of Selfishness : A New Concept of Egoism*, New York, N.A.L., 1964.
10. Smith, Adam, *The Theory of Moral Sentiments*, Part IV.
11. Smith, Adam, *An Inquiry into the Nature and Causes of the Wealth of Nations*, Philadelphia, Thomas Dobson, 1796, IV, chap. II.
12. Locke, John, *Essay concerning Human Understanding*, I, chap. 3, 16.
13. Hume, David, *An Inquiry concerning Human Understanding*, Oxford, 2008, sec. I.
14. Hume, David, *A treatise of Human Nature*, II, *ibid.*,
15. Locke John, *An Essay concerning Human Understanding*, II, chap. XXI.
16. Rothbard, Murray Newton, *Man, Economy and State*, Auburn, Mises Institute, 1962.
17. Grotius, Hugo, *De Jure Belli ac Pacis, Prolegomena*, 16, p. VII.
18. Smith, Adam, *The Theory of Moral Sentiments*, Edinburgh, 1759, Sect. I, chap I.1.
19. Smith, Adam, *The Theory of Moral Sentiments*, *ibid.*, sect. I, chap II, 5.
20. Nozick, Robert, *Anarchy, State and Utopia*, Basic Books, 1974.
21. Locke, John, *An Essay concerning Human Understanding*, II, chap. VII. Voir aussi, Smith, Adam, *ibid.*

Notes et références

Où, Club Saint-James, je récolte qu'il faut lutter contre le malheur social mais fuir l'utilitarisme qui veut le bonheur par le sacrifice humain

1. MILL, James, *An Essay on Government*, chap. I, New York, Ernest Barker, 1937.

2. HELVÉTIUS, Claude-Adrien, *De l'Esprit*, Paris, Durand, 1758.

3. HAMILTON, Alexander, *Federalist Papers : Primary Documents in American History*, Federalists n° 11 et 12. Library of Congress, 2022.

4. BENTHAM, Jeremy, *An Introduction to the Principles of Morals and Legislation*, Clarendon Press, 1879. En particulier Chap. I.

5. BENTHAM, Jeremy, *Deontology together with A Table of the Springs of Action and The Article on Utilitarism*. Oxford, Clarendon Press, 1983.

6. BOURGEOIS, Léon, *Solidarité*, Paris, Armand Colin, 1896.

7. BURKE, Edmund, *Reflections on the Revolution in France*, Penguin, 1982.

8. MILL, John Stuart, *On Liberty*, London, 1901, chapter I.

9. BENTHAM, Jeremy, *Of the Influence of Time and Place in Matters of Legislation*, Bowring ed., 1843.

10. MILL, John Stuart, *On Liberty*, London, 1901, chapter I, p. 17-18.

11. MILL, John Stuart, *On Liberty*, *ibid.*, chap. III.

12. BENTHAM, Jeremy, *An Introduction to the Principles of Morals and Legislation*, Oxford, 1967.

Où, Café de la République, je récolte que si Gavroche est tombé à terre, c'est la faute à Voltaire et au manque de Lumières

1. VOLTAIRE, « *Sur M. Locke* », Lettre XIII, *Lettres philosophiques*, Paris, Hachette, 1915, p. 120-138.

2. VOLTAIRE, *lettre 49*, in *Correspondance*, *Œuvres complètes*, Paris, Garnier, 1883, t.33, p. 61.

3. D'HOLBACH, *ibid.*, p. 411.

4. D'ALEMBERT, Jean LE ROND, *Discours préliminaire de* l'*Encyclopédie*, Paris, 1re édition, 1751.

5. DIDEROT, Denis, « Bonheur », in *Encyclopédie*, T. II, p. 322-323, Paris, 1re édition, 1751.

6. VOLTAIRE, article « Félicité », in *Encyclopédie*, T.6., p. 466, Paris, 1re édition, 1751.

7. FONTENELLE, *Du bonheur*, Paris, Armand Colin, 1909.
8. D'HOLBACH, *ibid.*, p. 465.
9. DIDEROT, Denis, *Observations sur le Nakaz.*, *Œuvres Politiques*. Paris, Garnier, 1963.
10. D'HOLBACH, Paul Henri Thiry, *Système de la nature*, Paris, 1770. p. 548 et 571-572.
11. HELVÉTIUS, *De l'Homme*, Discours I, Chapitre XIII. p. 63.
12. HELVÉTIUS, Claude-Adrien, *De l'Homme*, Section I, Chapitre II.
13. HELVÉTIUS, *De l'Homme, de ses facultés intellectuelles et de son éducation*, Liège, 1774. Bibliothèque nationale, discours IV, Chap. V, p. 412.
14. HELVÉTIUS, *De l'Homme*, Discours II, chap. XV.
15. HELVÉTIUS, *De l'Homme*, p. 104.

Où je récolte que si Gavroche est tombé le nez dans le ruisseau, c'est la faute à Rousseau

1. SAINT-JUST, Louis Antoine Léon, *Rapport à la convention, 31 mars 1794*, in *Œuvres complètes*, Paris, Prévot, 1834.
2. ROBESPIERRE, Maximilien, *Œuvres complètes*, Société des études robespierristes, Tome V., p. 326.
3. SAINT-JUST, *Discours du 3 mars 1794*, *ibid.*, p. 218.
4. ROUSSEAU, Jean-Jacques, *Émile, ou de l'éducation*, Paris, GF, 1966, IV, p. 275.
5. ROUSSEAU, Jean-Jacques, *Discours sur l'origine et les fondements de l'inégalité parmi les hommes*, Paris, P. Dupont, 1823.
6. ROUSSEAU, Jean-Jacques, *Du contrat social ou principes du droit politique*, Paris, 1968, p. 54.
7. ROUSSEAU, Jean-Jacques, *Du Contrat social*, *ibid.*, I, VI, p. 67.
8. ROUSSEAU, Jean-Jacques, *Sur l'économie politique*, *Œuvres complètes*, III.
9. ROUSSEAU, Jean-Jacques, *Du Contrat social*, *ibid.*, L. I, chap. VI.
10. ROUSSEAU, Jean-Jacques, *Du Contrat social*, *ibid.*, II, IV.
11. SAINT-JUST, Louis Antoine Léon, *Discours du 13 mars 1794*, in *Œuvres complètes*, Paris, Prévot, 1834, p. 219-248.
12. ROUSSEAU, Jean-Jacques, *Discours sur l'origine des inégalités*, *ibid.*, II.
13. ROUSSEAU, Jean-Jacques, *Discours sur l'origine des inégalités*, II chap. XXIV.
14. ROUSSEAU, Jean-Jacques, *Émile ou de l'éducation*, *ibid.*, Livre troisième, p. 211.
15. ROUSSEAU, Jean-Jacques, *Les confessions*, Paris, Livre de poche, 1968. Livre VI, p. 351-252.

Notes et références

Où je récolte contre les Kan't et autres aigris de la vie que la vraie moralité est d'accepter la réalisation de sa nature humaine

1. Kant, Emmanuel, *Critique de la raison pratique*, Paris, PUF, 1971, p. 134.
2. Kant, Emmanuel, *Critique de la raison pratique*, Paris, PUF, 1971, p. 20-21.
3. Kelsen, Hans, *Théorie pure du droit*, Paris, LGDJ, 1999.
4. Kant, Emmanuel, *Critique de la raison pratique*, Paris, PUF, 1971, p. 119.
5. Kant, Emmanuel, *Critique de la raison pure*, *ibid.*, p. 546-549.
6. Fichte, Johann Gottlieb, *Querelle de l'athéisme*, Paris, Vrin, 1993 et *Méthode pour arriver à la vie bienheureuse*, en particulier Neuvième leçon. Paris, Librairie de Ladrange, 1845.
7. Kant, Emmanuel, *Critique de la raison pure*, Paris, PUF, 1965, p. 542-543.
8. Kant, Emmanuel, *Qu'est-ce que les Lumières*, Paris, Flammarion, 1991.
9. Kant, Emmanuel, *La religion dans les limites de la simple raison*, Paris, Vrin, 1952.
10. Kant, Emmanuel, *Critique de la raison pratique*, *ibid.*, I, § 3.

Où je récolte avec Hegel que se réaliser passe par la reconnaissance de soi mais non par l'idolâtrie de la Raison et de l'État

1. Hegel, G.W.F., *Leçons sur la philosophie de l'histoire*. Paris, Vrin, p. 340.
2. Hegel, G.W.F., *Principes de la philosophie du droit*, Paris, Gallimard, p. 43.
3. En 1822. Hegel, G.W.F., *Principes de la philosophie du droit*, Paris, Gallimard, 1972, p. 41.
4. Hegel, G.W.F., *Principes de la Philosophie du droit*, Paris, Gallimard, p. 155.
5. Hegel, G.W.F., *Phénoménologie de l'esprit*, Paris, Aubier, 1977, T. II, p. 133-137.
6. Hegel, G.W.F., *Lettre à Niethammer*, 13 oct. 1806, *Correspondance*, Paris, Gallimard, 1990, T. I, p. 114-115.

7. HEGEL, G.W.F. *Précis de l'Encyclopédie des sciences philosophiques*, Paris, Vrin, § 6, p. 32.
8. HEGEL, G.W.F. *Phénoménologie de l'esprit*, Paris, Aubier, 1941, T. I, p. 292.
9. Hegel, G.W.F., *Précis de l'Encyclopédie des sciences philosophiques*, Paris, Vrin, 1978, § 428.
10. HEGEL, G.W.F., *Principes de la Philosophie du Droit*, Paris, Gallimard, 1972, § 185, p. 219-220.
11. HEGEL, G.W.F., *Principes de la philosophie du droit*, Paris, Gallimard, 1972, § 250, p. 265.
12. BOURGEOIS, Bernard, *Études hégéliennes. Raison et décision*, Paris, PUF, 1992.
13. HEGEL, G.W.F., *Principes de la Philosophie du droit*, Paris, Gallimard, p. 159.
14. HEGEL, G.W.F., *Leçons sur la Philosophie de l'Histoire*, Paris, Vrin, 1970, p. 33.
15. HEGEL, G.W.F., *Leçons sur la philosophie de l'Histoire*, *ibid.*, p. 36.
16. HEGEL, G.W.F., *Leçons sur la philosophie de l'Histoire*, *ibid.*, p. 31.
17. HEGEL, G.W.F., *Phénoménologie de l'esprit*, *ibid.*, T. I, p. 319.
18. HEGEL, G.W.H., *La phénoménologie de l'esprit*, T. II, p. 260, Paris, Aubier, 1977.
19. HEGEL, G.W.F., *Leçons sur la philosophie de l'Histoire*, *ibid.*, p. 367.
20. HEGEL, G.W.F. *Esthétique*, Paris, Flammarion, 1979, vol.1, p. 142.
21. *Ibid.*, p. 357.
22. HEGEL, G.W.F. *Leçons sur la philosophie de la religion*, PUF, Paris, 2004, p. 241-243.
23. HEGEL, G.W.F., *Foi et savoir*, in *Premières publications*, Paris, Vrin : 1952, p. 197.
24. HEGEL, G.W.F., *Phénoménologie de l'esprit*, *ibid.*, II, p. 194-195.
25. Citation d'Aristote (*Métaphysique*, Λ, 1072 b.18-26) qui termine le *Précis*, *ibid.*, p. 316.

Où je récolte que se réaliser exclut l'aliénation et où je fuis le fantasme de Marx sur l'exploitation ouvrière et le bonheur communiste

1. ENGELS, Friedrich, *La situation de la classe laborieuse en Angleterre*, Paris, Éditions sociales, 1960, p. 39.
2. MARX, Karl, *Critique du droit politique hégélien*, Paris, Éditions sociales, 1975.

3. MARX, Karl, *La question juive*, Paris, Éditions sociales, 1963.
4. MARX, Karl, *Thèses sur Feuerbach*, XI, Moscou, Éditions du progrès, 1971, p. 56.
5. MARX, Karl, *Misère de la philosophie*, Paris, Éditions sociales, 1972.
6. ENGELS, Friedrich et MARX, Karl, *L'idéologie allemande*, Paris, Éditions sociales, 1970.
7. MARX, Karl, *Manifeste du parti communiste*, Pössneck, Éditions sociales, 1977.
8. MARX, Karl, *Manifeste du parti communiste*, Pössneck, Éditions sociales, 1977, p. 36.
9. MARX, Karl, *Le 18 Brumaire de Louis Bonaparte*, Éditions sociales, 1969, p. 9.
10. MARX, Karl, *Manifeste du parti communiste*, Pössneck, Éditions sociales, 1977, p. 56-57.
11. MARX, Karl, *Le Capital*, Paris, Éditions sociales, 1971, Livre Premier, T.I. chap. 2, note p. 96.
12. MARX, Karl, *Le Capital*, Paris, Éditions sociales, 1971, Livre Premier, T.I. chap. I, p. 73.
13. MARX, Karl, *Critique du Programme de Gotha*, Paris, Éditions sociales, 1972.
14. ENGELS, Friedrich, *Dialectique de la nature*, Paris, Éditions sociales, 1973.

Où je récolte que se réaliser, c'est créer, mais qu'il faut fuir la volonté de puissance de Nietzsche qui confond destruction et création

1. NIETZSCHE, Friedrich, *Ainsi parlait Zarathoustra*, Paris, Mercure de France, 1968, p. 271.
2. NIETZSCHE, Friedrich, *Ainsi parlait Zarathoustra, ibid.*, p. 372.
3. NIETZSCHE, Friedrich, *Ainsi parlait Zarathoustra*, Paris, 1968, p. 103-105.
4. NIETZSCHE, Friedrich, *Ainsi parlait Zarathoustra*, Paris, 1968, p. 202.
5. NIETZSCHE, Friedrich, *Ainsi parlait Zarathoustra, ibid.*, p. 121.
6. NIETZSCHE, Friedrich, *Par-delà le bien et le mal*, Paris, 10-18, 1967, § 228, p. 165-166.
7. NIETZSCHE, Friedrich, *Ainsi parlait Zarathoustra, ibid.*, p. 195.
8. NIETZSCHE, Friedrich, *Par-delà le bien et le mal*, Paris, 10-18, 1967, § 201, p. 125.

9. Nietzsche, Friedrich, *Par-delà le bien et le mal*, Paris, 10-18, 1967, § 200, p. 124.

10. Nietzsche, Friedrich, *Généalogie de la morale*, I, 10, trad. Paris, Gallimard, 1971, p. 37.

11. Nietzsche, Friedrich, *Le Crépuscule des idoles*, « Le problème de Socrate », Paris, Mercure de France, 1908.

12. Nietzsche, Friedrich, *Ainsi parlait Zarathoustra*, Paris, Mercure de France, 1968, p. 321.

13. Nietzsche, Friedrich, *Ainsi parlait Zarathoustra*, Paris, Mercure de France, 1968, p. 186-190.

14. Nietzsche, Friedrich, *Par-delà le bien et le mal*, Paris, 10-18, 1967, p. 87.

15. Nietzsche, Friedrich, *Ainsi parlait Zarathoustra*, Paris, 1968, p. 199.

16. Schopenhauer, Arthur, *Le Monde comme volonté et comme représentation*, Paris, PUF, 1966.

17. Nietzsche, Friedrich, *Le Gai Savoir*, Paris, Mercure de France, 1901, vol. 8, Livre Cinquième.

18. Nietzsche, Friedrich, *Ainsi parlait Zarathoustra*, Paris, Mercure de France 1968, p. 21.

19. Nietzsche, Friedrich, *Ecce Homo*, Paris, Stock, 1931.

20. Nietzsche, Friedrich, *Ecce Homo*, Paris, Stock, 1931, « Pourquoi j'en sais si long », 7.

21. Nietzsche, Friedrich, *Le Gai Savoir*, Paris, Mercure de France, 1901, Vol. 8, Prologue, 7.

22. Nietzsche, Friedrich, *Ainsi parlait Zarathoustra*, Paris, Mercure de France, 1968, Prologue.

23. Nietzsche, Friedrich, *Ainsi parlait Zarathoustra*, Paris, Mercure de France, 1968, IV, chap. « L'offrande du miel ».

24. Sur la critique de l'historicisme : Nietzsche, Friedrich, *De l'utilité et des inconvénients de l'histoire pour la vie*, in *Considérations inactuelles*, II, Paris, Gallimard 1990, p. 91-169.

25. Nietzsche, Friedrich, *Ainsi parlait Zarathoustra*, Paris, 1968, p. 73.

26. Nietzsche, Friedrich, *Ainsi parlait Zarathoustra*, Paris, 1968, *ibid.*, p. 273.

Où je découvre à Weimar que la réalisation de soi exige la créativité et à Buchenwald, contre Bergson, qu'elle ne dépend pas que du « moi »

1. Bergson, Henri, *L'évolution créatrice*, Paris, Alcan, 1909, p. 8.

2. Pour ce qui suit, BERGSON, Henri, *L'évolution créatrice*, Paris, Alcan, 1909, chap. II.

3. BERGSON, Henri, *L'évolution créatrice*, Paris, Alcan, 1909, Introduction, p. III.

4. BERGSON, Henri, *L'évolution créatrice*, Paris, Alcan, 1909, p. 155.

5. BERGSON, Henri, *L'évolution créatrice*, Paris, Alcan, 1909, p. 149.

6. BERGSON, Henri, *Matière et mémoire, essai sur la relation du corps et de l'esprit*, Paris, Alcan, 1903.

7. KESSLER, Emmanuel, *Bergson, notre contemporain*, Paris, L'Observatoire, 2022.

8. BERGSON, Henri, *L'évolution créatrice*, Paris, Alcan, 1909, p. 50.

9. HUSSERL, Edmund, *Recherches logiques*, T. I, II et III, Paris, PUF, 1962-1963.

10. HUSSERL, Edmund, *Idées directrices pour une phénoménologie pure*, Paris, Gallimard, 1985.

11. HUSSERL, Edmund, *Méditations cartésiennes*, Paris, Vrin, 1953.

12. BERGSON, Henri, *La Pensée et le mouvant*, Paris, PUF, 1938, p. 241.

13. BERGSON, Henri *L'évolution créatrice*, Paris, Alcan, 1909, p. 175.

14. BERGSON, Henri, *Essai sur les données immédiates de la conscience*, Paris, PUF, 1991.

15. BERGSON, Henri, *La Pensée et le mouvant*, Paris, PUF, 1938, p. 32.

16. BERGSON, Henri, *Les deux sources de la morale et de la religion*, Paris, Alcan, 1932, p. 126.

17. BERGSON, Henri, *Les deux sources de la morale et de la religion*, Paris, Alcan, 1932, p. 328.

18. BERGSON, Henri, *Essai sur les données immédiates de la conscience*, Paris, PUF, 1991, p. 128.

19. Voir la conclusion de *L'évolution créatrice*, *ibid.*

20. BERGSON, Henri, *Les deux sources de la morale et de la religion*, *ibid.*, « Remarques finales ».

Où je récolte l'Homo creator, la transcendance de l'ego et la quatrième clef du bonheur : « Ego creo ! »

1. LINNÉ, Carl VON, *Systema naturæ per regna tria naturæ, secundum classes, ordines, genera, species, cum characteribus, differentiis, synonymis, locis*, 1758. Pour la discussion scientifique de ce terme, voir ROUCAUTE Yves, *L'Homo creator face à une planète impitoyable*. Chapitre 1, *ibid.*

2. MERCADER, J., et al., « 4300-years-old chimpanzee sites and the origins of percussive technology », PNAS, 104, 3043-3048.

Où je laisse sur le quai un heideggerien qui me promet l'apocalypse si je prends le train pour la station « Temps contemporains »

1. Heidegger, Martin, *Les hymnes de Hölderlin*, Paris, Gallimard, 1988.
2. Spengler, Oswald, *Der Untergang des Abendlandes*, München, C. H. Beck, 1969.
3. Heidegger, Martin, *Die Frage nach der Technik*, GA 7, Frankfurt, Vittorio Klostermann, 2000.
4. Heidegger, Martin, « *Wozu Dichter ?* », GA 5, Frankfurt, V. K., 2000.
5. Toland, John, *Adolf Hitler, 20 avril 1889-octobre 1948*, Paris, Pygmalion, 1986.
6. Heidegger, Martin, *Die Selbstbehauptung der deutschen Universität. Rede, gehalten bei der feierlichen Übernahme des Rektorats der Universität Freiburg i. Br. am 27.5.1933*. Korn, Breslau, 1933.
7. Heidegger, Martin, *Réflexions, XII-XV*, Paris, Gallimard, 2021.
8. Heidegger, Martin, *Wer ist Nietzsche Zarathustra*, GA, 7 Frankfurt, Vittorio Klostermann, 2000.
9. Heidegger, Martin, *Überlegungen* II-VI, GA, 94, Frankfurt, Vittorio Klostermann, 2014, p. 194.
10. Heidegger, Martin, *Briefwechsel 1932-1975*, *Überlegungen* 1931-1938. Freiburg, 7 juin 1936.
11. Heidegger, Martin, *Parménide*, Paris, Gallimard, 2011.
12. Heidegger, Martin, *Être et Temps*, Paris, Gallimard, 1988, § 44.
13. Heidegger, Martin, *Nietzsche*, vol. 2, Paris, Gallimard, 1971, p. 347-348.
14. Heidegger, Martin, *Être et Temps*, Paris, Gallimard, 1988, p. 86-97.
15. Heidegger, Martin, *ibid.*, p. 259-262.
16. Heidegger, Martin, *ibid.*, p. 263.
17. Heidegger, Martin, *ibid.*, § 45. Paris, Gallimard, 1988.
18. Heidegger, Martin, *Dichterisch wohnet der Mensch*, GA 7, Frankfurt Am Rain, V. Klostermann, 2000.
19. Heidegger, Martin, *Moira*, in *Essais et conférences*, Paris, Gallimard, 1958, p. 279-310.
20. Heidegger, Martin, *Die Erinnerung in die Metaphysik*, in *Nietzsche II*, GA, 6. 1943.
21. Heidegger, Martin, *Die Sprache*, in *Unterweigs zur Sprachei*, GA, 12, Frankfurt Am Rain, Vittorio Klostermann, 1985.
22. *Ibid.*, *Aus einem Gespräch von der Sprach* in *Unterweigs zur Sprachei.*

23. Heidegger, Martin, *Das Ding*, in *Einblick in das was ist.* GA 79, Franckfurt, V. K, 1994, p. 5-23.

24. Heidegger, Martin, *Was heisst denken*, GA 8, Frankfurt Am Rain, Vittorio Klostermann, 2002.

25. Heidegger, Martin, *Le principe de raison*, Paris, Gallimard, 1962.

26. Heidegger, Martin, *Beiträge zur Philosophie (Vom Ereignis)*, GA 65, Franckfurt, V. K. 2003.

27. Heidegger, Martin, *Lettre sur l'humanisme*, Paris, Aubier, 1970.

28. Heidegger, Martin, *Feldweg-Gespräche*, GA, 77, V. Klostermann, Frankfurt am Main, 1995.

29. Carnap Rudolf, *Scheinprobleme in der Philosophie und andere metaphysikkritische Schriften*, Hamburg, Meiner, 2005.

Où les postmodernes, par le simulacre des Quatre Cavaliers de l'Apocalypse et des barricades tentent d'empêcher le train d'atteindre la Vallée

1. Baudrillard, Jean, *La société de consommation, ses mythes, ses structures*, Paris, Gallimard, 1967.

2. Derrida, Jacques, *Spectres de Marx*, Paris, Galilée, 1993, p. 129 et 141.

3. Foucault, Michel, *Archéologie du savoir*, Paris, Gallimard, 1969.

4. Comme l'avait engagé, à sa façon, Paul Ricoeur dans *De l'interprétation. Essai sur Freud*, en 1965.

5. Foucault, Michel, *Histoire de la folie à l'âge classique*, Paris, Gallimard, 1961.

6. Foucault, Michel, *Surveiller et punir, Naissance de la prison*, Paris, Gallimard, 1975.

7. Foucault, Michel, *La Volonté de Savoir*, Paris, Gallimard, 1976.

8. Deleuze, Gilles, *Foucault*, Paris, Éditions de minuit, 1986.

9. Deleuze, Gilles, *Nietzsche et la philosophie*, Paris, PUF, 1962, III.

10. Deleuze, Gilles, *Différence et répétition*, Paris, PUF, 1968.

11. Derrida, Jacques, *Apprendre à vivre enfin*, Paris, Galilée, 2005, p. 54-55.

12. Derrida, Jacques, *Glas*, Paris, Galilée, 1974.

13. Derrida, Jacques, *L'écriture et la différence*, Paris, Seuil, 1967, p. 335.

14. Derrida, Jacques, *Mal d'archive*, Paris, Galilée, 1995, p. 146.

15. Derrida, Jacques, *Du droit à la philosophie*, Paris, Galilée, 1990, p. 268.

16. Derrida, Jacques, « *Force et signification* », in *L'Écriture et la différence*, Paris, Seuil, 1967.

17. Derrida, Jacques, *Sauf le nom*, Paris, Galilée, 1993.

18. Deleuze, Gilles, *Différence et répétition*, Paris, PUF, 1968 et *Logique du sens, « sur le paradoxe »*, Paris, Éditions de Minuit, 1969.

19. Deleuze, Gilles, Guattari, Félix, *Mille Plateaux*, Paris, Éditions de Minuit, 1980.

20. Deleuze, Gilles, Guattari, Félix, *L'Anti-Œdipe*, Paris, Éditions de minuit, 1972.

21. Freud, Sigmund, *Entwurf einer Psychologie*, Londres, 1950.

22. Deleuze, Gilles, *Cours Vincennes*, *Appareil d'État et machines de guerre*, 1979-1980. 2.

23. Deleuze, Gilles, *Francis Bacon. Logique de la sensation*, Paris, Éditions de la Différence, 1981.

24. Deleuze, Gilles, Guattari, Félix, *Qu'est-ce que la philosophie*, Paris, Éditions de minuit, 1991.

25. Deleuze, Gilles, *Foucault*, Paris, Éditions de minuit, 1986.

26. Foucault, Michel, *Il faut défendre la société*, Paris, Gallimard/Seuil, 1997, p. 38-39.

27. Foucault, Michel, *Dits et Écrits*, vol. 2, Paris, Gallimard, p. 138.

28. Foucault, Michel, *L'herméneutique du sujet*, Paris, Gallimard, 2001, p. 6 et p. 16-17.

29. Foucault, Michel, *ibid.*, p. 304.

30. Foucault, Michel, *ibid.*, p. 309-310.

31. Foucault, Michel, *ibid.*, p. 348.

32. Quine, Willard von Orman, *Word and Object*, Cambridge (mass), M.I.T., 1964.

5
Les secrets de la Vallée de miel

Des preuves de l'existence de l'énergie créatrice et de l'immortalité à la découverte du sens de la vie et de la formule simple du bonheur

Où, avec son château de sable, une fillette révèle que tous les enfants ont les quatre clefs et que les aimer comme créateurs est le premier bonheur

1. Alain, *Propos sur le bonheur*, XLII, Paris, Gallimard, 1928.

Notes et références

Où, par la révolution des Temps contemporains, la première clef allume la Flamme de la Créatrice et du Créateur inconnus et découvre le sublime

1. SCHLEGEL, Friedrich, *Transcendantalphilosophie*, Hamburg, Felix Meiner, 1991, p. 9.
2. KANT, Emmanuel, *Critique de la Faculté de juger*, Paris, Vrin, 1974, p. 84-103.

Où la deuxième clef ouvre le chemin de la paix et de la mondialisation pour faire ruisseler le bonheur : créateurs de tous les pays, unissez-vous !

1. FICHTE, Johann Gottlieb, *Discours à la nation allemande*, Paris, Aubier, 1981.
2. BARTH, Karl, *La Doctrine de la Création*, in *Dogmatique*, vol. 14, Labor et Fides, Genève, 1963, p. 81.
3. SAINT THOMAS D'AQUIN, *Somme théologique*, Secunda pars (Iia IIae), question 40, art. 1, Paris, Éditions du Cerf, 1984.
4. ARON, Raymond, *Penser la guerre*, T. 2, L'Âge planétaire, Paris, Gallimard, 1976.
5. SAINT THOMAS D'AQUIN, *Somme Théologique*, II^{a}-IIae q. 40 pr.
6. *Ibid.*
7. *ibid.*, II^{a}-IIae q. 40 a. 2 ad 2.

Où, riant de la Super Intelligence, je découvre l'usage de la troisième clef, l'école de la créativité, l'abolition du travail et qu'on ne s'aime jamais assez

1. KURZWEIL, Ray, *The Singularity is Near : When Humans Transcend Biology*, New York. 2006.
2. BOSTROM, Nick, *Superintelligence. Paths, Dangers, Strategies*, Oxford, 2014, Ch. VIII.
3. EINSTEIN, Albert, *The World As I See It*, New-York, Simon & Schuster, 1931, chapter 1.
4. EINSTEIN, Albert, *Lecture*, King's College of London, 1921. In *The World As I See It*, *ibid.*

5. Rabelais, François, *La Vie très horrificque du Grand Gargantua, Œuvres complètes*, Paris, Seuil, 1980, p. 82-83.
6. Aristote, *Politique*, I, 4, 1253 b. 30-35, Paris, Vrin, 1970, p. 35.
7. Aristote, *Politique*, I, 4, 1253 b, § 5, Paris, Vrin, 1970, p. 35.
8. Roucaute, Yves, *Le Bel Avenir de l'Humanité*, I, 2 et 3, *ibid.*
9. Alexandre, Laurent, *La mort de la mort : comment la techno-médecine va bouleverser l'humanité*, Paris, J.-C. Lattès, 2011.
10. Bostrom, Nick, Savulescu, Julian, *Human Enhancement*, Oxford, Oxford University Press, 2009.
11. Roucaute, Yves, *Le Bel Avenir de l'Humanité*, chap. 7, *ibid.*

Où la quatrième clef me fait découvrir le sens de l'art et que tout humain peut et doit faire de sa vie une œuvre d'art

1. Pour les références dans ce chapitre, Roucaute, Yves, *Sur l'art contemporain*, conférence, Bridgepoint, 3 décembre 2021.

Où, près de la source, je découvre la preuve de l'immortalité, le sens du Bien et du Mal

1. Barth, Karl, *Dogmatique*, 14, Genève, Labor et Fides, 1963, p. 81.

Où je découvre, avec le sens de l'Apocalypse et de la vie, la preuve de l'existence du Dieu créateur et la formule du bonheur

1. Ap 6, 1-7.
2. Ap 19, 10-17.
3. Ap 22, 17.
4. Teilhard de Chardin, Pierre, *Le Phénomène humain*, Paris, Seuil, 1970.
5. Teilhard de Chardin, Pierre, « Réflexions sur le bonheur », conférence, Pékin, 28 décembre 1943.
6. Planck, Max, « *Das Wesen der Materie* », Florence, 1944. Archiv zur Geschhichte der Max-Planck-Gesellschaft, vol. 1797.
7. Planck, Max, « *La Nature de la matière* », Conférence, Florence, Italie (1944). Archiv zur Geschichte der Max-Planck-Gesellschaft, Abt. Va, Rep. 11 Planck, p. 362.
8. Ap 21, 10.

Table des matières

Où, à New York, près d'une fontaine, je rencontre un vagabond 9

1
État de nature

Face au malheur dû à la nature, La première clef du bonheur

Où, dans l'« état de nature », au lieu du bonheur promis, je récolte le malheur : l'angoisse, la peur et des génocides à n'en plus finir 21

Où je récolte le malheur dû à soi : refus de l'ego, culpabilisation et sacrifice humain 28

Où, dans l'état de nature, je récolte le malheur dû à autrui et, entre conflits et exocannibalisme, une petite lueur aussi 35

Où je récolte qu'au lieu de célébrer le bonheur dans la nature, l'humanité a créé des outils et a crié : « Courage, fuyons ! » 39

Où, avec la dernière fuite, celle des sédentarisations, je récolte la première clef du bonheur : « Dominez la nature ! » 46

Où je constate que la domination de la nature intensifie le malheur dû à autrui et appelle la recherche d'une seconde clef ... 51

2
L'Orient Express

Face au malheur dû à autrui, La seconde clef du bonheur

Où je trouve de la culpabilité et des déluges comme s'il en pleuvait contre le sens caché de l'arche ... 57

Où, à Sumer, je récolte que la croyance au pouvoir des quatre Maîtres de Vérité appelle sacrifice, totalitarisme et guerre ... 62

Où, gare « hindouisme », je fuis la cuisson du moi dans la marmite cosmique et je récolte l'énergie du monde et la protection de la vie ... 70

Où, station « bouddhisme », je récolte qu'il faut aimer l'humanité mais où je fuis cet « éveil » qui tue le malade pour le soigner ... 79

Où, gare « Confucius », je récolte l'amour de l'humanité mais où il faut vivre à genoux devant les autorités ... 86

Où, station « taoïsme », je récolte les conditions de la paix et le souci corporel mais non la Voie qui laisse l'individu sans voix ... 92

Où, station « shintoïsme », je découvre que le malheur dû à autrui est aussi en nous mais que la haine de l'ego n'est pas la solution ... 97

Où, à Jérusalem, je récolte la deuxième clef du bonheur : aime ton prochain comme toi-même ! ... 102

Où je constate que tout fait sens depuis la sortie de l'état de nature et que la deuxième clef en appelle une troisième 109

3
L'Occident Express

La troisième clef du bonheur

Où, contre la culpabilité, je fuis le « Connais-toi toi-même » des sept sages et où je récolte le « connais ton moi » de l'aristocratie et de Solon 115

Où, station « Pythagore », je récolte qu'il faut célébrer la puissance de connaître humaine et fuir le parti tyrannique de la « Raison » 121

Où je récolte que le mouvement ne condamne pas le « moi » au malheur mais seulement le mysticisme d'Héraclite et de Parménide 128

Où, à Athènes, avec les sophistes, je récolte que si le « moi » n'est pas haïssable, il faut néanmoins éviter la vie de plaisirs 134

Où, Café de l'Académie, je récolte que s'il faut différencier les plaisirs, la fontaine de miel vaut mieux que celle de la prétendue sagesse 141

Où je récolte le rejet de la superstition mais non le matérialisme magico-religieux incohérent d'Épicure venu du paléolithique 151

Où, chez le génial Aristote, je récolte le plaisir de vivre, l'ode au « moi » libéré, mais non la confusion du bonheur et de la félicité, en saluant l'hirondelle qui fait le printemps 160

Où je récolte suspension et doute pour libérer le « moi » et pourquoi l'incohérence relativiste me laisse absolument sceptique 169

Où je récolte que le détachement de soi conduit à l'émerveillement d'être soi et pourquoi l'acropole du stoïcisme me laisse de marbre 175

Où, chez Augustin, je récolte le « je » avec la distinction du « moi » et de ses manières d'être, mais non la confusion du bonheur et de la béatitude...... 183

Où, contre le fatalisme, je récolte d'Averroès la nécessité du djihad spirituel mais non l'intellectualisme qui dénie le malheur du « moi » 190

Où, Café de la Sorbonne, je récolte de Thomas la joie de vivre avec le « moi » tout entier sans écarter le bonheur pour la félicité 198

Où je récolte le rasoir d'Ockham qui coupe les ronces du malheur mais non son volontarisme qui ne parvient à aimer le « moi » que par la foi 205

Où, Taverne des Humanistes, je récolte le Carpe Diem nouveau et la troisième clef du bonheur : aimez-vous et cueillez le jour 211

Où je constate que tout fait sens dans ce voyage de l'Occident Express et pourquoi les trois clefs ne suffisent pas 220

4

Mondial Express

La quatrième clef du bonheur

Où, Café des Modernes, je récolte que pour réaliser le bonheur, il faut distinguer « je » et « moi » et que Descartes échoue quand même 225

Où, à Londres, au premier étage du Café des Libéraux, je récolte le droit naturel de chercher le bonheur du « moi » 234

Où, au deuxième étage, je récolte que le droit de chercher à réaliser son bonheur exige le libéralisme politique et son « État variable » 242

Où, au troisième étage, je récolte le libéralisme économique et le bien-être sans l'idolâtrie du marché et son « doigt divin » 248

Où, Club Saint-James, je récolte qu'il faut lutter contre le malheur social mais fuir l'utilitarisme qui veut le bonheur par le sacrifice humain 254

Où, Café de la République, je récolte que si Gavroche est tombé à terre, c'est la faute à Voltaire et au manque de Lumières 260

Où je récolte que si Gavroche est tombé le nez dans le ruisseau, c'est la faute à Rousseau 267

Où je récolte contre les Kan't et autres aigris de la vie que la vraie moralité est d'accepter la réalisation de sa nature humaine 274

Où je récolte avec Hegel que se réaliser passe par la reconnaissance de soi mais non par l'idolâtrie de la Raison et de l'État 281

Où je récolte que se réaliser exclut l'aliénation et où je fuis le fantasme de Marx sur l'exploitation ouvrière et le bonheur communiste 290

Où je récolte que se réaliser, c'est créer, mais qu'il faut fuir la volonté de puissance de Nietzsche qui confond destruction et création 299

Où je découvre à Weimar que la réalisation de soi exige la créativité et à Buchenwald, contre Bergson, qu'elle ne dépend pas que du « moi » 308

Où je récolte l'Homo creator, la transcendance de l'ego et la quatrième clef du bonheur : « Ego creo ! » 320

Où je laisse sur le quai un heideggerien
qui me promet l'apocalypse si je prends le train
pour la station « Temps contemporains » 328

Où les postmodernes, par le simulacre
des Quatre Cavaliers de l'Apocalypse et des barricades
tentent d'empêcher le train d'atteindre la Vallée 336

5
Les secrets de la Vallée de miel

Des preuves de l'existence de l'énergie créatrice et de l'immortalité à la découverte du sens de la vie et de la formule simple du bonheur

Où, avec son château de sable, une fillette révèle
que tous les enfants ont les quatre clefs et que
les aimer comme créateurs est le premier bonheur 347

Où, par la révolution des Temps contemporains,
la première clef allume la Flamme de la Créatrice
et du Créateur inconnus et découvre le sublime 354

Où la deuxième clef ouvre le chemin de la paix
et de la mondialisation pour faire ruisseler le bonheur :
créateurs de tous les pays, unissez-vous ! 362

Où, riant de la Super Intelligence, je découvre
l'usage de la troisième clef : l'école de la créativité,
l'abolition du travail et qu'on ne s'aime jamais assez 370

Où la quatrième clef me fait découvrir le sens
de l'art et que tout humain peut et doit faire
de sa vie une œuvre d'art 379

Où, près de la source, je découvre la preuve
de l'immortalité, le sens du Bien et du Mal 386

Table des matières

Où je découvre, avec le sens de l'Apocalypse
et de la vie, la preuve de l'existence du Dieu créateur
et la formule du bonheur 390

Notes et références 399

Imprimé en France

Composition : Nord Compo
N° d'imprimeur : 24110490
Achevé d'imprimer : novembre 2024
Dépôt légal : janvier 2025